大学のロシア語 I

基礎力養成テキスト 第2版

沼野恭子　匹田 剛　前田和泉　イリーナ・ダフコワ［著］

Русский язык,
как и русский лес, величественный.
Гуляя, насладимся его красотой!

大学のロシア語 I

基礎力養成テキスト

はじめに

本書はロシア語の基礎を徹底的にマスターしたいという人のために作られた教科書です。著者が主として念頭に置いている「読者＝学習者」は、日本語環境に身を置き高等学校まで英語を学んできて大学でロシア語を専門的に学ぼうとしている学生ですが、そうでなくとも一から本格的にロシア語を学びたいと考えている方なら、どなたでも使っていただけます。

正直に言ってロシア語の文法は決して簡単ではありません。ロシア文字（キリル文字）で表記されているうえ、語形変化が多いので、最初のうちは、木や草が鬱蒼（うっそう）と生い茂る深い森に足を踏み入れてしまったような印象を抱かれるかもしれません。本書は、複雑に絡みあう蔓草（つるくさ）のように見える文法項目を一本一本解きほぐし、丁寧に説明していきます。

もとより外国語の学習は文法を覚えるだけでは不十分で、読む・話す・聞く・書くという4つの能力をバランスよく伸ばしていくことが大切です。文法の知識というのは、最大限に効率よく外国語を習得するための「道しるべ」のようなものにすぎません。ですから、文法を身につけると同時に、繰り返し声に出して読んだり聞いたり、会話のための練習を重ねなければならないわけですが、そうした鍛錬を目的として、『大学のロシア語』はⅠ巻である本書のほかに、コミュニカティブ・アプローチを意識したワークブック（Ⅱ巻）を用意しています。言ってみれば、本書Ⅰ巻が文法編、Ⅱ巻が実践編と位置づけられるでしょう。

28課で構成されるⅠ巻では、初級ロシア語文法を順序立てて網羅的にカバーし、各文法項目の定着を図るため項目ごとに練習問題を添えました。名詞の格が全部出そろうまでは、どこまで勉強したか一目でわかるよう随時表を付してあります。また巻末には文法表と単語帳を配し、別冊として練習問題解答を付しています。単語帳にはロシア連邦教育科学省が認定するロシア語検定試験（ТРКИ）の「基礎レベル」の語彙に加え、本書に出てきた語をほとんど収めました。

さらに、例文などを収めた音声が付録としてついています。

ロシア語の専門コースがある大学では、Ⅰ巻とⅡ巻の両方を組み合わせて使うと効果的です。「第2外国語としてのロシア語」の授業が週に数コマという教育機関では、Ｉ巻を中心にお使いいただくことをお勧めします。

ロシア語を独習しようという方は、Ｉ巻の文法解説を読んで、そこに付された練習問題に挑戦してみてください。解答は別冊付録に載せてあります。

さあ、文法の道しるべを頼りにロシア語の森を思いきり散策しましょう！　ロシア語には「森の中や縁にある小さな平原、野原」を意味する поля́на という言葉があります。レフ・トルストイの領地があったのも Я́сная Поля́на（日本語ではふつう「ヤースナヤ・ポリャーナ」と表記します）。散策の果てに行き着くはずの眺望のよい「ロシア語の поля́на」目指して、一歩一歩進んでいきましょう。

なお本書の出版にあたり、中野健三基金および中澤美穂基金より一部助成を受けました。ここに記し心から感謝申し上げます。

第２版刊行にあたって

本書は 2013 年に初版が刊行されて以来、長年にわたって皆さまにご利用いただいてきました。今回の第２版では、学習内容に大きな変更はありませんが、音声はこれまでの付録 CD ではなく、東京外国語大学出版会ウェブサイトからダウンロードする方式に変わりました。PC やスマホなどで、より気軽に音声を聴くことができるようになりましたので、ぜひたくさんネイティブのロシア語音声に触れて、一緒に声に出しながら、さらに「ロシア語の森の散策」を楽しんでいただければと思います。

著者一同

本書のご利用について

本書は、ロシア語の基礎を徹底的にマスターしたいという人のために作られた教科書です。大学で専門的にロシア語を学ぶ学生に必要十分な基礎の学習事項を網羅しました。

将来、文学作品や専門的な文献を講読したり、ロシアに関係する仕事に携わりたいという方にとって、必ず役に立つ知識をまとめてあります。この1冊をマスターすれば、文法の学習はひと段落。安心して次のステップに進んでいただくことができるでしょう。

本書の特長

本書は、解説・例文・練習問題の3つのステップでロシア語の基礎をしっかり習得できるような構成になっており、以下のような特長があります。

● 疑問点を残さない丁寧な解説

ロシア語の文法規則は1つのパターンに単純化できない場合が多いため、本書では「補足」「脚注」などでその都度詳細な解説を施し、疑問点を残さないように留意しています。一般の文法書では省かれる事例にも、なるべく遺漏なく言及するようにしました。

● ポイントを押さえた豊富な練習問題

ロシア語の基礎をマスターしていただくために、練習問題を豊富に用意しました。重要な学習事項ごとに練習問題がありますので、その都度どれだけ定着しているか、力試しをすることができます。

● 独習者を考慮した構成

独習する方のために、基本となるロシア語の文字と発音の概説、重要な語形変化をまとめた文法表、以前に学習した内容を思い出せるリファレンス（ページ数の参照）、単語の意味をすぐに確認できる巻末の単語帳などを収めましたので、この1冊だけでも学習を進めることができます。

● 正しい発音を確認できる音声ダウンロード

本書に例として示したロシア語の正しい発音は、付録の音声ダウンロードで確認することができます。プロのロシア語ネイティヴ教師による模範的な発音です。

独習のために

独習者の方は、以下の点にご留意の上、上手にご利用ください。

● 本文中で扱われている単語は、基礎レベルで必要と思われるものを厳選してあります。語学の習得には辞書を購入して自分で引いてみることが不可欠ですが、まだ辞書をお持ちでない方が練習問題に答えられるように、巻末に単語帳を付しました。単語帳にはロシア連邦教育科学省が認定するロシア語検定試験（ТРКИ）の「基礎レベル」の語彙に加え、本書に出てくる語をほとんど収めました。わからない単語に出会ったら、こちらを参照してください。ただし、単語帳は男性主格形・不定形のみで、本書に出てきた単語をカバーするためのものにすぎません。ロシア語の学習には市販の辞書を購入されることをお勧めします。

本書の構成

本書は全28課からなっており、それぞれ8ページずつのボリュームがあります（第1課のみ6ページ）。同じペースで着実に1課ずつ学習していくことで、ロシア語の基礎をしっかりマスターできるようになっています。さらに各課は下記の要素で構成されています。

解説本文　すべての基本となる解説です。必ず理解するようにしてください。

例外的な事例、誤解しやすい事例について解説しています。

補足事項です。覚えなくても次のステップに進んでいただくことができますが、なるべく目を通すようにしてください。

解説や例文中のわかりにくい箇所や、個別の単語の変化、用法などについて注をつけました。

学習したことを確認するための練習問題です。別冊付録に解答例があります。

ロシア語あれこれ

ロシア語に関する豆知識です。覚えておきたいあいさつ表現やことわざなども取り上げています。

音声の頭出し番号について

ページ右側の音声マーク A-29 とその番号は、付録音声ダウンロード のA・Bのトラックナンバーに対応しています。番号のない音声マークは、その部分のロシア語音声が収録されていることを示しています。

音声ダウンロードのURL

東京外国語大学出版会ウェブサイトからダウンロードいただけます。
https://wp.tufs.ac.jp/tufspress/download/

＊ダウンロードページはメンテナンス等により休止する場合があります。

本文中の表記について

● 文法用語にはいくつかのバリエーションがある場合があります。本書では慣用的に使われてきたオーソドックスな用語を用いました。

● ロシア語には、まれにアクセントの位置がいくつか許容され、1つだけが正解とは言い切れない単語があります。こうした場合は、最も一般的な形を示しました。

● 例文中のカッコ記号は、次のような使い分けをしています。

A (B)　( )の中の語句Bは省略可
A [B]　[ ]の中の語句BはAと交換可能で、文意が変わる

Н М Ы Ф Ё А Р К Ч Р Б Я Д Ю О Х З Щ Л Э Ж

大学のロシア語 I　基礎力養成テキスト

目　次

本文イラスト　たむらかずみ
装幀・本文デザイン　小塚久美子

ロシア文字一覧 Ру́сский алфави́т

立体	斜体	文字名	発音	筆記体
А а	*А а*	а アー	[a]	А а
Б б	*Б б*	бэ ベー	[b]	Б б
В в	*В в*	вэ ヴェー	[v]	В в
Г г	*Г г*	гэ ゲー	[g]	Г г
Д д	*Д д*	дэ デー	[d]	Д д
Е е	*Е е*	е イェー	[je]	Е е
Ё ё	*Ё ё*	ё ヨー	[jo]	Ё ё
Ж ж	*Ж ж*	жэ ジェー	[ʒ]	Ж ж
З з	*З з*	зэ ゼー	[z]	З з
И и	*И и*	и イー	[i]	И и
Й й	*Й й*	и кра́ткое イー・クラートカイ	[j]	Й й
К к	*К к*	ка カー	[k]	К к
Л л	*Л л*	эл (эль) エル (エリ)	[l]	Л л
М м	*М м*	эм エム	[m]	М м
Н н	*Н н*	эн エヌ	[n]	Н н
О о	*О о*	о オー	[o]	О о
П п	*П п*	пэ ペー	[p]	П п

立体	斜体	文字名	発音	筆記体
Р р	*Р р*	эр エル	[r]	Р р
С с	*С с*	эс エス	[s]	С с
Т т	*Т т*	тэ テー	[t]	Т т
У у	*У у*	у ウー	[u]	У у
Ф ф	*Ф ф*	эф エフ	[f]	Ф ф
Х х	*Х х*	ха ハー	[x]	Х х
Ц ц	*Ц ц*	цэ ツェー	[ts]	Ц ц
Ч ч	*Ч ч*	чэ チェー	[tʃ]	Ч ч
Ш ш	*Ш ш*	ша シャー	[ʃ]	Ш ш
Щ щ	*Щ щ*	ща シシャー	[ʃ'ʃ']	Щ щ
Ъ ъ	*Ъ ъ*	твёрдый знак トゥヴョールドゥィ・ズナーク	["]	ъ
Ы ы	*Ы ы*	ы ウイ	[ɨ]	ы
Ь ь	*Ь ь*	мя́гкий знак ミャーヒキー・ズナーク	[']	ь
Э э	*Э э*	э エー	[e]	Э э
Ю ю	*Ю ю*	ю ユー	[ju]	Ю ю
Я я	*Я я*	я ヤー	[ja]	Я я

ロシア語の文字と発音

1. ロシア語のアルファベット

ロシア語で使われている文字は、英語などのラテン文字と違う文字体系ですが、「兄弟」です。共通する文字や似ている文字があるので、それを覚える足がかりにしてください。

А а	日本語の「ア」と同じです。a と書いてあれば「ア」と発音します。文字の名前は「アー」、発音記号は [a]。
Б б	英語の b と同じで、ба と書いてあれば「バ」と発音します。文字の名前は「ベー」、発音記号は [b]。
В в	英語の v と同じで、下唇に上の前歯をあててそこから漏れる音です。ва とあれば「ヴァ」と発音します。文字の名前は「ヴェー」、発音記号は [v]。
Г г	英語の g と同じで、га は「ガ」と発音します。文字の名前は「ゲー」、発音記号は [g]。
Д д	英語の d とほぼ同じで、да は「ダ」です。ただ、文字の名前は「ディー」ではなく「デー」です。発音記号は [d]。
Е е	母音で「イェ」と発音します。бе は「ベ」ではなく「ビェ」。文字の名前は「イェー」、発音記号は [je]。
Ё ё	母音で「ヨ」と発音します。гё なら「ギョ」です。文字の名前は「ヨー」、発音記号は [jo]。
Ж ж	英語の j に似ていますが、少しこもった感じのする音です。口をすぼめ、舌をスプーンのようにくぼませて舌先を立て、なおかつ舌先がどこにも触れないように発音します。жа とあれば「ジャ」で、文字の名前は「ジェー」です。発音記号は [ʒ]（英語の j は [dʒ]）。
З з	英語の z と同じです。за とあれば「ザ」です。日本語の「ザ」行の音と違って、舌先は上あごに接しません。文字の名前は「ゼー」、発音記号は [z]。
И и	英語の i と同じです。би, ги は「ビ、ギ」です。文字の名前は「イー」。
Й й	「イー・クラートカイ」と言い、「短い и」という意味です。英語の y（発音記号なら [j]）にあたり、йа, ай はそれぞれ「ヤ」「アイ」と読みます。
К к	英語の k と同じで、ки とあれば「キ」です。文字の名前は「カー」、発音記号は [k]。英語の k と違って、小文字は大文字を小さくしただけなので注意しましょう。
Л л	英語の l とほぼ同じで、舌先を上の歯の裏に付け、開いている左右から空気を出しながら発音します。文字の名前は「エル [el]」で、ла, ли は「ラ、リ」、発音記号は [l]。
М м	英語の m と同じです。文字の名前も同じ「エム」。ма は「マ」と読みます。小文字は大文字と同じ形です。発音記号は [m]。
Н н	英語の n とほぼ同じです。文字の名前は「エヌ」、на, ни は「ナ、ニ」です。英語の h と違って小文字も同じ形です。発音記号は [n]。
О о	日本語の「オ」とほぼ同じです。мо, но は「モ、ノ」です。文字の名前は「オー」で、「オウ」ではありません。発音記号は [o]。

П п	英語の p と同じで па は「パ」です。文字の名前は「ペー」、発音記号は [p]。
Р р	英語にも日本語にもない「巻き舌」の「エル」です。舌先を上の歯のちょっと手前に付けそこでぶるぶると震わせます。文字の名前は「エル」、発音記号は [r]。
С с	英語の s と同じで、文字の名前も「エス」です。са, со は「サ、ソ」、発音記号は [s]。
Т т	英語の t とほぼ同じで、文字の名前は「ティー」ではなく「テー」、発音記号は [t]。
У у	英語の u と同じで、бу, ну なら「ブ、ヌ」です。ただし、日本語の「ウ」よりも唇を丸く突き出して発音します。文字の名前は「ウー」、発音記号は [u]。
Ф ф	英語の f と同じで、в と同様に下唇に上の歯を付けて発音します。фа なら「ファ」です。文字の名前は「エフ」、発音記号は [f]。
Х х	一見英語の h と似た音で、ха, хи, хо はカタカナ表記するなら「ハ、ヒ、ホ」。ただ、英語の h や日本語の「ハ」行の音とは違う音で、「ク」を言うときの口の形のまま、息だけ漏らした際に出る音です。文字の名前は「ハー」、発音記号は [x]。
Ц ц	英語の ts にあたります。ца, цу, цо なら「ツァ、ツ、ツォ」です。文字の名前は「ツェー」、発音記号は [ts]。
Ч ч	英語の ch とほぼ同じで、ча, чу, чо なら「チャ、チュ、チョ」です。文字の名前は「チェー」、発音記号は [tʃ]。
Ш ш	英語の sh に似ていますが、ж と同じ舌の位置で、ша, шу, шо なら「シャ、シュ、ショ」です。文字の名前は「シャー」、発音記号は [ʃ]。
Щ щ	右下に小さな爪があるのに注意。英語で言えば shsh です。ща, щу, що なら「シシャ、シシュ、シショ」を素早く発音する感じで、爪のない ш と違って、むしろ日本語でシャと言うときの子音部分に近い音です。文字の名前は「シシャー」、発音記号は [ʃ'ʃ']。
Ъ ъ	「トゥヴョールドゥィ・ズナーク」と言い、「硬音記号」という意味です。これ自体は発音を持たない記号です。使い方については「ъ の使い方」(p.21) を参照してください。
Ы ы	英語にも日本語にもない母音で、発音記号では [ɨ] です。「イ」と「ウ」の中間の母音で、口を横に引いて舌を奥に引っ込めながら発音します。「ウイ」を素早く発音するとそれに近い音が出ます。文字の名前も「ウイ」です。
Ь ь	「ミャーヒキー・ズナーク」と言います。意味は「軟音記号」です。これもそれ自体は発音を持ちません。使い方については「ь の使い方」(p.20) を参照してください。
Э э	日本語の「エ」と同じです。бэ, дэ, нэ なら「べ、デ、ネ」です。文字の名前は「エー」(「エイ」ではありません)、発音記号は [e]。
Ю ю	母音で「ユ」と発音します。бю, пю は「ビュ、ピュ」です。文字の名前は「ユー」、発音記号は [ju]。
Я я	母音で「ヤ」と発音します。бя, пя なら「ビャ、ピャ」です。文字の名前は「ヤー」、発音記号は [ja]。

2. 日本語をロシア文字で

ロシア文字で書かれた日本の地名を読んでみましょう。

Нагоя	Саппоро	Фукусима	Аомори	Нагасаки
Акита	Нагано	Уэно	Мияги	Осака
Хакодатэ	Фукуока	Кагосима	Ниигата	Эхимэ
Мориока	Окинава	Вакканай	Исикава	Ямагути

ロシア語には w がないので、その代わりに в を使います。

また、「ん」＋母音は、н と母音の間に ъ を入れて区切ります。ケンイチ → Кэнъити（ъ を入れず Кэнити だと、「ケニチ」になってしまいます）。

以下の表記法を参考にして自分の名前をロシア文字で書いてみてください。

日本語のロシア文字による表記法

	あ	い	う	え	お
ア	а	и	у	э	о
カ	ка	ки	ку	кэ	ко
サ	са	си	су	сэ	со
タ	та	ти	цу	тэ	то
ナ	на	ни	ну	нэ	но
ハ	ха	хи	фу	хэ	хо
マ	ма	ми	му	мэ	мо
ヤ	я		ю		ё(йо)
ラ	ра	ри	ру	рэ	ро
ワ	ва				(в)о
ン	н(м)				

	あ	い	う	え	お
ガ	га	ги	гу	гэ	го
ザ	дза	дзи	дзу	дзэ	дзо
ダ	да	дзи	дзу	дэ	до
バ	ба	би	бу	бэ	бо
パ	па	пи	пу	пэ	по

	あ	い	う	え	お
キャ	кя		кю		кё
シャ	ся		сю		сё
チャ	тя		тю		тё
ニャ	ня		ню		нё
ヒャ	хя		хю		хё
ミャ	мя		мю		мё
リャ	ря		рю		рё

	あ	い	う	え	お
ギャ	гя		гю		гё
ジャ	дзя		дзю		дзё
ヂャ	дзя		дзю		дзё
ビャ	бя		бю		бё
ピャ	пя		пю		пё

3. 母音

母音を表す文字は全部で 10 個。硬母音と軟母音に分かれます。この硬母音と軟母音の区別は文法上いろいろなところで意味を持ちますので、覚えておいてください。

硬母音	а	ы	у	э	о
軟母音	я	и	ю	е	ё

ба бы бу бэ бо　　ма мы му мэ мо　　на ны ну нэ но　　па пы пу пэ по

бя би бю бе бё　　мя ми мю ме мё　　ня ни ню не нё　　пя пи пю пе пё

3.1. 日本語話者にとって注意すべき母音

ы	日本語にも英語にもない音ですが、「ウイ」を素早く発音するとそれに近い音になります。и との違いを意識してください。			
	ы – и	бы – би	мы – ми	ны – ни
у-ю	いずれも唇を丸めて発音します。			
	у-ю	бу- бю	му- мю	ну- ню

3.2. 発音の決まり：アクセントの有無と母音

ロシア語は英語と違って、基本的に書いてあるとおりに読めば発音できます。ただし、正しく発音するためにはいくつかの発音規則を覚える必要があります。

ロシア語のアクセント母音は日本語に比べて強く発音されます。日本人には多少大げさに感じられるくらいでちょうどよいと思ってください。アクセントに関連して母音の音が変化します。教科書等ではアクセントのある位置にアクセント記号を打ってありますが、1 音節の場合はアクセント記号を記すことはありません。

発音規則①	アクセントのある母音は長く					
	ма́ма	ママ	па́па	パパ	кни́га	本
	ру́чка	ペン	стол	机	стул	いす
	мука́	粉	му́ка	苦しみ		
発音規則②	アクセントのない o は軽い a に					
	молоко́	牛乳	окно́	窓	осно́ва	基礎
	Москва́	モスクワ				
発音規則③	アクセントのない е と я は軽い и に					
	язы́к	言語	япо́нка	日本女性	едини́ца	単位
	еда́	食事				
発音規則④	ё には必ずアクセントがあります。この文字の上にさらにアクセント記号を振ることはありません。					
	ёлка	もみの木	ещё	まだ	ёжик	ハリネズミ
	даёт	与える				

②と③のようにアクセントがない母音の音が変わる現象のことを**母音の弱化**と呼びます。アクセントがないことにより、母音の発音が弱く曖昧になることで生じる現象です。アクセントのある母音を強くはっきり、アクセントのない母音は弱く曖昧に発音するよう気をつけましょう。ただし、発音規則③に関しては、е と я が語末にきた場合は、さらに曖昧になります。次のページの練習の Япо́ния などを音声で確認してください。

練習　次の単語を読んでみましょう。

анкéта	アンケート	пéсня	歌
аэропóрт	空港	плащ	レインコート
балéт	バレエ	рабóта	仕事
берёза	白樺	райóн	地区
блю́до	皿	реклáма	広告
век	世紀	салáт	サラダ
ви́за	ビザ	самолёт	飛行機
ви́рус	ウイルス	средá	水曜日
газéта	新聞	талáнт	才能
гáлстук	ネクタイ	торт	ケーキ
грани́ца	国境	туалéт	トイレ
дáча	別荘	ýгол	角
дóма	家で	ударр	打撃
дорóга	道	ýлица	通り
жéнщина	女性	факс	ファクス
живóт	腹	факт	事実
журнáл	雑誌	фóрма	形式
задáча	課題	хвост	尻尾
закóн	法律	хи́мик	化学者
зáпах	香り	хóбби	趣味
игрá	ゲーム	ценá	値段
и́мя	名前	центр	中心
инженéр	エンジニア	цирк	サーカス
канáл	運河	чай	お茶
карандáш	鉛筆	чáшка	茶碗
компáния	会社	числó	数
лáмпа	明かり	шанс	チャンス
лес	森	шáхматы	チェス
лифт	エレベーター	шкаф	戸棚
май	5月	щекá	頬
мáсло	油	щётка	ブラシ
метр	メートル	щи	キャベツスープ
назвáние	名前	эгои́ст	エゴイスト
начáло	始まり	э́кспорт	輸出
ногá	足	эпóха	時代
óблако	雲	ю́мор	ユーモア
обмéн	交換	ю́ноша	青年
обрáтно	逆に	я́блоко	リンゴ
парк	公園	Япóния	日本

4. 子音

ロシア語の子音は以下のように分類されます。このうち有声音と無声音の対応のあるものが後で大きな意味を持ちますので、しっかり整理しておきましょう。

	有声・無声の対応あり						対応なし	
有声音	б	в	г	д	ж	з	й, л, м, н, р	
無声音	п	ф	к	т	ш	с		х, ц, ч, щ

4.1. 日本語話者にとって注意すべき子音（1）

ф-в	факс	ファクス	фóкус	焦点	вам	あなたに	внук	孫
в-б	вас	あなたを	бас	バス（声域）	вот	ほら	бот	小舟
х	холм	丘	бýхта	入り江	ýхо	耳	мох	苔
	храм	神殿						
к-х	кармáн	ポケット	халáт	ガウン	компóт	コンポート	э́хо	エコー
ф-х	фонтáн	噴水	хóхот	高笑い	софá	ソファー	сохá	鋤
л	мáло	少し	стул	いす	столы́	机（複数）	лáмпа	明かり
	лунá	月						
р	рáно	早く	травá	草	кáрта	地図	рóза	バラ
	рукá	手						
л-р	лак	ニス	рак	癌	бар	バー	бал	舞踏会
	пар	蒸気	пал	火事	лом	バール	ром	ラム酒
з	закóн	法律	зéркало	鏡	зло	悪	Зи́на	女性名
	зóлото	金						
з-дз	зюйд	南風	дзюдó	柔道	позóр	不名誉	надзóр	監視
ж	жáба	ヒキガエル	жук	甲虫	тóже	～も	кружóк	サークル
	живý	住む	мóжет	できる	ужé	もう		
ж-дж	жокéй	ジョッキー	Джон	ジョン	женá	妻	джем	ジャム
ш	шум	騒音	шанс	チャンス	шáпка	帽子	шýтка	冗談
	кóшка	猫						
щ	щи	キャベツスープ	борщ	ボルシチ	защи́та	守り	óвощи	野菜（複数）
	ещё	まだ						
щ-ш	тащý	引きずる	шýмно	うるさい	пи́ща	食べ物	Мáша	女性名
	учи́лище	学校	стáрше	年上の				
ц	цари́зм	帝政	центр	中心	цирк	サーカス	ЦУМ	中央デパート
ч	чай	お茶	час	時間	четы́ре	4	хочý	欲しい
	почти́	ほとんど						
ч-чи	врач	医師	тýчи	雨雲（複数）	луч	光線	нóчи	夜（複数）

4.2. 日本語話者にとって注意すべき子音 (2)

軟母音が後続すると日本語の拗音に似た音になり、この場合の子音を**軟子音**と言います。

бя би бю бе бё ＝ビャ・ビ・ビュ・ビェ・ビョ

кя ки кю ке кё ＝キャ・キ・キュ・キェ・キョ

[л’]	во́ля	意志	лён	亜麻	лю́ди	人々
	Лю́ба	女性名	Ли́за	女性名		
[р’]	моря́к	船員	Рим	ローマ	орёл	ワシ
	вре́мя	時間	курю́	喫煙する		
[г’] [к’] [х’]	кино́	映画	кекс	ケーキ	кни́ги	本（複数）
	духи́	香水	ге́ний	天才		
[з’]	зе́ркало	鏡	хозя́ин	主人	изю́м	干しぶどう
	взя́тка	賄賂	зима́	冬		
[с’]	сюда́	ここへ	си́ла	力	се́рвис	サービス
	сёстры	姉妹（複数）	ся́ду	座る		
т, д に軟母音が続く場合の発音に注意しましょう。						
[т’]	та-ты-ту-тэ-то		тя-ти-тю-те-тё			
	тётя	おばさん	ти́хо	静かに	те́ло	体
	котёнок	子猫	костю́м	スーツ		
[д’]	да-ды-ду-дэ-до		дя-ди-дю-де-дё			
	ро́дина	故郷	студе́нт	学生	де́ти	子供たち
	дя́дя	おじさん	идёт	行く		

4.3. ь（軟音記号）の使い方

ь はそれ自体発音を持たない一種の記号で、子音字の後に付け、その子音が軟子音であることを意味します。

к – кь　п – пь　х – хь　ф – фь　л – ль　р – рь　с – сь　з – зь

特に т, д の後ろに ь が続く場合、母音が後続する場合と同様に、子音の読み方が変わるので注意しましょう。

т – ть

говори́ть　話す

д – дь

дья́вол　悪魔

ь の付いた子音は、日本人が聞くと「イ段」の音と同じような響きが感じられますが、あくまでも子音のみで母音は存在しません。以下のペアを比べてみましょう。

соль 塩 ⇔ со́ли 塩（複数）　　о́сень 秋 ⇔ о́сени 秋（複数）

このように、日本人には母音 и が後ろにある場合と ь しかない場合の区別が難しいので、意識しながら練習してみましょう。

пи – пь　си – сь　ти – ть　ки – кь　хи – хь　фи – фь
стиль スタイル ⇔ сти́ли スタイル（複数）
часть 部分 ⇔ ча́сти 部分（複数）

ь の後にさらに軟母音が続く場合、ь のところで少し分離して発音されます。例えば барье́р（障壁）は барь- と -е́р に区切って「バリ・イェール」という感じで発音してください。「バリェール」ではないので注意しましょう。

се́мя 種　семья́ 家族　дитя́ 子ども　статья́ 論文
полёт 飛行　польёт 注ぐ　зовёт 呼ぶ　завьёт パーマをかける

なお、ч/чь, ш/шь, щ/щь, ж/жь はいずれも発音上はまったく違いません。

мяч ボール　ночь 夜　каранда́ш 鉛筆　мышь ネズミ
това́рищ 仲間　вещь もの　но́жницы はさみ　мужья́ 夫（複数）

4.4. ъ（硬音記号）の使い方

A-9

ъ もこれ自体は音を持たない記号です。子音と次に続く軟母音を区切って発音することを意味します。例えば объём なら「アブ・ヨーム」という感じで発音してください。「アビョーム」にはなりません。

сел 座った　съел 食べた　Сёмка 男性名　съёмка 撮影
субъе́кт 主体　объявле́ние 広報

4.5. 日本語話者にとって注意すべき子音（3）

т-ч	ть-ч	ти-чи	тю-чу	тя-ча	те-че	
	вра**ть**	嘘をつく	вра**ч**	医師	пе**ть**	歌う
	пе**чь**	暖炉	**ти́**хо	静かに	**чи́**сто	純粋に
	да́**ча**	別荘	Ко́с**тя**	男性名	ве́**те**р	風
	ве́**че**р	晩	**тю**рьма́	刑務所	**чу**жо́й	他人の
с-щ-ш	сь-щ-ш	си-щи-ши	се-ще-ше	сё-щё-шё	сю-щу-шу	ся-ща-ша
	ве**сь**	すべての	ве**щь**	もの	е**шь**	食べる
	си́то	篩（ふるい）	**щи**т	盾	**ши**ть	縫う
	семь	7	**ще**ль	割れ目	**ше**сть	6
	сёстры	姉妹（複数）	е**щё**	まだ	**шо**к	ショック
	ся́ду	座る	ча́**ща**	密林	ча́**ша**	杯
з-ж-д	зь-ж-дь	зи-жи-ди	зю-жу-дю	зе-же-де	зя-жа-дя	зё-жо-дё
	дру**зья́**	友人（複数）	ну́**ж**но	必要だ	**дья́**вол	悪魔
	зима́	冬	**жи**знь	人生	**Ди́**ма	男性名
	зе́ркало	鏡	то́**же**	～も	**де́**сять	10

4.6. 発音の決まり（つづき）：子音の無声化と有声化

子音には有声音と無声音があり、そのうちいくつかのものは有声音と無声音が対応しています。これらの有声・無声の対応がある子音が一定の条件で有声・無声の交替を行います。

	有声・無声の対応あり						対応なし	
有声音	б	в	г	д	ж	з	й, л, м, н, р	
	↓	↓	↓ ↑	↓ ↑	↓	↓ ↑		
無声音	п	ф	к	т	ш	с		х, ц, ч, щ

発音規則⑤	語末で有声音 (б, в, г, д, ж, з) が無声音 (п, ф, к, т, ш, с) に（無声化 I）				
клу**б** клу[**п**]	クラブ	о́стро**в** о́стро[**ф**]	島	диало́**г** диало́[**к**]	対話
наро́**д** наро́[**т**]	民衆	Пари́**ж** Пари́[**ш**]	パリ	га**з** га[**с**]	ガス

発音規則⑥	すべての無声音の前で有声音 (б, в, г, д, ж, з) が無声音 (п, ф, к, т, ш, с) に（無声化Ⅱ）					
	ска́зка ска́[с]ка	お話	Нахо́дка Нахо́[т]ка	ナホトカ	вчера́ [ф]чера́	昨日
	ло́жка ло́[ш]ка	スプーン	Хаба́ровск Хаба́ро[ф]ск	ハバロフスク		

発音規則⑦	有声音のうち、б, г, д, ж, з（в は含まれず）の前で無声音 (к, т, с) が有声音 (г, д, з) に（有声化）					
	вокза́л во[г]за́л	駅	футбо́л фу[д]бо́л	サッカー	сда́ча [з]да́ча	おつり

* 有声・無声の対応がある子音のうち、в は有声化を引き起こしませんので注意してください。
  свой　自分の（с のまま）　кварти́ра　アパート（к のまま）
*ь が後続している子音は、ь が付いたまま有声化・無声化されます。
  любо́вь любо́[фь]　愛　ре́дька ре́[ть]ка　ダイコン　про́сьба про́[зь]ба　お願い
* 前置詞とその後ろの単語の間でも有声化・無声化が起きます。
  в То́кио[ф]То́кио　東京で　к до́му[г]до́му　家の方へ　с бра́том[з]бра́том　兄弟と
* 無声化した子音がさらにその直前の子音を無声化させる場合もあります。
  по́езд　по́е[ст]　列車
* 有声化した子音がさらにその直前の子音を有声化させる場合もあります。
  шестьдеся́т　ше[зь]деся́т　60

4.7. 例外的発音

他にも以下のように、つづられたとおり発音しないことがありますが、語によって異なるので、辞書などを調べながら覚えましょう。

-ого → -о[в]о　кого́→ко[в]о́, но́вого→но́во[в]о
-его → -е[в]о　его́→е[в]о́, хоро́шего→хоро́ше[в]о
-стн- → -[сн]-　шестна́дцать→ше[сн]а́дцать
-здн- → -[зн]-　по́здно→по́[зн]о
-стл- → -[сл]-　счастли́вый→сча[сл]и́вый
-сч- → -[щ]-　счастли́вый→[щ]астли́вый
-жч- → -[щ]-　мужчи́на→му[щ]и́на
-рдц- → -[рц]-　се́рдце→се́[рц]е
-лнц- → -[нц]-　со́лнце→со́[нц]е
-вств- → -[ств]-　Здра́вствуйте!→Здра́[ств]уйте!

第1課

Уро́к 1 (оди́н)

A-11

1 「これは～です」

Э́то кни́га.

2 否定文

Э́то не кни́га.

3 疑問文と答え

– Э́то кни́га?　– Да, э́то кни́га.

1 「これは～です」

Э́то кни́га.	これは本です。
Э́то журна́л.	これは雑誌です。
Э́то ру́чка.	これはボールペンです。
Э́то студе́нт.	これ（この人）は学生です。

「これは A です」は、**э́то（これ）と名詞 A を並べる**だけです。A は物でも人でも構いません。「これは本です」なら、э́то と кни́га（本）の 2 語で完成です。現在時制の場合、英語の be 動詞にあたるものは原則として必要ありません。冠詞もいりません。英語と比べてみましょう。

ロシア語	**Э́то**	×	×	**кни́га.**
英語	This	is	a	book.

イントネーションは、相手に伝えたい最も大事な語（Э́то кни́га. なら кни́га）のアクセントのある音節まで同じ声の高さを保ち、そこで急に下げます。

Э́то кни́га.

「A はあそこにあります（います）」という文も「A」とтам（あそこ）の 2 語を並べるだけで、be 動詞にあたるものは必要ありません。「A はここにあります（います）」なら、「A」と здесь（ここ）の 2 語を並べます。

Кни́га там.	本はあそこにあります。
Студе́нт там.	学生はあそこにいます。
Ру́чка здесь.	ボールペンはここにあります。
Журна́л здесь.	雑誌はここにあります。

「A は B です」という文も、「A」と「B」を並べるだけです。ただし**「A」も「B」も名詞の場合、ふつう間に「–」を入れます。**

Ива́н – студе́нт. イワンは学生です。
А́нна – студе́нтка. アンナは女子学生です。
Оте́ц – инжене́р. 父はエンジニアです。
Мать – врач. 母は医師です。

練習 1　次の単語を使って、「これは～です」と言いましょう。

1) стол

2) ла́мпа

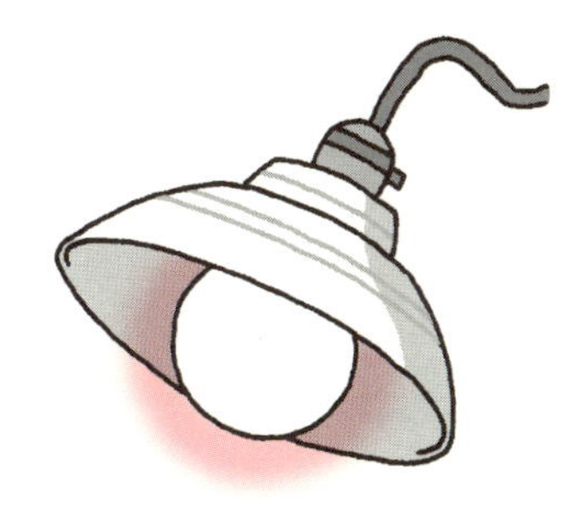

3) стул

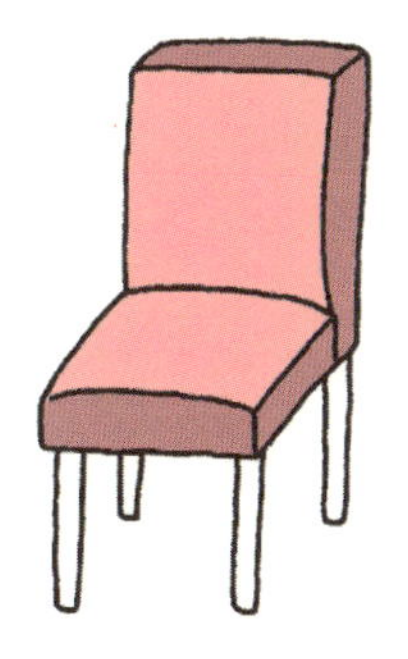

4) ко́фе

5) окно́

6) газе́та

2 否定文

否定したい要素の直前に **не** を置くと否定文になります。не にはアクセントがなく、次に続く単語とともに、1 語のように続けて発音します。

Э́то не кни́га.	これは本ではありません。
Э́то не журна́л.	これは雑誌ではありません。
Э́то не ру́чка.	これはボールペンではありません。
Ива́н не студе́нт.	イワンは学生ではありません。
Мать не врач.	母は医師ではありません。

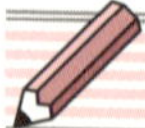

練習 2　次の文を否定文にしましょう。

1) Э́то газе́та.
2) Э́то стол.
3) Э́то ла́мпа.
4) Э́то стул.
5) А́нна – студе́нтка.
6) Оте́ц – инжене́р.

3 疑問文と答え

疑問詞のない疑問文は、表記上は平叙文のピリオドを疑問符に替えるだけですが、イントネーションが異なります。**尋ねたい語のアクセントのある音節を急激に高く上げて**読みます。

Э́то журна́л.	→	Э́то журна́л?	これは雑誌ですか？
Э́то стол.	→	Э́то сто́л?	これは机ですか？
Ива́н – врач.	→	Ива́н – вра́ч?	イワンは医師ですか？
Ю́рий – инжене́р.	→	Ю́рий – инжене́р?	ユーリイはエンジニアですか？

アクセントのある音節が最終音節でない場合は、**アクセントのある音節を高く上げたあと一気に下げます**。ロシア語は日本語や英語と違い、疑問のイントネーションが置かれるのは文末ではなく、アクセントのある音節です。

Э́то уче́бник?	これは教科書ですか？
Э́то телеви́зор?	これはテレビですか？
Э́то па́пка?	これはファイルですか？
А́нна – студе́нтка?	アンナは学生ですか？

疑問詞のない疑問文には、**да**（はい）または **нет**（いいえ）で答えます。

– Э́то уче́бник?　「これは教科書ですか？」
– Да, э́то уче́бник.　「はい、これは教科書です」

– Э́то журна́л?　「これは雑誌ですか？」
– Нет, э́то не журна́л.　「いいえ、これは雑誌ではありません」

– Э́то газе́та?　「これは新聞ですか？」
– Да, э́то газе́та.　「はい、これは新聞です」

– Э́то инжене́р?　「この方はエンジニアですか？」
– Нет, э́то не инжене́р.　「いいえ、この方はエンジニアではありません」

練習 3

次の単語を使って、「これは～ですか？」「はい、これは～です」と言いましょう。

1) доска́

2) телефо́н

3) су́мка

4) ма́рка

5) ка́рта

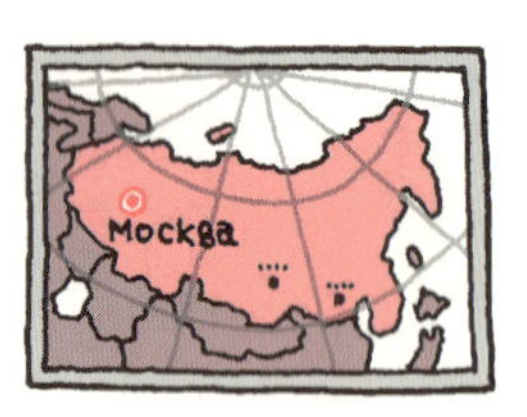

6) ша́пка

7) ру́чка

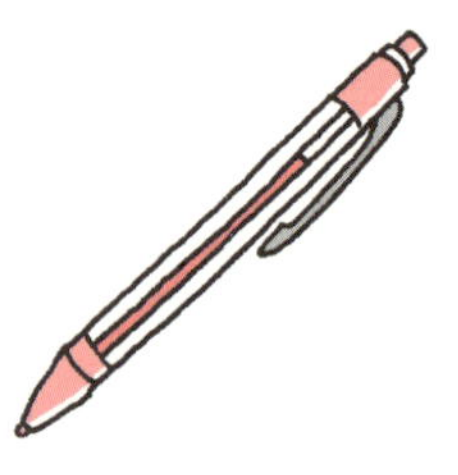

8) телеви́зор

9) пи́во

10) соба́ка

練習４ イラストを見ながら、それぞれの質問に対して「いいえ、これは～ではありません。これは～です」と答えましょう。

1) Э́то стул?

2) Э́то су́мка?

3) Э́то журна́л?

4) Э́то кни́га?

5) Э́то инжене́р?

6) Э́то ко́фе?

あいさつ（1）

Здра́вствуйте!	こんにちは！（一日のどの時間帯でも使える丁寧なあいさつです）
Приве́т!	やあ！　じゃあね！ （親しい人と会ったとき、別れるときに使います）
До свида́ния!	さようなら！
Пока́!	じゃあね！（親しい人と別れるときのあいさつです）
Извини́те!	ごめんなさい！ （謝るときや、「ちょっとすみません」と呼びかけるときに）
Прости́те!	すみません！
Спаси́бо!	ありがとう！

第2課　Уро́к 2 (два)

1 名詞の性
Ми́ша студе́нт, а Ма́ша учи́тельница.

2 人称代名詞（単数）
Он инжене́р.

3 疑問詞のある疑問文
– Что э́то?　– Э́то ру́чка.

4 所有代名詞（1）
Э́то мой стол.

5 接続詞 и, а, и́ли
Я не кита́ец, а япо́нец.

1 名詞の性

職業や身分を表す名詞は、男性か女性かによって違う単語になる場合と、男女とも同じ単語で表される場合があります。

	男性	女性
大学生	студе́нт	студе́нтка
小・中・高校生	шко́льник	шко́льница
教師	учи́тель	учи́тельница
外国人	иностра́нец	иностра́нка
医師	врач	
エンジニア	инжене́р	

Ми́ша студе́нт, а Ма́ша учи́тельница.
ミーシャ（男性名）は学生で、マーシャ（女性名）は先生です。

Ма́ша студе́нтка, а Ми́ша учи́тель.
マーシャは学生で、ミーシャは先生です。

ロシア語はすべての名詞に、**男性・女性・中性**の3つの文法上の性別があります。人間や動物を表す名詞は実際の性に応じて男性・女性に分けられますが、それ以外の名詞は大部分が語尾で見分けられます。

名詞の語末と文法上の性

	語末			単語の例
男性名詞	- 子音	-й	-ь	стол / музéй / день
女性名詞	-а	-я	-ь	кни́га / статья́ / дверь
中性名詞	-о	-е	-мя	окнó / мóре / и́мя

注意！

1) -ь で終わる語は男性名詞の場合と女性名詞の場合と両方あります。語末だけでは見分けられないので、辞書で一つずつ確認して覚えていきましょう。

〔例〕словáрь　辞書（男）　　тетрáдь　ノート（女）

2) - яで終わるのは女性名詞ですが、- мяで終わるものは中性名詞です。

〔例〕земля́　土地（女）　　пéсня　歌（女）

и́мя　名前（中）　　врéмя　時間（中）

3) 人名は、その人の性別に準じます。

〔例〕Ники́та　ニキータ（男）　Вáня　ワーニャ（Ивáн の愛称形）（男）

4) -а, -я で終わっていても、男性を表す単語は男性名詞です。

〔例〕пáпа　お父さん（男）　дя́дя　おじさん（男）　мужчи́на　男性（男）

補足

-мя で終わる中性名詞は全部で以下の 10 語しかありません。

и́мя　名前　　врéмя　時間　　знáмя　旗　　плáмя　炎

плéмя　種族　　сéмя　種子　　тéмя　頭頂部　　стрéмя　あぶみ

брéмя　重荷　　вы́мя　家畜の乳房

このうち最もよく使われる и́мя と врéмя を、まず しっかり覚えておきましょう。

練習 1　次の単語の性は何でしょうか？　また、それぞれの単語の意味も調べましょう。

1) учéбник　2) журнáл　3) ру́чка　4) мать　5) стол

6) окнó　7) стул　8) газéта　9) лáмпа　10) врач

11) кни́га　12) доскá　13) телефóн　14) су́мка　15) кáрта

16) кафé　17) врéмя　18) письмó　19) чай　20) музéй

21) статья́　22) тётя　23) мóре　24) здáние　25) день

26) дверь　27) дочь

2 人称代名詞（単数）

Я студе́нт. 私は学生です。
Ты шко́льник? 君は小学生（中学生、高校生）なの？
Он инжене́р. 彼はエンジニアです。
Она́ студе́нтка. 彼女は学生です。

я（私）、**ты**（君）、**он**（彼）、**она́**（彼女）は、それぞれ英語の I, you, he, she に相当する**人称代名詞**です。ロシア語の人称代名詞（単数）は以下のとおりです。

1人称	я	私
2人称	ты	君
3人称	он	彼、それ（← 男性名詞）
	она́	彼女、それ（← 女性名詞）
	оно́	それ（← 中性名詞）

он は男性名詞を受ける代名詞、она́ は女性名詞を受ける代名詞で、いずれも人間を表す場合もあれば、物を表す場合もあります。оно́ は中性名詞を受ける代名詞で、中性名詞は原則として物や事を表します。

練習 2 例にならって「～はあそこにいます」と言いましょう。

〔例〕Ива́н – студе́нт. Он там.

1) А́нна – студе́нтка.
2) Оте́ц – инжене́р.
3) Мать – врач.
4) Жу́чка[1] – соба́ка.

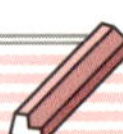

練習 3 次の文をロシア語で言ってみましょう。

1) 私は外国人（男）です。
2) 私は外国人（女）です。
3) 君は大学生（男）なの？
4) 君は大学生（女）なの？
5) 彼は医師です。
6) 彼女はエンジニアです。

練習 4 「Где ～?「～はどこですか？」という質問に対して、「～はあそこにあります」「～はここにあります」と答えましょう。

〔例〕Где стол? → Он там. / Он здесь.

1) Где письмо́?
2) Где музе́й?
3) Где газе́та?
4) Где уче́бник?
5) Где зда́ние?
6) Где ша́пка?

[1] Жу́чка（ジューチカ）はロシアによくある犬の名前です。

3 疑問詞のある疑問文

где（どこ？）、**что**（何？）、**кто**（誰？）などの語を**疑問詞**と言います。что は綴りどおりに発音しない語で、「チトー」ではなく「シトー [што]」と発音します。動物については、что ではなく кто が用いられます。

– Где кни́га?	– Вот[2] она́.	「本はどこにありますか？」	「ほらここです」
– Где письмо́?	– Вон оно́.	「手紙はどこにありますか？」	「ほらあそこです」
– Что э́то?	– Э́то ва́за.	「これは何ですか？」	「花瓶です」
	– Э́то су́мка.		「カバンです」
	– Э́то ло́жка.		「スプーンです」
– Кто э́то?	– Э́то Ви́ктор.	「これは誰（何）ですか？」	「ヴィクトルです」
	– Э́то кот.		「ネコです」

疑問詞のある疑問文のイントネーションは да か нет で答える疑問文と違い、**文頭に置かれた疑問詞のアクセント音節を高く強め**にし、あとは下げます。

кто は職業、身分を尋ねるときにも使えます。

– Кто он?	「彼は何をしている人ですか？」
– Он пиани́ст.	「ピアニストです」

絵を見ながら、「これは何ですか？」「これは～です」とロシア語で言いましょう。

2 «Вот ~» は、目の前にあるものを指して、「ほら、～です」という意味を表します。遠くにあるものを指し示す場合は «Вон ~» と言います。

4)

5)

6)

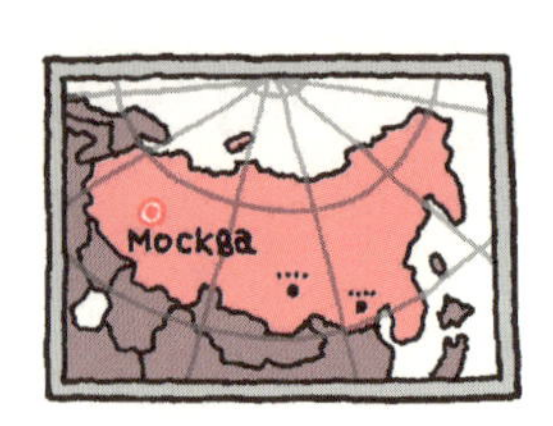

練習 6　例にならって答えましょう。

〔例〕Кто Ви́ктор? (инжене́р) → Он инжене́р.

1) Кто Ива́н? (студе́нт)
2) Кто А́нна? (врач)
3) Кто Ю́рий? (учи́тель)
4) Кто Мари́я? (студе́нтка)
5) Кто Влади́мир? (президе́нт)
6) Кто Ири́на? (певи́ца)

4　所有代名詞（1）

所有代名詞とは「私の」「あなたの」「彼の」「彼女の」などのことです。単数の人称代名詞との対応で覚えましょう。

я	мой	私の
ты	твой	君の
он оно́	его́	彼の、それの
она́	её	彼女の、それの

Э́то мой [твой / его́ / её] стол.　　これは私の［君の／彼の／彼女の］机です。

он と оно́ の所有代名詞は、どちらも同じ **его́** です。なお、この его́ は綴りどおりに発音しない語で、「イェゴー」ではなく「イェヴォー [ево]」と発音します。
これらの所有代名詞は修飾する名詞の性によって以下のように変化します。

所有代名詞の変化					
＋男	мой	твой	его́	её	стол
＋中	моё	твоё	его́	её	письмо́
＋女	моя́	твоя́	его́	её	кни́га

мой と твой は同じように変化しますが、его́ と её は修飾する語の性にかかわらず、いっさい変化しません。

Э́то моя́ [твоя́ / его́ / её] кни́га.　これは私の［君の／彼の／彼女の］本です。
Э́то моё [твоё / его́ / её] письмо́.　これは私の［君の／彼の／彼女の］手紙です。

疑問所有代名詞 **чей**（誰の？）も修飾する名詞の性によって変化します。

疑問詞 чей の変化		
＋男	чей	стол
＋中	чьё	письмо́
＋女	чья	кни́га

– Чей э́то дом?　– Э́то мой дом.　「これは誰の家ですか？」「私の家です」
– Чьё э́то письмо́? – Э́то моё письмо́.　「これは誰の手紙ですか？」「私の手紙です」
– Чья э́то моне́та? – Э́то моя́ моне́та.　「これは誰の硬貨ですか？」「私の硬貨です」

疑問文では間に э́то が挟まっていますが、чей は男性名詞 дом を、чьё は中性名詞 письмо́ を、чья は女性名詞 моне́та をそれぞれ修飾しています。

練習 7　「これは誰の～ですか？」「これは私の～です」と言いましょう。

1) зо́нтик　2) маши́на　3) гита́ра
4) кольцо́　5) ра́дио　6) ключ

練習 8　上のイラストを使って、「これは誰の～ですか？」「君の～です」「彼の～です」「彼女の～です」と言い換えましょう。

5 接続詞 и, а, и́ли

よく使われる3つの**接続詞**を覚えましょう。аはいろいろな使い方があります。

и	そして、〜と（＝and）
а	一方、ところで、では
и́ли	あるいは、それとも（＝or）

Э́то чай и ко́фе.　　これは紅茶とコーヒーです。
Э́то са́хар, а э́то соль.　　これは砂糖で、一方こちらは塩です。

– Кто э́то?　　「これは誰？」
– Э́то Ната́ша.　　「ナターシャです」
– А э́то?　　「ではこちらは？」
– Э́то Та́ня.　　「ターニャです」

неとаを組み合わせた構文もよく用いられます。

не ~, а ...	〜ではなく、…
~, а не...	〜であって、…ではない

Я не кита́ец, а япо́нец.　　私は中国人ではなく、日本人です。
Она́ китая́нка, а не япо́нка.　　彼女は中国人で、日本人ではありません。

А и́ли В?「Aですか、それともBですか？」と尋ねる場合、イントネーションに注意しましょう。Aのアクセント音節を高く上げ、Bで下降します。

Э́то цирк и́ли зоопа́рк?　　これはサーカスですか、それとも動物園ですか？

Э́то уче́бник и́ли слова́рь?　　これは教科書ですか、それとも辞書ですか？

А 〜？「それじゃ〜は？」タイプの疑問文のイントネーションは、通常の疑問文のイントネーション（→p.27）とはちょっと違います。
まず、接続詞аから中程度の高さで始まり、対比する語のアクセントで低く下がり、その後音節ごとに段階的に上昇します。

А я́блоко?　　「ではリンゴは？」

А э́то?　　「それじゃこれは？」

ただし、アクセント音節が最後に来ると下がったままになってしまい、疑問文になりませんので、最後のアクセント音節内で通常の疑問文同様に上昇します。

А молоко́?　　「じゃあ、牛乳は？」

А ты?　　「それじゃ君は？」

練習９　次の文を日本語に訳しましょう。

1) Э́то рис и суп.
2) Э́то колбаса́ и сыр.
3) Э́то Москва́, а э́то Петербу́рг.
4) Э́то не ку́хня, а кабине́т.
5) Он англича́нин, а не америка́нец.
6) Аэропо́рт там, а не здесь.
7) Он япо́нец и́ли кита́ец?
8) Э́то вода́ и́ли во́дка?

ロシア人の名前（1）

ロシア人の名前は、名 (и́мя) と父称 (о́тчество) と名字 (фами́лия) から成っています。例えば、現代ロシアの作家ペレーヴィンは、Ви́ктор が名、Оле́гович が父称、Пеле́вин が名字なので Ви́ктор Оле́гович Пеле́вин です。父称というのは、父親の名に、息子なら -ович か -евич、娘なら -овна か -евна をつけることによって自動的に作られます。父 Оле́г の息子は -ович がついて Оле́гович、娘は -овна がついて Оле́говна です。

父が Пётр なら息子の父称は Петро́вич、娘の父称は Петро́вна、父が Серге́й なら息子の父称は Серге́евич、娘の父称は Серге́евна となります。

ロシア語では、敬意を表すべき相手にはふつう「名＋父称 (и́мя-о́тчество)」で呼びかけます。

– Здра́вствуйте, Ви́ктор Оле́гович!
「こんにちは、ヴィクトル・オレーゴヴィチ！」
– До́брый день, Мари́я Петро́вна!
「こんにちは、マリヤ・ペトローヴナ！」

「名＋父称」の場合、日本語の「さん」や英語の «Mr.» «Ms.» にあたる言葉は要りません。最初は呼び捨てにしているような感じがするかもしれませんが、これが敬意をこめた言い方です。

第3課

Уро́к 3 (три)

1 名詞の複数形
Э́то журна́лы.

2 人称代名詞（複数）
Они́ студе́нты.

3 所有代名詞（2）
– Чьи э́то журна́лы? – Э́то мои́ журна́лы.

4 形容詞の変化
– Како́й э́то журна́л? – Э́то интере́сный журна́л.

1 名詞の複数形

Э́то журна́л. これは雑誌です。
Э́то журна́лы. これ（ら）は雑誌（複数）です。

ロシア語は英語と同じく単数・複数の違いがあります。上の2つの文を比べてみましょう。述語が単数でも複数でも э́то は変わりませんが、名詞の語尾が変化しています。

名詞の複数形の作り方

	語末		例
	単数	複数	
男	- 子音	最終子音の後に ы を加える	студе́нт → студе́нты журна́л → журна́лы
	-й	-й → -и	геро́й → геро́и трамва́й → трамва́и
	-ь	-ь → -и	гость → го́сти писа́тель → писа́тели
女	-а	-а → -ы	газе́та → газе́ты ма́ма → ма́мы
	-я	-я → -и	статья́ → статьи́ неде́ля → неде́ли
	-ь	-ь → -и	ночь → но́чи пло́щадь → пло́щади

名詞の複数形の作り方			
	語末		例
	単数	複数	
中	-о	-о → -а	крéсло → крéсла ýтро → ýтра
	-е	-е → -я	плáтье → плáтья здáние → здáния
	-мя	-мя → -менá	и́мя → именá врéмя → временá

男性名詞と女性名詞の複数形は語尾が -ы か -и、中性名詞の複数形は語尾が -а か -я です。-мя で終わる中性名詞は、複数形の語尾が -менá になります。アクセントが語末に移動している点にも注意しましょう。

それ以外にも、複数形になると単数形とは**アクセントの位置が変わる語**があります。

сад	→	сады́	庭	словáрь	→	словари́	辞書
горá	→	гóры	山	землá	→	зéмли	土地
мéсто	→	местá	場所、席	мóре	→	моря́	海
письмó	→	пи́сьма	手紙	яйцó	→	я́йца	卵

アクセントが移動するのと同時に、**е と ё が交替する語**もあります。

женá	→	жёны	妻	сестрá	→	сёстры	姉妹
óзеро	→	озёра	湖	веснá	→	вёсны	春

複数形を作るときに大事なのは「**正書法の規則**」です。

正書法の規則

г, к, х, ж, ч, ш, щ の直後には **ы, я, ю** を綴ることはできず、それぞれ **и, а, у** に書き換えなければならない。

たとえば、子音で終わる男性名詞 парк（公園）の複数形は、規則通りに作るなら пáркы となるはずですが、к の直後に ы は綴れないため、ы を и に書き換えて、пáрки になります。

дорóга	道	→	~~дорóгы~~	→	дорóги	(г の直後)
дéвочка	少女	→	~~дéвочкы~~	→	дéвочки	(к の直後)
успéх	成功	→	~~успéхы~~	→	успéхи	(х の直後)
нож	ナイフ	→	~~ножы́~~	→	ножи́	(ж の直後)
мяч	ボール	→	~~мячы́~~	→	мячи́	(ч の直後)
карандáш	鉛筆	→	~~карандашы́~~	→	карандаши́	(ш の直後)
товáрищ	仲間	→	~~товáрищы~~	→	товáрищи	(щ の直後)

練習 1 次の語の意味を調べ、複数形にしましょう。

1) ла́мпа 2) и́мя 3) ша́пка 4) уче́бник 5) авто́бус
6) ме́сяц 7) музе́й 8) портфе́ль 9) ко́мната 10) аудито́рия
11) пе́сня 12) тетра́дь 13) госуда́рство 14) упражне́ние 15) кни́га
16) руба́шка 17) ты́сяча 18) ча́шка

練習 2 次の語の意味を調べ、複数形にしましょう(すべてアクセントの位置が変わります)。

1) игра́ 2) зима́ 3) лицо́ 4) окно́ 5) сло́во
6) число́ 7) шкаф 8) река́ 9) нога́ 10) рука́ 11) цена́

2 人称代名詞(複数)

第2課で学んだ単数の人称代名詞に複数を加えたのが下の表です。

	単数		複数	
1人称	私	я	私たち	мы
2人称	君	ты	あなた(敬称)、君たち、あなたたち	вы
3人称	彼、それ(男性)	он	彼ら、それら	они́
	彼女、それ(女性)	она́		
	それ(中性)	оно́		

注意!

1) вы は、①親しくない・敬意を表すべき相手1人を指す場合(「あなた」)、②親しさや敬意にかかわらず、2人以上の相手を指す場合(「君たち」「お前たち」「あなた方」etc.)の2種類の意味があるので注意しましょう(どちらの意味で使っても、文法的には「2人称複数」として扱われます)。ちなみに子どもに対しては、たとえ見知らぬ間柄であってもふつうは ты を用います。
2) они́ は он, она́ と同様、人も物も動物も指すので、「彼ら」なのか「それら」なのか、文脈に応じて訳し分けましょう。

– Кто вы? 「ご職業は？」
– Мы врачи́. 「私たちは医師です」

– Кто вы? 「ご職業は？」
– Я писа́тель. 「私は作家です」

– Где словари́? 「辞書（複数）はどこですか？」
– Они́ там. 「それらはあそこです」

Э́то А́нна и Ива́н. Они́ студе́нты. これはアンナとイワンです。彼らは学生です。

練習 3 それぞれの語を代名詞に置き換え、「～はどこですか？」と言いましょう。

〔例〕журна́лы → Где они́?

1) уче́бник 2) преподава́тель 3) Ка́тя и Воло́дя 4) слова́рь
5) ша́пка 6) руба́шки 7) сёстры 8) я́йца
9) пи́сьма 10) го́сти 11) трамва́й 12) тетра́дь

3 所有代名詞（2）

第2課で学んだ単数人称代名詞に対する所有代名詞に、複数人称代名詞に対する所有代名詞を加えたのが下の表です。

所有代名詞一覧

я	мой	私の	мы	наш	私たちの
ты	твой	君の	вы	ваш	あなたの、君たちの、あなた方の
он оно́	его́	彼の、それの	они́	их	彼らの、それらの
она́	её	彼女の、それの			

所有代名詞は、修飾する単数名詞の**性と数（単数か複数か）によって変化します。**

所有代名詞の変化

+男	мой	твой	его́	её	наш	ваш	их	чей	стол
+中	моё	твоё	его́	её	на́ше	ва́ше	их	чьё	письмо́
+女	моя́	твоя́	его́	её	на́ша	ва́ша	их	чья	кни́га
+複	мои́	твои́	его́	её	на́ши	ва́ши	их	чьи	кни́ги

複数形になると、元の名詞（単数）の性別にかかわらず、所有代名詞は同じ形になります。つまり、男性名詞 стол でも мои́ столы́、女性名詞 кни́га でも мои́ кни́ги です。
3 人称の所有代名詞 его́, её, их は変化しません。

– Чьи э́то журна́лы?　「これらは誰の雑誌ですか？」
– Э́то мои́ [его́ / её / их] журна́лы.　「これらは私［彼／彼女／彼ら］の雑誌です」

– Чья э́то маши́на?　「これは誰の車ですか？」
– Э́то на́ша [его́ / её / их] маши́на.　「これは私たち［彼／彼女／彼ら］の車です」

練習 4　例にならって、単数と複数と両方のパターンでやりとりの練習をしてみましょう。

〔例〕

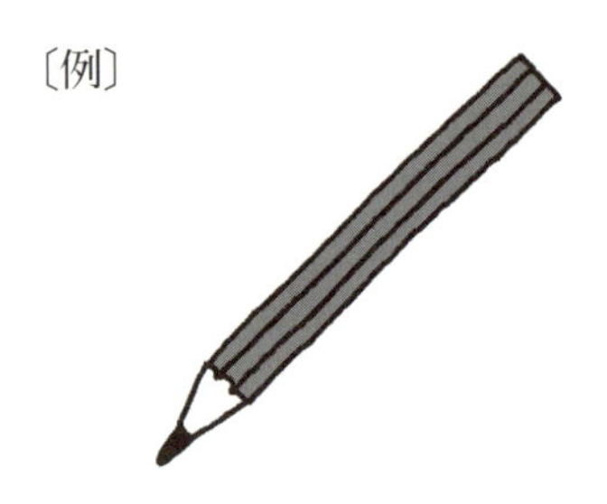

– Чей э́то каранда́ш?　– Э́то мой каранда́ш.
– Чьи э́то карандаши́?– Э́то мои́ карандаши́.

4 形容詞の変化

形容詞も所有代名詞と同じく、修飾する名詞の**性と数によって変化します**。形容詞の変化は大きく分けると3種類で、それぞれの形容詞によってどのタイプの変化をするか決まっています。

タイプ	硬変化Ⅰ	硬変化Ⅱ	軟変化	
＋男	кра́сн**ый**	голуб**о́й**	си́н**ий**	каранда́ш
＋中	кра́сн**ое**	голуб**о́е**	си́н**ее**	письмо́
＋女	кра́сн**ая**	голуб**а́я**	си́н**яя**	ру́чка
＋複	кра́сн**ые**	голуб**ы́е**	си́н**ие**	ру́чки
意味	赤い	空色の	青い	

このうち、硬変化Ⅰと硬変化Ⅱの違いは男性形だけです。硬変化Ⅱは必ず語尾にアクセントがあるので注意しましょう。

形容詞は、修飾語としても述語としても用いることができます。

Э́то кра́сный каранда́ш. これは赤鉛筆です。
Где си́няя ру́чка? 青いボールペンはどこですか？

Моя́ маши́на си́няя. 私の車は青いです。
Её зо́нтик голубо́й. 彼女のカサは空色です。

ところで、たとえば большо́й（大きい）は以下のように変化します。

большо́й, больша́я, большо́е, больши́е

この語は硬変化Ⅱの形容詞なので複数形は большы́е となるはずですが、「**正書法の規則**」（→p.39）により ш の直後に ы が綴れず、и としなければならないため、больши́е となるのです。

このように「正書法の規則」が適用されるために硬変化と軟変化が混ざっているように見える変化のタイプが、大きく分けて3種類あります。

タイプ	混合変化Ⅰ	混合変化Ⅱ	混合変化Ⅲ
＋男	ру́сский (×ру́сскый)	большо́й	хоро́ший
＋中	ру́сское	большо́е	хоро́шее
＋女	ру́сская	больша́я	хоро́шая (×хоро́шяя)
＋複	ру́сские (×ру́сскые)	больши́е (×большы́е)	хоро́шие
意味	ロシアの	大きい	よい

【混合変化Ⅰ】

本来は硬変化Ⅰですが、正書法の規則のため、男性形と複数形の語尾が硬変化Ⅰとは違います。語幹は必ず г, к, х で終わります。

【混合変化Ⅱ】

硬変化Ⅱのヴァリエーションです。語幹は г, к, х, ж, ч, ш, щ で終わり、語尾にアクセントがあります。

【混合変化Ⅲ】

軟変化のヴァリエーションです。語幹は ж, ч, ш, щ で終わります。

なお、疑問形容詞 како́й（どのような、どの）も、性と数によって変化します（混合変化Ⅱ）。

（男）како́й　（中）како́е　（女）кака́я　（複）каки́е

– Како́й э́то журна́л?　「これはどんな雑誌ですか？」
– Э́то интере́сный журна́л.　「おもしろい雑誌です」

次の表現を下にある形容詞と名詞から選んで、ロシア語で書いてみましょう。

1) 新しいマフラー　2) 古い建物　3) 冬物のコート
4) 若い医師たち　5) 古い宮殿　6) 赤ワイン
7) 夏用のワンピース　8) 賢い女子学生　9) おもしろい本

【形容詞】 но́вый, ста́рый, кра́сный, интере́сный, у́мный, молодо́й, ле́тний, зи́мний
【名詞】 шарф, студе́нтка, зда́ние, пла́тье, врачи́, дворе́ц, пальто́, вино́, кни́га

次の表現を下にある形容詞と名詞から選んで、ロシア語で書いてみましょう。

1) 日本の作家　　2) 大きい教室　　3) 高価なバッグ
4) 悪い医師　　5) 未来の英雄たち　　6) 新鮮なソーセージ
7) アメリカの少女たち　　8) 偉大な作曲家たち　　9) 大事な友人

【形容詞】 япо́нский, америка́нский, вели́кий, дорого́й, большо́й, плохо́й, све́жий, бу́дущий

【名詞】 писа́тель, врач, геро́и, компози́торы, друг, де́вочки, аудито́рия, су́мка, колбаса́

例にならってパターン練習をしてみましょう。答えるときには、形容詞を下の選択肢の中から選んで、うまく名詞と組み合わせてください。

〔例〕Како́й э́то язы́к? → Э́то япо́нский язы́к.

1) Кака́я э́то ру́чка?　　2) Како́й э́то каранда́ш?
3) Како́е э́то вино́?　　4) Како́й э́то телеви́зор?
5) Каки́е э́то газе́ты?　　6) Кака́я э́то пе́сня?

【形容詞】 кра́сный, бе́лый, си́ний, большо́й, но́вый, ру́сский, америка́нский

ロシア語あれこれ

あいさつ (2)

Меня́ зову́т А́нна.	私の名前はアンナです。
Меня́ зову́т Такуя.	私の名前はタクヤです。
О́чень прия́тно!	はじめまして！（とてもうれしいです）
Моя́ фами́лия Ивано́в.	私の名字はイワノフです。
Моё и́мя О́льга.	私のファーストネームはオリガです。
До́брое у́тро!	おはよう！
До́брый день!	こんにちは！
До́брый ве́чер!	こんばんは！

Здра́вствуйте! と違って、この 3 種類のあいさつは使える時間帯が限られます。До́брое у́тро! は午前中、До́брый день! は昼間、До́брый ве́чер! は夕方から夜にかけてのあいさつです。

Уро́к 4 (четы́ре)

1 動詞の変化（現在形・その 1）
– Что вы де́лаете? – Я чита́ю.

2 指示代名詞 э́тот の変化
Э́тот студе́нт сейча́с за́втракает.

3 不規則な複数形
Здра́вствуйте, дороги́е друзья́!

4 疑問詞 как と когда́
Как ты ду́маешь?

Когда́ вы обе́даете?

1 動詞の変化（現在形・その1）

ロシア語の動詞は語尾がいろいろな形に変化します。変化する前の元の形は「不定形」と呼ばれ（英語の不定詞に相当しますが、ロシア語ではこれが「原形」とされます）、これが辞書の見出しの形となります。**不定形の多くは -ть で終わります。**

чита́ть	読む	смотре́ть	見る	хоте́ть	欲する
слу́шать	聴く	говори́ть	話す	взять	取る
гуля́ть	散歩する	стоя́ть	立っている	звать	呼ぶ
де́лать	する	кури́ть	タバコを吸う		
понима́ть	理解している	по́мнить	覚えている		

これらの動詞の語尾が主語によって変化します。現在時制の変化のタイプは大きく分けて下の3つです。

①第 1 変化（е 変化）　②第 2 変化（и 変化）　③不規則変化

どの動詞がどのタイプに属するかは、それぞれの動詞によって個別に決まっています（上に挙げた動詞では、左列のものが第 1 変化、中列が第 2 変化、右列が不規則変化です）。このうち、まずは最も多いパターンである①第 1 変化（е変化）を学びましょう。

第1変化（е変化）

			語尾の形	例
不定形			-ть	чита́**ть**
単数	1人称	я	-ю	чита́**ю**
	2人称	ты	-ешь	чита́**ешь**
	3人称	он / оно́ / она́	-ет	чита́**ет**
複数	1人称	мы	-ем	чита́**ем**
	2人称	вы	-ете	чита́**ете**
	3人称	они́	-ют	чита́**ют**

＊ вы は、1人の相手を指すときと2人以上の相手を指すときがありますが（→ p.40）、どちらの場合でも語尾は -ете です。

– Что вы де́лаете?　「何をしていらっしゃるのですか？」
– Я чита́ю.　「読書をしているのです」

– Сейча́с вы рабо́таете?　「今、あなたたちは仕事中ですか？」
– Нет, мы гуля́ем.　「いえ、僕たちは散歩しているんです」

– Ты обе́даешь?　「お昼ごはんを食べてるのかい？」
– Нет. Я за́втракаю.　「いや、朝ごはんを食べてるんだ」

– Кто там гуля́ет?　「あそこを散歩しているのは誰ですか？」
– Там гуля́ют на́ши вну́ки.　「うちの孫たちですよ」

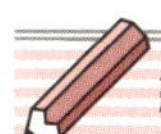

練習 1　次の動詞の意味を調べ、現在人称変化させてみましょう。

1) знать
2) ду́мать
3) игра́ть
4) у́жинать
5) опа́здывать

練習 2　次の(　)内の動詞を適切な形に変化させ、全文を日本語に訳しましょう。

1) Вы (понима́ть)?
2) Де́душка и ба́бушка (гуля́ть).
3) Там (игра́ть) ма́льчики.
4) Ми́ша ча́сто (опа́здывать).
5) Что ты (ду́мать)?
6) Мы хорошо́ (знать) наш го́род.
7) Сейча́с я (де́лать) дома́шнее зада́ние.
8) Кто здесь (рабо́тать)?

2 指示代名詞 э́тот の変化

「この」「その」という意味の指示代名詞 **э́тот** も、形容詞や所有代名詞と同じく、修飾する名詞の**性と数に従って変化**します。

指示代名詞 **э́тот** の変化		
＋男	э́тот	студе́нт
＋中	э́то	сло́во
＋女	э́та	студе́нтка
＋複	э́ти	студе́нты

Э́тот студе́нт сейча́с за́втракает. この男子学生は、今、朝ごはんを食べています。
Э́та студе́нтка сейча́с обе́дает. この女子学生は、今、お昼ごはんを食べています。
Я зна́ю э́то сло́во. 私はその単語を知っています。
Э́ти студе́нты сейча́с гуля́ют. この学生たちは今、散歩中です。

練習 3 次の名詞に適切な形の指示代名詞 э́тот を付けましょう。

1) журна́л 2) стол 3) кни́га
4) ла́мпа 5) окно́ 6) зда́ние
7) преподава́тели 8) кни́ги 9) пи́сьма

第 1 課で学んだ「これ」という意味の э́то と、ここで出てきた「この」という意味の э́тот / э́то / э́та / э́ти は別のものです。中性形の э́то は形が同じなので注意しましょう。

Э́то кни́га. これは本です。
Э́то письмо́ интере́сное. この手紙はおもしろいです。
Э́та кни́га интере́сная. この本はおもしろいです。

練習 4　次の文を日本語に訳しましょう。

1) Э́тот ма́льчик игра́ет там.
2) Э́та же́нщина сейча́с отдыха́ет.
3) Э́ти кни́ги тру́дные.
4) Э́то зда́ние не краси́вое.
5) Э́то краси́вое зда́ние.
6) Э́то упражне́ние о́чень тру́дное.
7) Э́то о́чень тру́дное упражне́ние.
8) Э́то Чёрное мо́ре.

補足 ここまでのところ語順については、多くの場合で英語と同じように主語が先で動詞が後になっていますが、ロシア語は英語と違って語順が比較的自由に動きます。例えば、英語では John loves Mary. と Mary loves John. では違う意味の文になるのに対し、ロシア語では Э́тот ма́льчик игра́ет там. という文を Там игра́ет э́тот ма́льчик. という語順にすることも可能です。ロシア語の語順を決める要因はいろいろありますが、第一の要因は、「重要なものを後ろに置く」ということです。つまり、Э́тот ма́льчик игра́ет там. は「そこで」がいちばん言いたいポイントであるのに対して、Там игра́ет э́тот ма́льчик. とすると、「そこで遊んでいるのは（ほかでもない）その少年です」というニュアンスになり、「その少年」の方が伝えたいポイントになります。

3 不規則な複数形

第3課で複数形の作り方を学びましたが、それ以外に**不規則な作り方をする複数形**もあります。いくつか代表的なパターンを見てみましょう。

(1) мать → ма́тери 母親　　дочь → до́чери 娘
このパターンの変化をするのはここに挙げた2語だけです。

(2) глаз → глаза́ 目　　го́род → города́ 町
дом → дома́ 家　　по́езд → поезда́ 列車
男性名詞の中には、このような複数形を作るものもあります。規則通りなら гла́зы, го́роды のように語尾は -ы になるはずですが、そうではなく -а́ という語尾になります。なお、このタイプに属する語は、複数形では必ず語尾にアクセントが移動するので注意しましょう。

(3) брат → бра́тья 兄弟　　друг → друзья́ 友人　　сын → сыновья́ 息子
これも本来なら語尾が -ы や -и になるはずですが、いずれも -ья になっています。単語によっては、アクセントが移動したり、語幹の形が変わることもあります。

Что де́лают ва́ши до́чери?	お宅の娘さんたちは何をしているのですか？
Москва́ и Петербу́рг – больши́е города́.	モスクワとペテルブルクは大都市です。
Здра́вствуйте, дороги́е друзья́!	みなさん（大事な友人たち）、こんにちは！

不規則な複数形はほかにもいろいろなパターンがありますので、出てくるたびに一つ一つ覚えていきましょう。

辞書での調べ方（1）

不規則な変化は、必ず辞書に明記されています。多くの露和辞典では、見出しの直後に変化形に関する情報が必要に応じて記載されています。例えば брат を引いてみましょう。「複」という文字に続けて бра́тья とありますが、これは複数形が不規則に бра́тья と変化することを示しています。また、го́род を見るとやはり「複」の字に続けて -а́ や города́ のように記されています（辞書によっては語幹を省略することもあるので注意しましょう）。同様に、アクセントが変わる場合も、сло́во → слова́ や сестра́ → сёстры などのように明記されています。一方、студе́нт → студе́нты や кни́га → кни́ги のように規則通りに複数形が作られるものは、辞書には何も注記されていません。

練習5　次の語の複数形を辞書で確認しましょう。

1) жена́　2) муж　3) но́мер　4) па́спорт　5) стул　6) медсестра́　7) гора́
8) де́рево

ところで、そもそも**単数形を持たない名詞**もあります。

брю́ки	ズボン	часы́	時計	кани́кулы	（長期の）休暇
джи́нсы	ジーンズ	но́жницы	ハサミ	роди́тели	両親
де́ньги	お金	ша́хматы	チェス		

英語のscissorsやpantsと同じく、これらの名詞には複数形しかありません。
ほかにも**носки́**（靴下）や**лы́жи**（スキー）など、普通ペアになって使われるものを表す単語は、一応単数形も持っていますが、片方のことだけが話題になることはあまりないので、通常は複数形のみが使われます（辞書によっては複数形が見出しになっています）。

4 疑問詞 как と когда́

疑問詞 как は「どのように、どうやって」(＝how)、когда́ は「いつ」(＝when)という意味です。

Как ты ду́маешь?	どう思う？
Как он рабо́тает?	彼の働きぶりはどうですか？
Когда́ вы обе́даете?	あなた方はいつ昼食をとりますか？
Когда́ игра́ют де́ти[1]?	子どもたちはいつ遊びますか？

名前を聞くときは、как を使います。

Как вас зову́т?	あなたのお名前は？
Как ва́ша фами́лия?	あなたの名字は？
Как ва́ше и́мя?	あなたのファーストネームは？

これらの質問に対する答え方は、p.45 の「あいさつ (2)」を参照してください。

練習 6 次の文をロシア語で書きましょう。

1) あなたはどうお考えですか？
2) 彼らはどういうふうにやっているのですか？
3) あなたのおじいちゃんはいつ散歩するのですか？
4) 君はいつ働いているんだい？

[1] де́ти は ребёнок（子ども）の複数形ですが、これは特殊な不規則変化名詞です。

あいさつ（3）

Как делá?	調子はどう？
Как вáше здорóвье?	体調はいかがですか？
Хорошó, спасúбо!	快調です、どうもありがとう！
Неплóхо.	悪くありません。
Нормáльно.	普通です。
Невáжно.	今ひとつです。

ロシア人の名前（2）

ロシア語では、家族や親しい友人や子どもに対しては、名の愛称形で呼びかけるのがふつうです。例えば、Марúя という名だったら、Мáша という愛称形が最も一般的ですが、ほかにも Марúша、Мáшенька、Марýся などいろいろなニュアンスの愛称形があります。ロシア語話者ならたいてい生まれたときから慣れ親しんだ愛称があるので、それを用いて呼びかけるのがいいでしょう。

– Привéт, Мáша!	「やあ、マーシャ！」
– Здрáвствуй, Вúтя!	「こんにちは、ヴィーチャ！」

Вúтя は Вúктор の愛称形です。
ふつう親しい間柄の相手には２人称の ты を用いて話し愛称形で呼びかけ、敬意を表すべき相手には２人称の вы を用いて話し「名＋父称」で呼びかけます（ただし вы を用いる間柄の相手でも愛称形で呼びかける場合もあります）。下に一般的な愛称形を挙げます。

【男性】

Алексáндр	→	Сáша
Алексéй	→	Алёша
Владúмир	→	Volóдя
Вячеслáв	→	Слáва
Григóрий	→	Грúша
Евгéний	→	Жéня
Ивáн	→	Вáня
Михаúл	→	Мúша
Николáй	→	Кóля
Пётр	→	Пéтя
Сергéй	→	Серёжа
Фёдор	→	Фéдя
Юрий	→	Юра

【女性】

Алексáндра	→	Сáша
Анастасúя	→	Нáстя
Áнна	→	Áня
Валéрия	→	Лéра
Евгéния	→	Жéня
Екатерúна	→	Кáтя
Елéна	→	Лéна
Любóвь	→	Люба
Надéжда	→	Нáдя
Натáлия	→	Натáша
Óльга	→	Óля
Сóфья	→	Сóня
Татьяна	→	Тáня

第5課

Уро́к 5 (пять)

1 動詞の変化（現在形・その 2）
–Вы говори́те по-ру́сски?　–Да, говорю́.

2 名詞の格（概要）
Она́ студе́нтка.

3 名詞の対格
–Что ты чита́ешь?　–Я чита́ю газе́ту [статью́ / журна́л / письмо́].

4 人称代名詞の対格
Вы зна́ете меня́?

5 一致定語の対格
–Каку́ю му́зыку она́ слу́шает?　– Она́ слу́шает япо́нскую му́зыку.

1 動詞の変化（現在形・その2）

第 4 課で出てきた第 1 変化（e 変化）に続いて、ここでは**第 2 変化（и 変化）**を学びましょう。

第 2 変化（и 変化）

			語尾	例	
不定形			-ить / -еть / -ять / -ать	говори́ть（話す）	стоя́ть（立っている）
単数	1 人称	я	-ю	говорю́	стою́
	2 人称	ты	-ишь	говори́шь	стои́шь
	3 人称	он	-ит	говори́т	стои́т
複数	1 人称	мы	-им	говори́м	стои́м
	2 人称	вы	-ите	говори́те	стои́те
	3 人称	они́	-ят	говоря́т	стоя́т

– Вы говори́те по-ру́сски?　「あなたはロシア語を話しますか？」
– Да, говорю́.　「ええ、話します」

– Кто там стои́т?　「あそこに立っているのは誰？」
– Там стоя́т мои́ бра́тья и сёстры.　「あそこに立っているのは僕の兄弟姉妹たちだよ」

第1変化との違いを比べてみましょう。変化しない部分（現在語幹）は黒字で、変化する部分（変化語尾）は赤字で示してあります。

①第1変化は不定形の -ть を取って変化しますが、第2変化は -ть だけでなく、その直前の母音字まで取り除いてから、人称に応じた変化語尾をつけます。
②1人称単数の変化語尾は同じです。ты から вы までの変化語尾は、第1変化が -ешь, -ет... となるのに対し、第2変化は -ишь, -ит... となります（第1変化では е、第2変化では и が多く出てくるため、それぞれ「е 変化」「и 変化」とも呼ばれます）。
③3人称複数の変化語尾は、第1変化が -ют, 第2変化が -ят です。

タイプ	第1変化	第2変化
不定形	чита́ть	говори́ть
я	чита́ю	говорю́
ты	чита́ешь	говори́шь
он	чита́ет	говори́т
мы	чита́ем	говори́м
вы	чита́ете	говори́те
они́	чита́ют	говоря́т

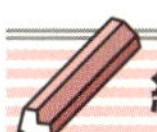

練習1 次の動詞を現在形に変化させましょう（すべて第2変化の動詞です）。

1) звони́ть　2) по́мнить　3) спо́рить　4) стро́ить　5) веле́ть　6) ве́рить

◆アクセントについて

第2変化の動詞は、変化に際してしばしば**アクセントの移動**が起こります（第1変化ではアクセントの移動は起こりません）。

不定形	смотре́ть（見る）	кури́ть（タバコを吸う）	учи́ть（覚える、教える）
я	смотрю́	курю́	учу́
ты	смо́тришь	ку́ришь	у́чишь
он	смо́трит	ку́рит	у́чит
мы	смо́трим	ку́рим	у́чим
вы	смо́трите	ку́рите	у́чите
они́	смо́трят	ку́рят	у́чат

アクセントが移動する場合、不定形では語尾にあったアクセントが、ты のところで語幹に移り、あとは最後の они́ まで、ずっと同じ位置をキープします。

注意！

учи́ть は1人称単数形が учу́、3人称複数形が у́чат で、語尾が -ю, -ят ではありません。これはp.39で学んだ「正書法の規則」（＝「г, к, х, ж, ч, ш, щ の直後には ы, я, ю を綴ることはできず、それぞれ и, а, у に書き換えなければならない」）が適用されているためです。

練習2 次の動詞を現在形に変化させましょう。いずれも第2変化の動詞で、*印のあるものはアクセントが移動します。

1) вари́ть*　2) дари́ть*　3) дели́ть*　4) слы́шать　5) держа́ть*　6) лежа́ть

2 名詞の格（概要）

ロシア語の名詞は**「格」**によって変化します。「格」というのは、文の中で単語がどのような役割を果たすのか（「主語」「直接目的語」「間接目的語」など）を示す概念です。英語では主に語順によって、日本語では助詞（「が」「を」「に」など）によって「格」を示すのに対し、ロシア語では単語の語尾が変化することによって「格」を示します。

ロシア語には**6種類の「格」**があります。それぞれの主な意味・用法は以下の通りです。

主格	主語（～が）、述語
生格	所有・所属（～の）
与格	間接目的語（～に）
対格	直接目的語（～を）
造格	道具・手段（～で）、様態（～として、～のように）、述語
前置格	（格それ自体の意味はない。必ず前置詞を伴い、その前置詞によって意味が決まる）

ロシア語の名詞は、上の6つの格に応じて語尾が変化します。単数と複数も区別するので、一つの単語が全部で12の形を持つことになります。たとえば кни́га は右のように変化します。

	単数	複数
主格	кни́га	кни́ги
生格	кни́ги	книг
与格	кни́ге	кни́гам
対格	кни́гу	кни́ги
造格	кни́гой	кни́гами
前置格	кни́ге	кни́гах

このうち**主格**は「基本形」とも言うべき形で、辞書の見出しはこの形が示されています。ちなみに、前の課までに出てきた名詞と代名詞は、単数形も複数形もほとんどが主格でした。

主格の主な用法は「主語」と「述語」です。

Она́ студе́нтка. 彼女は学生です。

Мари́я чита́ет. マリヤは読書しています。

赤字の名詞・代名詞はすべて主格で、она́, Мари́я は主語、студе́нтка は述語です。その他の格については、これから順々に学んでいきましょう。

3 名詞の対格

対格の主な用法は、直接目的語（～を）を表すことです。

Я чита́ю кни́гу. 私は本を読んでいます。

↑ кни́га の対格（чита́ю の直接目的語）

名詞の変化は、単語の性と語末の文字によってパターンが分かれます[1]。

①男性名詞

語末	- 子音		-й		-ь	
単／複	単	複	単	複	単	複
主	журна́л	журна́лы	музе́й	музе́и	портфе́ль	портфе́ли
対	журна́л	журна́лы	музе́й	музе́и	портфе́ль	портфе́ли

②中性名詞

語末	-о		-е		-мя	
単／複	単	複	単	複	単	複
主	письмо́	пи́сьма	мо́ре	моря́	и́мя	имена́
対	письмо́	пи́сьма	мо́ре	моря́	и́мя	имена́

③女性名詞

語末	-а		-я		-ь	
単／複	単	複	単	複	単	複
主	газе́т**а**	газе́ты	стать**я́**	статьи́	тетра́дь	тетра́ди
対	газе́т**у**	газе́ты	стать**ю́**	статьи́	тетра́дь	тетра́ди

・赤線で囲んであるもの（-а と -я で終わる女性名詞）以外は、主格と対格が同じ形です。
・疑問詞 что も格変化します。対格は主格と同じ что です。
・-а, -я で終わる男性名詞は、女性名詞と同じ変化をします。

– Что ты чита́ешь? 「何を読んでいるの？」
– Я чита́ю газе́ту [статью́ / журна́л / письмо́]. 「新聞［論文／雑誌／手紙］を読んでいるんだ」
（газе́ту ← газе́та、статью́ ← статья́、журна́л / письмо́：主格と同じ）

– Что вы изуча́ете? 「何を勉強しているのですか？」
– Я изуча́ю исто́рию и ру́сский язы́к. А вы? 「歴史とロシア語です。あなたは？」
– Литерату́ру и иску́сство. 「文学と芸術です」

Он опя́ть чита́ет «Дя́дю Ва́ню». 彼はまた『ワーニャ伯父さん』を読んでいる。

---

[1] 名詞は性による区別のほかに、①人や動物を表す「活動体」、②物や事を表す「不活動体」の2種類に分けられます。例えば、студе́нт（学生）、ма́ма（お母さん）、соба́ка（犬）は活動体、кни́га（本）、журна́л（雑誌）、письмо́（手紙）は不活動体名詞です。単数の女性名詞と中性名詞は活動体も不活動体も格変化のパターンは同じですが、男性名詞と複数名詞は活動体と不活動体では対格の形が異なります。この課で出てくる男性・複数名詞は不活動体のみです。活動体の対格は第10課で勉強します。

	単数	複数
主格	○	○
生格		
与格		
対格	△	△
造格		
前置格		

これで名詞の 12 の変化形のうち、左表のものを学習しました。以後の課では、新しい格について学ぶたび、この表に○が増えていきます。すべての欄が○で埋まれば、格変化はマスターできたことになります。

* 対格はまだ不活動体の分だけなので△になっています。

練習 3　次の(　)内の名詞を対格に直し、全文を日本語に訳しましょう。

1) Студе́нты слу́шают (му́зыка).
2) Профе́ссор хорошо́ зна́ет (Япо́ния).
3) Мы смо́трим (телеви́зор).
4) Где вы покупа́ете (молоко́)?
5) Наш дя́дя хорошо́ понима́ет (жи́вопись).
6) Ты зна́ешь её (и́мя)?
7) Они́ стро́ят (зда́ние).
8) Мы обы́чно покупа́ем (журна́лы) здесь.
9) Ка́ждое у́тро ма́ма открыва́ет (о́кна).
10) На́ши де́ти сейча́с де́лают (упражне́ния).

4 人称代名詞の対格

人称代名詞も格変化します。対格は次の表のとおりです。

	単数					複数		
	1 人称	2 人称	3 人称			1 人称	2 人称	3 人称
主	я	ты	он	оно́	она́	мы	вы	они́
対	меня́	тебя́	его́		её	нас	вас	их

* он と оно́ の対格は、どちらも его́ になります。
* его́ は「イェヴォー」と発音されます。
* его́, её, их は、所有代名詞の его́, её, их（→ p.41）とまぎらわしいので注意しましょう。

Вы зна́ете **меня́**?　あなたは私のことをご存じですか？
Я зна́ю **его́** давно́.　私は彼をずっと以前から知っています。

練習 4　次の(　)内の人称代名詞を対格に直し、全文を日本語に訳しましょう。

1) Он (ты) не понима́ет.
2) Я (вы) пло́хо слы́шу.
3) Вы по́мните (мы)?
4) Я ча́сто спра́шиваю (она́).
5) Я ещё пло́хо понима́ю (они́).
6) Ты зна́ешь (оно́)?

5 一致定語の対格

「一致定語」とは、名詞を修飾する形容詞や所有代名詞などのことです。第３課では、形容詞や所有代名詞が修飾する名詞の性と数によって変化することを学びましたが、これらの一致定語は性と数だけでなく、**名詞の格によっても変化します**。

Я чита́ю твою́ кни́гу.　私は君の本を読んでいる。(← твоя́ кни́га)
Он зна́ет ва́шу фами́лию.　彼はあなたの名字を知っている。(← ва́ша фами́лия)

◆ 所有代名詞の対格

	【私の】		【君の】		【私たちの】		【あなた・君たち・あなたたちの】		【誰の】	
	主	対	主	対	主	対	主	対	主	対
男	мой	мой	твой	твой	наш	наш	ваш	ваш	чей	чей
中	моё	моё	твоё	твоё	на́ше	на́ше	ва́ше	ва́ше	чьё	чьё
女	моя́	мою́	твоя́	твою́	на́ша	на́шу	ва́ша	ва́шу	чья	чью
複	мои́	мои́	твои́	твои́	на́ши	на́ши	ва́ши	ва́ши	чьи	чьи

赤線で囲んだ女性形のみ変化し、残りは主格と対格はすべて同じ形です。мойとтвой、нашとвашは似たような変化をします。

его́, её , их は性別・数・格にかかわらず、まったく変化しません。

	【彼の、それの】		【彼女の】		【彼ら・それらの】	
	主	対	主	対	主	対
男・中・女・複	его́	его́	её	её	их	их

– Чей мейл ты чита́ешь?　「誰のメールを読んでいるの？」
– Я чита́ю твой мейл.　「お前のメールだよ」

– Чью кни́гу вы чита́ете?　「誰の本を読んでいらっしゃるのですか？」
– Я чита́ю ва́шу [его́ / её / их] кни́гу.　「あなた［彼／彼女／彼ら］の本です」

注意！

-ь で終わる女性名詞の対格は主格と同じ形ですが、これに所有代名詞が付くとき、所有代名詞は女性対格になります。男性名詞の場合と比べてみましょう。

Он смо́трит твой [ваш] слова́рь.　彼は君［あなた］の辞書を見ています。
Я зна́ю твою́ [ва́шу] дочь.　私は君［あなた］のお嬢さんを知っています。

練習 5　次の(　)内の所有代名詞を適切な形に直し、全文を日本語に訳しましょう。

1) Я чита́ю (твой) кни́гу.
2) Вы зна́ете (мой) а́дрес?
3) Мы ещё пло́хо зна́ем (наш) го́род.
4) Вы по́мните (наш) фами́лию?
5) Я зна́ю (его́) и́мя.
6) (Чей) статью́ вы чита́ете?

◆ 指示代名詞 э́тот の対格

	主	対
男	э́тот	э́тот
中	э́то	э́то
女	э́т**а**	э́т**у**
複	э́ти	э́ти

指示代名詞 э́тот も女性形のみ主格と対格の形が違います。

Я чита́ю э́тот журна́л [э́то письмо́ / э́ту кни́гу / э́ти кни́ги].
私はこの雑誌［この手紙／この本／これらの本］を読んでいます。

練習 6　次の(　)内を対格に直し、全文を日本語に訳しましょう。

1) Мы стро́им (э́тот го́род).
2) Он по́мнит (э́то сло́во).
3) Я слу́шаю (э́та пе́сня).
4) Они́ покупа́ют (э́ти проду́кты).

◆ 形容詞の対格

形容詞の対格も、女性形だけ主格とは形が違います。

	硬変化 I		硬変化 II		軟変化	
	主	対	主	対	主	対
男	кра́сный	кра́сный	голубо́й	голубо́й	си́ний	си́ний
中	кра́сное	кра́сное	голубо́е	голубо́е	си́нее	си́нее
女	кра́сн**ая**	кра́сн**ую**	голуб**а́я**	голуб**у́ю**	си́н**яя**	си́н**юю**
複	кра́сные	кра́сные	голубы́е	голубы́е	си́ние	си́ние

Та́ня покупа́ет кра́сное вино́.　ターニャは赤ワインを買います。
И́ра покупа́ет кра́сную ша́пку.　イーラは赤い帽子を買います。
Де́вочка чита́ет си́нюю тетра́дь.　少女は青いノートを読んでいます。

正書法の規則が適用された「混合変化」の場合は次のとおりです。上の表とどこが違うか確認してみましょう。

	混合変化Ⅰ（← 硬変化Ⅰ）		混合変化Ⅱ（← 硬変化Ⅱ）		混合変化Ⅲ（← 軟変化）	
	主	対	主	対	主	対
男	ру́сский	ру́сский	большо́й	большо́й	хоро́ший	хоро́ший
中	ру́сское	ру́сское	большо́е	большо́е	хоро́шее	хоро́шее
女	ру́сс**ая**	ру́сс**ую**	больш**а́я**	больш**у́ю**	хоро́ш**ая**	хоро́ш**ую**
複	ру́сские	ру́сские	больши́е	больши́е	хоро́шие	хоро́шие

疑問形容詞 **како́й**（→ p.44）と指示代名詞 **тако́й**（そのような）も混合変化Ⅱです。

– Како́й журна́л он чита́ет?　「彼はどんな雑誌を読んでいるの？」
– Он чита́ет япо́нский журна́л.　「彼は日本の雑誌を読んでいるんだ」

– Каку́ю му́зыку она́ слу́шает?　「彼女はどんな音楽を聞いているの？」
– Она́ слу́шает япо́нскую му́зыку.　「彼女は日本の音楽を聞いています」

Где ты покупа́ешь таку́ю оде́жду?　そういう服はどこで買うの？

練習７　次の（　）内の語句を対格に直し、全文を日本語に訳しましょう。

1) Мы открыва́ем (но́вый магази́н).
2) Он изуча́ет (англи́йская литерату́ра).
3) Где она́ покупа́ет (ле́тнее пла́тье)?
4) Вы слу́шаете (класси́ческая му́зыка)?
5) Кто зна́ет (э́та после́дняя но́вость)?
6) Почему́ ты зна́ешь (таки́е плохи́е слова́)?
7) Я зна́ю (хоро́шая но́вость).
8) Я покупа́ю (зи́мняя оде́жда).

あいさつ（4）

Спаси́бо за＋〔対〕で、「～をありがとう」という意味になります。

Спаси́бо за пода́рок!　プレゼントをありがとう！
Спаси́бо за по́мощь!　手伝ってくれてどうもありがとう！
Спаси́бо за прекра́сную фотогра́фию!　素敵な写真をありがとう！

また、боле́ть за ＋〔対〕は、「～を応援している、～のファンだ」という意味です。

За каку́ю кома́нду ты боле́ешь?　どのチームを応援しているの？
Я боле́ю за ЦСКА.　僕は CSKA のファンだ。
Мы давно́ боле́ем за э́ту кома́нду.　僕らは長年このチームを応援している。

第6課

Уро́к 6 (шесть)

1 「～語」の言い方
Он зна́ет англи́йский язы́к и немно́го говори́т по-испа́нски.

2 名詞の前置格
Мой де́душка мно́го зна́ет о Москве́.

3 前置格を要求する前置詞（1） о =「～について」
– О чём он говори́т?　– Он говори́т о Росси́и.

4 前置格を要求する前置詞（2） в と на
Па́па рабо́тает в шко́ле.　Ма́ма рабо́тает на по́чте.

5 第２前置格
О́сенью мы собира́ем грибы́ в лесу́.

1 「～語」の言い方

これまで「ロシア語」と言うとき、**ру́сский язы́к** と **по-ру́сски** という２通りの表現が出てきました。この両者の使い分けを整理してみましょう。

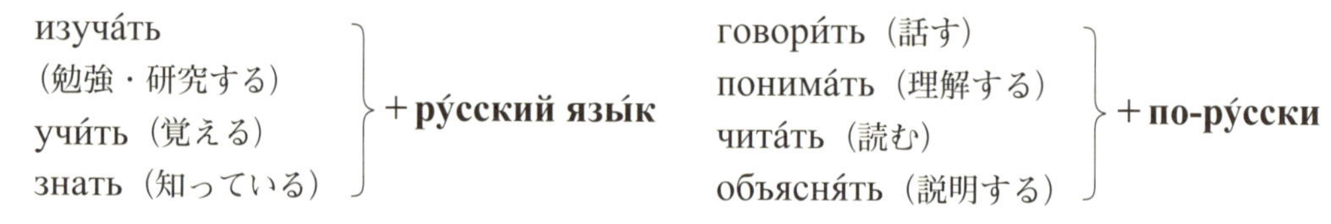

* ただし、понима́ть ру́сский язы́к ということもあります。

ру́сский язы́к は直訳すると「ロシアの言語」という意味で、左列の動詞の目的語になっています。一方、по-ру́сски は「ロシア語で」という意味の副詞です。左列の場合はロシア語それ自体が「勉強する」「覚える」などの行為の対象であるのに対し、右列ではロシア語を使って何かを読んだり、何らかの内容を話したりするので、по-ру́сски を用います。ほかの言語の場合も、同じような使い分けをします。

– Каки́е иностра́нные языки́ вы зна́ете?　「どんな外国語をご存じですか？」
– Я зна́ю япо́нский, коре́йский и ру́сский языки́.「日本語と韓国語とロシア語です」

– Вы понима́ете по-япо́нски?　「日本語はわかりますか？」
– Да, понима́ю. Ещё я понима́ю по-коре́йски.
「ええ、わかります。ほかに韓国語もわかります」

Он знáет английский язык и немнóго говорит по-испáнски.
彼は英語を知っていて、少しスペイン語を話します。

国を表す名詞と、その形容詞、「～人」という言い方を整理してみましょう。

国名・民族名		形容詞「～の」	「～人」（男／女）
ロシア	Россия	рýсский	рýсский / рýсская
ウクライナ	Украина	украинский	украинец / украинка
ウズベキスタン	Узбекистáн	узбéкский	узбéк / узбéчка
ジョージア（グルジア）	Грýзия	грузинский	грузин / грузинка
アルメニア	Армéния	армянский	армянин / армянка
日本	Япóния	япóнский	япóнец / япóнка
中国	Китáй	китáйский	китáец / китаянка
韓国・朝鮮	Корéя	корéйский	корéец / кореянка
イギリス	Áнглия	английский	англичáнин / англичáнка
フランス	Фрáнция	францýзский	францýз / францýженка
ドイツ	Германия	немéцкий	нéмец / нéмка
スペイン	Испáния	испáнский	испáнец / испáнка
イタリア	Итáлия	итальянский	итальянец / итальянка
ポーランド	Пóльша	пóльский	поляк / пóлька
チェコ	Чéхия	чéшский	чех / чéшка

練習 1　例にならって、「～語で」という副詞を作ってみましょう。

〔例〕 рýсский язык → по-рýсски

1) францýзский язык　2) немéцкий язык　3) украинский язык

4) английский язык

補足 ドイツだけは国名と形容詞の形がまったく違っています。ロシア語ではドイツ人のことを нéмец と言い（немéцкий という形容詞はここから派生しています）、その語源は немóй（口がきけない）という形容詞です。「ロシア語が話せない人」というところから、ドイツ人をそう呼ぶようになったのでしょう。もちろんほかの外国人もロシア語を話せなかったでしょうが、ドイツはロシアから距離的に最も近い非スラヴ語圏のヨーロッパなので、「ロシア語が通じない外国人」の代表としてドイツ人が нéмец と呼ばれるようになったのかもしれません。

2 名詞の前置格

前置格はそれ自体に意味はありません。必ず前置詞を伴って使われ、その前置詞によって意味が決まります。

①男性名詞（単数）			
語末	- 子音	-й	-ь
主	журнáл	музé**й**	портфéл**ь**
前	журнáл**е**	музé**е**	портфéл**е**

②中性名詞（単数）			
語末	-о	-е	-мя
主	письм**ó**	мóр**е**	и́**мя**
前	письм**é**	мóр**е**	и́**мени**

③女性名詞（単数）			
語末	-а	-я	-ь
主	газéт**а**	стать**я́**	тетрáд**ь**
前	газéт**е**	стать**é**	тетрáд**и**

-ия, -ие, -ий で終わる名詞の前置格はいずれも -ии になります。

аудитóр**ия** → аудитóр**ии**（教室）　здáн**ие** → здáн**ии**（建物）　санатóр**ий** → санатóр**ии**（保養所）

注意！

1) ここに挙げたのは単数形のみです。複数前置格は第 19 課で学びます。

2) -ь で終わる男性名詞と -ь で終わる女性名詞の前置格は、違う形になります。

3) 男性名詞の中には、主格で語幹にアクセントがあり、前置格では語尾にアクセントが移動するものもあります。

стол → столé 机　врач → врачé 医師　дождь → дождé 雨

辞書での調べ方（2）

単数前置格でアクセントが語尾に移動する男性名詞は、単数生格・与格・造格でもアクセントが移動します。そういう場合、辞書では見出し語の脇に単数生格の形が示され、アクセントが移動することがわかるようになっています。それ以外に特に注記がなければ、その単語は単数生格から複数前置格まですべての変化形でアクセントが語尾に移動したままです。例えば стол の脇には столá（または -á、ないしは -лá）と記されていますが、単数生格だけではなく、単数前置格 столé、複数主格 столы́ のように、ほかの変化形でもアクセントが移動するので注意しましょう。

練習2 次の語を単数前置格に変化させましょう。なお、11～16はアクセントが語尾に移動します。

1) вагóн　2) гóрод　3) вáза　4) горá
5) дéтство　6) письмó　7) Россúя　8) Япóния
9) изучéние　10) упражнéние　11) язы́к　12) словáрь
13) календáрь　14) карандáш　15) корáбль　16) янвáрь

3 前置格を要求する前置詞（1） о ＝「～について」

Мой дéдушка мнóго знáет о Москвé.　私の祖父はモスクワについて詳しいです。
Я читáю кнúгу о хоккéе.　私はホッケーについての本を読んでいます。

前置詞には原則としてアクセントがないので、о は軽く「ア」と発音されます。また、母音 а, и, у, э, о で始まる語の前では об という形になります。

Онá спрáшивает об их жúзни.　彼女は彼らの生活について尋ねています。

なお、疑問詞 что と кто の前置格は以下の通りです。

主	что	кто
前	чём	ком

– О чём он говорúт?　「彼は何について話しているの？」
– Он говорúт о Россúи.　「ロシアについてです」

– О ком вы дýмаете?　「誰について考えているのですか？」
– Я дýмаю о женé.　「妻についてです」

練習3 次の（　）内の語を単数前置格に直し、全文を日本語に訳しましょう。

1) О (что) э́то кнúга?
2) Э́то кнúга о (Китáй).
3) О (кто) вы говорúте?
4) Мы говорúм о (профéссор Ивáнов).
5) Что вы дýмаете о (Пýшкин)?

これで名詞の 12 の変化形のうち、以下のものを学習しました。

	単	複
主	○	○
生		
与		
対	△	△
造		
前	○	

4 前置格を要求する前置詞（2）в と на

場所を表す前置詞 в と на も、前置格を要求します。

в ＝ 〜で、〜の中で（英語の in に近い）
на ＝ 〜で、〜の上で（英語の on に近い）

ある名詞に対して、в と на の両方を使うことができる場合と、どちらか片方しか使えない場合とがあります。

① 物と物との位置関係を明確に示したい場合、中にあるときは в、上にあるときは на を使います。

– Где па́спорт? – Он в столе́. 「パスポートはどこ？」「机の中です」
– Где вино́? – Оно́ на столе́. 「ワインはどこ？」「机の上です」

на は、「上」ではなく「表面」にある場合にも使われます。

– Где календа́рь? – Он на стене́. 「カレンダーはどこ？」「壁に貼ってあります」

補足 前置詞は、その後に続く単語とひと続きに発音されます。そのため、この 2 つの語をまたいで子音の無声化・有声化が起こります。例えば в столе́ の в は、無声音 с の直前にあるので、[в] ではなく [ф] と発音されます。

前置詞の使い分けに気をつけながら、例にならってロシア語で答えましょう。

〔例〕Где вáша рýчка?（стул の上）→ Моя́ рýчка на стýле.

1) Где ваш журнáл?（сýмка の中）

2) Где ваш словáрь?（портфéль の中）

3) Где вáше пи́во?（пакéт の中）

4) Где вáша кóшка?（ди́ван の上）

5) Где вáша карти́на?（доскá の表面）

② 動作や存在の場所をおおまかに示す場合、**в / на** のどちらと結びつくかは、それぞれの単語によって決まっています。

Пáпа рабóтает в шкóле.　お父さんは学校で働いています。 ← шкóла

Мáма рабóтает на пóчте.　お母さんは郵便局で働いています。← пóчта

в を使う主な名詞	
国・都市・村・地域	госудáрство（国家）、странá（国）、Росси́я（ロシア）、гóрод（町）、Москвá（モスクワ）、дерéвня（村）、райóн（地区）、óбласть（州）、Еврóпа（ヨーロッパ）、Áзия（アジア）、Áфрика（アフリカ）
家・建物・施設	дом（家）、кварти́ра（〔集合住宅の〕一戸）、музéй（博物館）、парк（公園）、магази́н（店）、шкóла（学校）、университéт（大学）、аудитóрия（教室）、гости́ница（ホテル）、посóльство（大使館）、банк（銀行）、клуб（クラブ）、больни́ца（病院）、общежи́тие（寮）
その他	сад（庭）、степь（草原）、пóле（野原）、пусты́ня（砂漠）、Сиби́рь（シベリア）

на を使う主な名詞	
広い場所・平らな場所	ýлица（通り）、проспéкт（大通り）、дорóга（道）、стадиóн（スタジアム）、плóщадь（広場）、ры́нок（市場）、земля́（大地）、пóлка（棚）、этáж（階）、сцéна（舞台）
島・半島	óстров（島）、Сахали́н（サハリン）
海・湖	Байкáл（バイカル湖）、Чёрное мóре（黒海）
東西南北	востóк（東）、зáпад（西）、юг（南）、сéвер（北）
催し物・用事	концéрт（コンサート）、балéт（バレエ）、вы́ставка（展覧会）、ми́тинг（集会）、собрáние（会合）、кóнкурс（コンクール）、обéд（昼食）、свидáние（デート）、экскýрсия（遠足・ツアー）
授業・仕事	семинáр（セミナー）、урóк（授業）、заня́тие（授業）、экзáмен（試験）、лéкция（講義）、факультéт（学部）、курс（学年）、рабóта（仕事・職場）
例外的地名	Урáл（ウラル）、Кавкáз（コーカサス）、Аля́ска（アラスカ）
その他	пóчта（郵便局）、завóд（工場）、фáбрика（工場）、стáнция（駅）、вокзáл（駅、ターミナル駅）、остановка（停留所）、рóдина（故郷）

どの名詞がどちらの前置詞を使うのかは半ば慣用的に決まっており、厳密な理論的区分はありません。ただ、**в と結びつくものの方が多い**ので、наと結びつくものを覚えておいて、それ以外は в を使う、というように、最初のうちは消去法方式でなじんでいくのが効率的です。

Ка́ждый ве́чер мы у́жинаем в рестора́не. 毎晩私たちはレストランで夕食をとります。
Я обы́чно покупа́ю мя́со на ры́нке. 私はいつも市場で肉を買います。
Он рабо́тает во Фра́нции. 彼はフランスで働いています。

注意！

1) 前置詞 в は、в/ф＋子音で始まる語と結びつく際には во に変わります。
во Владивосто́ке ウラジオストクで　во Фра́нкфурте フランクフルトで

2) ры́нок（市場）は前置格になると、oが消えて ры́нке になります。このように、変化する際、母音が消えたり、あるいは出てきたりする現象を**出没母音**と言います。
оте́ц → об отце́ 父親について　це́рковь → в це́ркви 教会で
出没母音は原則としてoかeかёのいずれかに限られます。なお、前置格では母音が消えるパターンだけですが、ほかの変化形では母音が現れる場合もあります。

辞書での調べ方（3）

出没母音のある名詞は、必ず辞書に注記があります。例えば ры́нок の場合、見出し語の脇に -нка などと記されていますが、それは単数生格が ры́нка という形になることを示しています。いったん脱落した母音は、ほかの変化形でも脱落したままなので、単数前置格は ры́ноке ではなく ры́нке に、また複数主格は ры́ноки ではなく ры́нки になります。

練習 5　次の（　）に в または на を入れ、全文を日本語に訳しましょう。

1) Она́ рабо́тает (　) Петербу́рге уже́ давно́.
2) Они́ слу́шают симфо́нию (　) конце́рте.
3) Студе́нты отвеча́ют (　) заня́тии.
4) Соба́ка гуля́ет (　) у́лице.
5) Моя́ ба́бушка лежи́т (　) больни́це.
6) Наш дя́дя рабо́тает (　) То́кио[2].
7) Пассажи́ры покупа́ют биле́ты (　) вокза́ле.

[2] То́кио（東京）、Кио́то（京都）など、o で終わる外国の地名は、主格以外の格でも形が変わらない「不変化名詞」です。

5 第2前置格

一部の男性名詞には、単数前置格に変化する際、通常の語尾（-е）のほかに、**-ý / -ю́** という**語尾の「第2前置格」**を持つものがあります。第2前置格は、前置詞 **в** と **на** を伴うときにのみ用いられ、必ず語尾にアクセントがあります。

бéрег	岸	→	о бéреге / на берегý	год	年	→	о гóде / в годý
пол	床	→	о пóле / на полý	лес	森	→	о лéсе / в лесý
мост	橋	→	о мóсте / на мостý	сад	庭	→	о сáде / в садý
снег	雪	→	о снéге / на[в] снегý	край	端	→	о крáе / на краю́

Дéти игрáют на снегý.　子どもたちが雪の上で遊んでいます。
Óсенью мы собирáем грибы́ в лесý.　秋、私たちは森でキノコ狩りをします。

練習6　次の（　）内の名詞を単数前置格に直し、全文を日本語に訳しましょう。

1) Автóбус стои́т на (мост).
2) Кóшка игрáет в (сад).
3) Дéти на ю́ге мечтáют о (снег).
4) Кóшка лежи́т на (пол).

ロシア語あれこれ

ロシアのことわざ（1）

前置格を使ったロシアのことわざです。

Что на умé, то на языкé.　考えていることは口に出てしまう。
На языкé мёд, а на сéрдце лёд.　舌には蜜、心には氷（やさしい言葉を口にするが内心は冷淡だ、という意味）。

ついでに早口言葉にもチャレンジしてみましょう！

На дворé травá, на травé дровá.　外には草、草の上には薪。

うまく言えましたか？

第7課

Урóк 7 (семь)

1 人称代名詞の前置格

– Что ты знáешь обо мне?　– Я знáю о тебé óчень мнóго.

2 所有代名詞・指示代名詞の前置格

Я говорю́ о вáшей кни́ге.　Вы рабóтаете в э́том гóроде?

3 形容詞の前置格

Мы говори́м о вчерáшнем собы́тии.

4 不変化名詞と形容詞型名詞

Э́то кни́га о кинó. Э́то кни́га о Толстóм.

5 動詞の過去形

– Что вы дéлали вчерá вéчером?　– Я смотрéл телеви́зор.

6 存在を表す表現

В нáшем университéте есть [был] кинотеáтр.

1 人称代名詞の前置格

前置格は必ず前置詞とともに用いるので、前置詞 о を付けて覚えましょう。

	単数				複数		
	1人称	2人称	3人称		1人称	2人称	3人称
主	я	ты	он / онó	онá	мы	вы	они́
前	обо мне	о тебé	о нём	о ней	о нас	о вас	о них

* он と онó の前置格は、どちらも нём になります。
* о は мне と結びつくときには、例外的に обо という形になります。

– Что ты знáешь обо мне?　「君は僕について何を知ってるんだ？」
– Я знáю о тебé óчень мнóго.　「君のことはいろいろと知っているよ」

– Вы мнóго знáете о них?　「彼らについてよくご存じですか？」
– Нет, я о них знáю мáло.　「いいえ、彼らについてはあまりよく知りません」

А́втор упоминáет о нём немнóго.	作者は彼について少し言及している。
Никтó[1] не знáет о ней.	彼女については誰も知らない。

◆ 再帰代名詞

「自分」を表す代名詞を「**再帰代名詞**」と呼びます（英語の myself や yourself などに相当）。対格と前置格は右表のとおりです。

主	なし
対	себя́
前	о себé

Он забывáет себя́.	彼は自分のことを忘れている。
Я óчень люблю́[2] себя́!	私は自分が大好きだ。
Онá дýмает тóлько о себé.	彼女は自分のことばかり考えている。

練習 1 ロシア語で言ってみましょう。

1) 彼は私たちについて多くのことを知っています。
2) 私は彼について話しているのです。
3) 私たちは自分自身についてあまりよく知りません。
4) 彼女の両親は、いつも彼女のことを考えています。
5) 彼は自分のことが好きではありません。

2 所有代名詞・指示代名詞の前置格

所有代名詞の前置格（単数）は以下のとおりです。男性形と中性形は、前置格では同じ形になります。

所有代名詞の単数前置格

	主	前	主	前	主	前	主	前
男	мой	моём	твой	твоём	наш	нáшем	ваш	вáшем
中	моё		твоё		нáше		вáше	
女	моя́	моéй	твоя́	твоéй	нáша	нáшей	вáша	вáшей

*егó, её, их は不変化です。

---

[1] никтó (не): 誰も（～ない）

[2] люби́ть（愛する）は第2変化ですが、いわゆる「唇音変化」の動詞です（→ p.99）。唇音変化は、1人称単数で -л- が語幹の後ろに入ります（я люблю́, ты лю́бишь, он лю́бит, мы лю́бим, вы лю́бите, они́ лю́бят）。

Он говори́т о моём отце́. 彼は私の父について話しています。
Я мно́го зна́ю о твое́й ма́ме. 私は君のお母さんについてよく知っています。
Мы всегда́ ду́маем о на́шем сы́не. 私たちはいつもうちの息子のことを考えています。

◆ 再帰所有代名詞

「自分の」を意味する**再帰所有代名詞 свой** は、мой, твой と同じパターンで変化します。単数主・対・前置格は右表のとおりです。

	主	対	前
男	свой	свой	своём
中	своё	своё	
女	своя́	свою́	свое́й

Я смотрю́ свой слова́рь. 私は自分の辞書を見ています。
Она́ чита́ет свою́ кни́гу. 彼女は自分の本を読んでいます。
Вы мно́го зна́ете о свое́й подру́ге? あなたは自分の友人について多くを知っていますか？

次の（ ）内の所有代名詞と名詞を適切な形に変え、全文を日本語に訳しましょう。

1) Что вы по́мните о (мой дя́дя) ?
2) Писа́тель расска́зывает о (свой рома́н).
3) Она́ никогда́[4] не забыва́ет о (его́ сме́рть).
4) В (своё письмо́) он упомина́ет о (на́ша семья́).

◆ 指示代名詞の前置格

	主	前
男	э́тот	э́том
中	э́то	
女	э́та	э́той

指示代名詞 э́тот の前置格は左表のとおりです。やはり前置格では男性形と中性形が同じ形になります。

Вы рабо́таете в э́том го́роде? あなたはこの町で働いているのですか？
Я говорю́ об э́том зда́нии. 私はこの建物のことを話しているのです。
Вы мно́го зна́ете об э́той дере́вне? あなたはこの村についてよくご存じですか？

補足 第1課で習ったように、疑問詞のない疑問文では、質問の中心となる語のアクセントのある部分でイントネーションが高くなります。

1) Вы студе́нтка? あなたは学生ですか？
2) Вы студе́нтка? あなたが学生なのですか？

4 никогда́ (не): 決して・一度も（～ない）

1) はあなたが「学生かどうか」が疑問の中心であるのに対し、2) では、学生なのが「あなたなのか、それともほかの誰かなのか」が聞きたいポイントです。このように、ロシア語は尋ねたいところに疑問のイントネーションを置くことによって、細かい意味の変化をつけることができます。

練習 3　次の（　）内の語を適切な形に変え、全文を日本語に訳しましょう。

1) Что вы покупáете в (э́тот магази́н)?　2) Мнóгие говоря́т об (э́то собы́тие).
3) Я хорошó пóмню об (э́та поéздка).　4) Егó отéц рабóтает на (э́та фáбрика).
5) Студéнты горячó спóрят об (э́тот вопрóс).

3 形容詞の前置格

	硬変化 I		硬変化 II		軟変化	
	主	前	主	前	主	前
男	крáсный	крáсн**ом**	голубóй	голуб**óм**	си́ний	си́н**ем**
中	крáсное		голубóе		си́нее	
女	крáсная	крáсн**ой**	голубáя	голуб**óй**	си́няя	си́н**ей**

いずれの変化パターンでも、前置格では男性形と中性形が同じになります。

– На какóм завóде вы рабóтаете?　「どんな工場で働いているのですか？」
– Я рабóтаю на нóвом [большóм] завóде.　「新しい［大きい］工場で働いています」

– О какóм собы́тии вы говори́те?　「どの出来事について話しているの？」
– Мы говори́м о сегóдняшнем собы́тии.　「今日の出来事についてだよ」

– В какóй шкóле вы рабóтаете?　「どんな学校にお勤めですか？」
– Я рабóтаю в нóвой [вечéрней] шкóле.　「新しい［夜間の］学校で働いています」

– В какóй óбласти вы живёте[5]?　「どこの州にお住まいですか？」
– Я живý в Москóвской óбласти.　「モスクワ州です」

[5] жить（住む、生きる）は不規則変化の動詞です（я живý, ты живёшь, он живёт, мы живём, вы живёте, они́ живýт）。

前置詞 в と на は、時を示す表現にも使われます。
「去年に」「今年に」など、年を示す場合は в＋〔前〕で表します。

в прóшлом годý　去年に　　　　в э́том годý　今年に

一方、週を示す場合は на＋〔前〕です。

на прóшлой недéле　先週に　　　　на э́той недéле　今週に

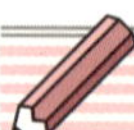

練習 4　次の(　)内の語を適切な形に変化させ、全文を日本語に訳しましょう。

1) В (какóй теáтр) вы обы́чно смóтрите балéт?
2) Сейчáс он дéлает доклáд на (междунарóдная конферéнция).
3) Мы живём в óчень (стáрое здáние).
4) В (сегóдняшняя газéта) журнали́ст сообщáет об э́том собы́тии.
5) Он читáет лéкции в (Москóвский университéт).

4　不変化名詞と形容詞型名詞

外来語の名詞や外国の人名・地名の中には、格や数にかかわらず**形がまったく変化しないもの**もあります（**不変化名詞**）。

Э́то кни́га о кинó.　　　　これは映画についての本です。(単数前置格)
Э́то хорóшие пальтó.　　　これらは良いコートです。(複数主格)

ただし外国の固有名詞であっても、子音や -а で終わるものは普通の名詞と同じように変化することがあります。

Онá рабóтает в Лóндоне.　　　彼女はロンドンで働いています。
Они́ читáют Мисиму Юкио.　　彼らは三島由紀夫を読んでいます。

また、形容詞が名詞化してできた語は、形容詞と同じ変化をします。-ский, -ый,-ой で終わる名字も同様です。

Они́ обéдают в столóвой. (← столóвая)　　彼らは食堂で昼食をとっています。
Ты говори́шь о моём знакóмом? (← знакóмый)　私の知り合いについて話しているの？
Э́то кни́га о Толстóм. (← Толстóй)　　これはトルストイについての本です。

練習5　次の文を読み、下線部の語の格を言いましょう。

1) Я люблю́ смотре́ть рекла́му в метро́.
2) На у́лице стои́т такси́.
3) Моя́ тётя рабо́тает на ра́дио.
4) Он лю́бит мою́ знако́мую.
5) Мы говори́м то́лько о бу́дущем.
6) Он мно́го зна́ет о Достое́вском.

5 動詞の過去形

動詞の過去形の作り方は右の表のとおりです。

変化タイプ		第1変化	第2変化
不定形		рабо́тать	смотре́ть
過去形	男性（単数）	рабо́тал	смотре́л
	女性（単数）	рабо́тала	смотре́ла
	中性（単数）	рабо́тало	смотре́ло
	複数	рабо́тали	смотре́ли

注意！

1) 動詞の現在形は主語の人称（я, ты, он...）に応じて6通りに変化しますが、過去形は主語の性と数に従って4通りに変化します。
2) 第1変化も第2変化も、過去形では同じパターンで変化します。どちらの場合も、不定形の語尾 -ть を取り除き、主語が男性なら -л、女性なら -ла、中性なら -ло、複数なら -ли という語尾を付けます。
3) 主語が я, ты の場合、過去形は実際の性別に合わせます。
4) 主語が вы のときは、1人の相手を指す場合でも、2人以上の相手を指す場合でも、過去形は必ず複数形になります。
5) アクセントが移動することもあるので注意しましょう（例:жить→жил, жила́, жи́ло, жи́ли）。

Ра́ньше мой оте́ц рабо́тал на заво́де.　以前、私の父は工場で働いていました。
Она́ смотре́ла бале́т в Большо́м теа́тре.　彼女はボリショイ劇場でバレエを見ました。
Вчера́ метро́ не рабо́тало.　昨日、地下鉄は動いていませんでした。
Тогда́ ма́льчики гуля́ли в па́рке.　その時、少年たちは公園を散歩していました。

– Что вы де́лали вчера́ ве́чером?　「昨日の夜、何をしていましたか？」
– Я смотре́л телеви́зор.　「僕はテレビを見ていました」

– Что ты де́лала сего́дня у́тром?　「今朝、何をしていたの？」
– Я де́лала дома́шнее зада́ние.　「私は宿題をしていたのよ」

練習 6　次の文を過去形に書き変えましょう。

1) Он изуча́ет ру́сскую литерату́ру в Моско́вском университе́те.
2) Что ты чита́ешь?（ты は男性）
3) Вы чита́ете сего́дняшнюю газе́ту?
4) Я слу́шаю краси́вую симфо́нию.
5) О чём они́ говоря́т?
6) Они́ ку́рят там.
7) Мы ча́сто вспомина́ем о своём де́тстве.
8) Где она́ живёт?

補足　疑問詞 кто、что が主語になる場合、кто は 3 人称単数男性、что は 3 人称単数中性として扱い、動詞もそれに合わせて変化します。これは純粋に文法的なルールなので、もし答えに女性や複数が予想されていたとしても、この扱いが変わることはありません。

Кто чита́ет [чита́л] э́ту кни́гу?　誰がこの本を読んでいる［読んでいた］のですか？
Что лежи́т [лежа́ло] на столе́?　何が机の上に置いてある［置いてあった］のですか？

6　存在を表す表現

不定形		быть
現在形		**есть**（不変化）
過去形	男	был
	女	была́
	中	бы́ло
	複	бы́ли

第 1 課で学んだように、ロシア語の現在時制では英語の be 動詞に相当するものがふつう用いられません。しかし、そもそも be 動詞にあたる動詞が存在しないわけではありません。ロシア語で「いる、ある、である」を表す動詞の不定形は быть で、ほかの動詞のように人称変化はせず、何が主語であっても現在形は есть という形が用いられます。過去形は通常通りです。

注意！

過去形は通常の作り方と同じですが、アクセントの移動に注意しましょう。не を伴う場合は以下のようになります。не́ にアクセントがある場合は、быть の過去形にはアクセントを置きません。

не́ был / не была́ / не́ было / не́ были

быть の現在形 **есть** は、「A は B である」のような文ではふつう省略されますが、「いる、ある」という存在を表す表現では省略されないこともあります。

В нáшем гóроде есть кинотеáтр.	私たちの町には映画館があります。
В Москвé есть большáя библиотéка.	モスクワには大きな図書館があります。
Недалекó есть красíвое óзеро.	近くに美しい湖があります。
В э́том магазíне есть хорóшие кнíги.	この店にはいい本があります。

過去時制では быть を省略することはできません。上の文を過去形にしてみましょう。

В нáшем гóроде был кинотеáтр.	私たちの町には映画館がありました。
В Москвé былá большáя библиотéка.	モスクワには大きな図書館がありました。
Недалекó бы́ло красíвое óзеро.	近くに美しい湖がありました。
В э́том магазíне бы́ли хорóшие кнíги.	この店にはいい本がありました。

練習 7　次の文を過去形に書き変えましょう。

1) На ры́нке есть óвощи и фру́кты.
2) В нáшей дерéвне есть цéрковь.
3) На э́той у́лице есть хорóшее кафé.
4) В э́том магазíне есть хорóшие пальтó.
5) В нáшем гóроде есть футбóльный клуб.

第8課 Уро́к 8 (во́семь)

1 名詞の単数生格
Э́то тетра́дь Ива́на.

2 生格の使い方（1）所有・所属
Я рабо́таю в посо́льстве Япо́нии.

3 生格の使い方（2）前置詞 для と у
– Для кого́ вы рабо́таете?　– Я рабо́таю для семьи́.

4 所有表現と人称代名詞の生格
У меня́ есть маши́на.

5 所有代名詞と指示代名詞の生格（単数）
Э́то велосипе́д моего́ бра́та.　Мы рабо́таем для э́той це́ли.

6 形容詞の生格（単数）
Я слу́шаю пе́сню япо́нской певи́цы.

7 生格の使い方（3）否定生格
У вас нет вре́мени?

1 名詞の単数生格

ここでは**生格**を学びましょう。単数生格の作り方は以下のとおりです。

①男性名詞（単数）

語末	- 子音	-й	-ь
主	журна́л	музе́**й**	портфе́л**ь**
生	журна́л**а**	музе́**я**	портфе́л**я**

②中性名詞（単数）

語末	-о	-е	-мя
主	письм**о́**	мо́р**е**	и́**мя**
生	письм**а́**	мо́р**я**	и́**мени**

③女性名詞（単数）

語末	-а	-я	-ь
主	газе́т**а**	стать**я́**	тетра́д**ь**
生	газе́т**ы**	стать**и́**	тетра́д**и**

注意！

1) -ь で終わる男性名詞と -ь で終わる女性名詞の生格は、違う形になります。
2) -а で終わる女性名詞のうち、語幹末尾が г, к, х, ж, ч, ш, щ である単語の生格は、「正書法の規則」(→ p.39) が適用されるため、語尾が -ы ではなく -и になります。

   аптéка → аптéки 薬局　　книга → книги 本　　душá → души́ 魂

3) 男性名詞の中には、単数生格で語尾にアクセントが移るものがあります（この場合、単数与格・造格・前置格でもアクセントは語尾に置かれます）。

   стол → столá 机　　врач → врачá 医師　　дождь → дождя́ 雨

4) 前置格同様、生格でも「出没母音」о, е, ё (→ p.68) が消えることがあります。

   отéц → отцá 父親　　ры́нок → ры́нка 市場　　цéрковь → цéркви 教会

練習 1　次の名詞を単数生格に直しましょう。なお、12～14と16～18はアクセントが語尾に移動し、また15～18は出没母音があります。

1) студéнт	2) герóй	3) преподавáтель	4) лáмпа	5) Япóния
6) дверь	7) письмó	8) здáние	9) врéмя	10) студéнтка
11) свечá	12) словáрь	13) язы́к	14) декáбрь	15) япóнец
16) день	17) конéц	18) пирожóк		

2 生格の使い方（1） 所有・所属

生格の主な用法は、「～の」（所有・所属）を表すことです。生格は通常、後ろから前の単語を修飾します。

Э́то тетрáдь Ивáна.　　これはイワンのノートです。(<Ивáн)

Мы читáем статью́ Тáни.　　私たちはターニャの論文を読んでいます。(<Тáня)

一つの文中に出てくるそれぞれの格の役割に注意しましょう。

Он читáет кни́гу Волóди.　　彼はヴォロージャの本を読んでいます。

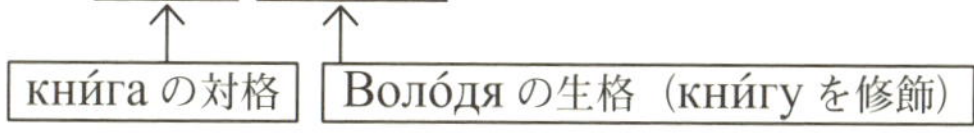

Я рабóтаю в посóльстве Япóнии.　　私は日本大使館で働いています。

посóльство の前置格　　Япóния の生格（посóльстве を修飾）

練習 2　次の(　)内の語を単数生格に直しましょう。

1) Ста́рший брат (Серге́й) лежи́т в больни́це.
2) Ты зна́ешь мла́дшую сестру́ (А́нна)?
3) Мой дя́дя – преподава́тель (матема́тика).
4) Студе́нты чита́ют на уро́ке по́весть (Го́голь) «Нос».
5) Позавчера́ мы смотре́ли пье́су (Че́хов).
6) В Моско́вской консервато́рии они́ слу́шали симфо́нию (Шостако́вич).
7) Вчера́ президе́нт (Росси́я) был во Фра́нции.
8) Така́я неинтере́сная рабо́та – про́сто поте́ря (вре́мя).

3　生格の使い方（2）　前置詞 для と у

いくつかの前置詞は生格を要求します。まずは次の 2 つを覚えましょう。

для ＋〔生〕＝「～のために」

у ＋〔生〕＝「～のそばに、～のところに」

– Для кого́ вы рабо́таете?	「誰のために働いているのですか？」
– Я рабо́таю для семьи́.	「私は家族のために働いています」（＜семья́）
– Для чего́ ты живёшь?	「おまえは何のために生きてるんだ？」
– Я живу́ для любви́!	「俺は愛のために生きてるのさ！」（＜любо́вь）
Мари́я сиди́т[1] у окна́.	マリヤは窓のそばに座っています。（＜окно́）
Она́ жила́ у ба́бушки.	彼女は祖母のところで暮らしていました。（＜ба́бушка）

◆ 疑問詞 что と кто の生格

主	что	кто
生	чего́	кого́

* чего́ と кого́ の г は [в] と発音されます。

[1] сиде́ть（座っている）は第 2 変化動詞ですが、1 人称単数で「子音交替」（→ p.98）が起こります（я сижу́, ты сиди́шь, он сиди́т, мы сиди́м, вы сиди́те, они́ сидя́т）。

練習3　例にならってロシア語で答えましょう。

〔例〕Для чегó он живёт? (искýсство) → Он живёт для искýсства.

1) Для когó игрáет музыкáнт? (пýблика)
2) Для чегó онú рабóтают? (жизнь)
3) Для когó вы покупáете э́ти рóзы? (мáма)
4) У когó вы бы́ли вчерá вéчером? (друг)
5) У когó онá былá тогдá? (тётя)
6) Где он стоúт? (вход) (у を使って)

4 所有表現と人称代名詞の生格

「A は B を持っている」という表現は、ロシア語では次のように言います。

У [A] есть [B].

есть はロシア語の be 動詞 быть の現在形です (→ p.76)。直訳すると「A のところには B がある」という意味で、文法上の主語は「B」です。また、「A」は生格になります (→ p.80)。

У Нúны есть муж.　ニーナには夫がいる。
У Сергéя есть интерéсное вúдео.　セルゲイはおもしろいビデオを持っている。
У Ивáна есть большúе дéньги.　イワンは大金を持っている。

存在することがわかっていて、あるかないかは問題にしない場合は、есть が省略されます。

У Натáши чёрные вóлосы.　ナターシャは黒髪だ。
У Ирúны красúвый гóлос.　イリーナはきれいな声をしている。

быть の過去形は省略できず、主語（下線部）に合わせて変化します。

У Нúны был муж.　ニーナには夫がいた。
У Сергéя бы́ло интерéсное вúдео.　セルゲイはおもしろいビデオを持っていた。
У Ивáна бы́ли большúе дéньги.　イワンは大金を持っていた。

現在時制では есть を省略した文も、過去時制では быть の過去形を省略できません。

У Натáши бы́ли чёрные вóлосы.　ナターシャは黒髪だった。
У Ирúны был красúвый гóлос.　イリーナはきれいな声をしていた。

人称代名詞と再帰代名詞の生格

主	я	ты	он	онó	онá	мы	вы	онú	
生	меня́	тебя́	егó (негó)		её (неё)	нас	вас	их (них)	себя́

* 右端が再帰代名詞です。(　) 内は、前置詞を伴うときの形です。

注意！

1) 人称代名詞の生格は「～の」の意味では使えません。その役割は所有代名詞が担います。

私の本　　моя́ кни́га　　（×кни́га меня́）

3 人称の「彼」「彼女」「彼ら」は、人称代名詞の生格と所有代名詞（→ p.41）が同じ形（его́, её, их）ですが、「～の」という意味で使われるのは所有代名詞の方です。

彼の本　　его́ кни́га　　（×кни́га его́）

2) 母音で始まるものは、前置詞を伴う場合語頭に н- が付き、表中の（　）内の形になります。

для / у него́　　彼のために／彼のところで　　（×для / у его́）
для / у неё　　彼女のために／彼女のところで　　（×для / у её）
для / у них　　彼らのために／彼らのところで　　（×для / у их）

人称代名詞を使った所有表現は、次のようになります。疑問文の場合、「あるかどうか」が疑問の中心なので、есть のところでイントネーションを上げましょう。

У меня́ есть маши́на.　　私は車を持っています。
У тебя́ есть ру́чка?　　君はペンを持っているかい？
У него́ есть гита́ра.　　彼はギターを持っています。
У неё есть дочь.　　彼女には娘がいます。
У нас есть соба́ка.　　うちには犬がいます。
У вас есть вре́мя?　　お時間はありますか？
У них есть де́ньги.　　彼らにはお金があります。

練習 4　次の（　）内の語を生格に直しましょう。

1) У (вы) есть компью́тер?
2) Да, у (я) есть компью́тер.
3) У (Воло́дя) есть жена́?
4) Да, у (он) есть жена́.
5) Я живу́ для (ты).
6) У (они́) живёт чёрный кот.
7) У (кто) есть да́ча?
8) Для (она́) э́то сюрпри́з.

5 所有代名詞と指示代名詞の生格（単数）

所有代名詞の単数生格

	主	生	主	生	主	生	主	生	主	生
男	мой	моего́	твой	твоего́	наш	на́шего	ваш	ва́шего	свой	своего́
中	моё		твоё		на́ше		ва́ше		своё	
女	моя́	мое́й	твоя́	твое́й	на́ша	на́шей	ва́ша	ва́шей	своя́	свое́й

* его́, её, их は不変化なので省略します。
* 女性生格は女性前置格と同じ形です（→ p.71-72）。

注意！

生格で -ого, -его という語尾が出てきた場合、-г- の部分は常に [в] と発音されます。人称代名詞、疑問詞、指示代名詞、形容詞でも同様ですので注意しましょう。

Э́то велосипе́д моего́ бра́та.　これは僕の兄弟の自転車です。
Сего́дня день рожде́ния у на́шей ба́бушки. 今日はうちのおばあちゃんの誕生日です。

指示代名詞の単数生格		
	主	生
男	э́тот	э́т**ого**
中	э́то	
女	э́та	э́т**ой**

Я большо́й покло́нник э́того писа́теля.
僕はこの作家の大ファンです。
Мы рабо́таем для э́той це́ли.
私たちはこの目的のために働いているのです。

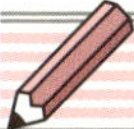

練習５　次の（　）内の語を適切な形に変化させましょう。

1) У меня́ есть фотогра́фия (твой па́па).　2) У (ва́ша семья́) есть да́ча?
3) Вчера́ я слу́шал ле́кцию (его́ друг).　4) У (э́та де́вочка) голубы́е глаза́.
5) Он большо́й покло́нник (э́та актри́са).

6　形容詞の生格（単数）

	硬変化Ⅰ		硬変化Ⅱ		軟変化	
	主	生	主	生	主	生
男	кра́сный	кра́сн**ого**	голубо́й	голуб**о́го**	си́ний	си́н**его**
中	кра́сное		голубо́е		си́нее	
女	кра́сная	кра́сн**ой**	голуба́я	голуб**о́й**	си́няя	си́н**ей**

所有代名詞、指示代名詞、形容詞のいずれも、男性と中性は主格と対格以外の格では同じ形になります。また、女性形は前置格と生格が同じ形です。

У тебя́ есть уче́бник ру́сского языка́?　ロシア語の教科書は持ってる？
Э́то пода́рок для моего́ ста́ршего бра́та.　これは兄のためのプレゼントです。
Я слу́шаю пе́сню япо́нской певи́цы.　私は日本の女性歌手の歌を聞いています。
Э́та статья́ была́ на пе́рвой страни́це вчера́шней газе́ты.
この記事は昨日の新聞の一面に出ていた。

練習 6　次の(　)内の語を単数生格に変化させましょう。

1) Он читáет нóвый ромáн (япóнский писáтель).
2) У (моя́ стáршая сестрá) свéтлые вóлосы.
3) Вчерá был день рождéния у (её млáдший брáт).
4) Э́то госудáрственный гимн (Росси́йская Федерáция).
5) Для (какáя цéль) он э́то дéлает?
6) У негó есть маши́на (чёрный цвет).

7　生格の使い方(3)　否定生格

「～がない」という表現は、ロシア語では **нет** ～と言います。「ある」場合と比べてみましょう。

В нáшем гóроде есть библиотéка.	私たちの町には図書館があります。
В нáшем гóроде нет библиотéки.	私たちの町には図書館がありません。

естьの否定形はне естьではなくнетになります。これは「いいえ」を意味するнетではなく、「ない、いない」という意味の語です。
「ない」場合には、主語が主格ではなく生格になります (библиотéка → библиотéки)。このように、存在しない物を表す語が生格になる現象を**否定生格**と言います。

У меня́ есть маши́на.	私は車を持っています。
У меня́ нет маши́ны.	私は車を持っていません。
Здесь есть университéт.	ここには大学があります。
Здесь нет университéта.	ここには大学がありません。
У вас есть врéмя?	お時間はありますか？
У вас нет врéмени?	お時間はありませんか？
Он дóма.	彼は家にいます。
Егó нет дóма.	彼は家にいません。

否定生格を用いた文は、過去時制では以下のようになります。

У меня́ нé было маши́ны.	私は車を持っていませんでした。
Здесь нé было университéта.	ここには大学がありませんでした。
У вас нé было врéмени?	お時間がなかったのですか？
Егó нé было дóма.	彼は家にいませんでした。

「なかった」という場合、нет を **нé было** に変えます。маши́на は女性名詞、университéт は男性名詞ですが、「なかった」というときには、**常に中性形の нé было が使われます**。主語が主格ではなく否定生格になると、主語として認められなくなり、そのため中性形という最も「ニュートラル」な形が選択されるのだと考えてください。また、нé было のアクセントにも注意しましょう（→ p.76）。

練習7　次の文を否定文に変えましょう。

1) У вас есть вопрóс?
2) В э́той кóмнате есть кровáть.
3) У негó есть моби́льный телефóн.
4) У тебя́ есть сегóдняшняя газéта?
5) У меня́ был друг.
6) У неё былá рабóта.
7) Сейчáс онá дóма.
8) Вчерá он был на урóке.

	単	複
主	○	○
生	○	
与		
対	△	△
造		
前	○	

これで名詞の12の変化形のうち、左表のものを学習しました。

ロシア語あれこれ

あいさつ（5）

Спокóйной нóчи!	おやすみなさい！
Всегó хорóшего [дóброго]!	お元気で！（別れのあいさつ）
Удáчи!	頑張ってね！

すべて生格の形ですが、желáть＋〔生〕＝「～を願う」という表現がもとになっています。動詞を省略して上のように言うのが一般的です。

第9課

Урóк 9 (дéвять)

1 名詞の複数生格

Э́то кни́га для студе́нтов.

2 個数詞の使い方

Я купи́л оди́н журна́л / два журна́ла / пять журна́лов.

3 時刻の表現

– Скóлько сейча́с врéмени? – Сейча́с два часа́.

4 値段の表現

– Скóлько э́то стóит? – Э́то стóит два́ рубля́ / два́дцать рублéй.

5 合成数詞

Сейча́с дéсять часóв два́дцать три мину́ты.

6 所有代名詞と指示代名詞の複数生格

Э́то маши́на мои́х роди́телей.

7 形容詞の複数生格

Э́то общежи́тие для инострáнных студе́нтов.

1 名詞の複数生格

名詞の複数生格の作り方はやや複雑です。整理してみましょう。

①男性名詞

語末	-子音	-й	-ь
単・主	журна́л	музе́**й**	портфе́л**ь**
複・生	журна́л**ов**	музе́**ев**	портфе́л**ей**

②中性名詞

語末	-о	-е	-мя
単・主	сло́в**о**	мо́р**е**	вре́**мя**
複・生	слов	мор**е́й**	вре**мён**

③女性名詞

語末	-а	-я	-ь
単・主	газе́т**а**	неде́л**я**	тетра́д**ь**
複・生	газе́т	неде́л**ь**	тетра́д**ей**

注意！

1) -ь で終わる男性名詞と女性名詞の複数生格は、いずれも同じ語尾（-ей）になります。
2) -е で終わる中性名詞も、同じく -ей という語尾になります。
3) -а で終わる女性名詞と -о で終わる中性名詞は、それぞれ母音の語尾がなくなり、いわゆる「ゼロ語尾」になります。
4) -я で終わる女性名詞も、「ゼロ語尾」の一種です。яの中からаがとれてьが残ると考えてください。
5) -мя で終わる中性名詞の変化は例外的なので注意しましょう。
6) 複数生格で「ゼロ語尾」になる女性名詞と中性名詞は、出没母音（→p.68）が生じることが多いので注意しましょう。ここではо, еという母音が、最後の子音の前に挿入されます。

окно́ → о́кон　窓　　ко́шка → ко́шек　ネコ　　письмо́ → пи́сем　手紙

Э́то кни́га для студе́нтов.　これは学生向けの本です。
У вас есть ка́рта санато́риев Кры́ма?　クリミアの保養所マップはお持ちですか？
Он стоя́л у двере́й.　彼はドアのそばに立っていました。
На э́том са́йте есть фотогра́фии соба́к.　このサイトには犬の写真が出ています。

練習１　次の（　）内の語を複数生格に直しましょう。

1) гру́ппа (же́нщина)
2) собра́ние (депута́т)
3) рабо́та (преподава́тель)
4) прода́жа (кни́га)
5) обме́н (рубль)
6) пода́рки (подру́га)
7) маршру́т (трамва́й)
8) спи́сок (и́мя)
9) ли́деры (госуда́рство)
10) цветы́[1] (по́ле)

左ページの①～③までのルールにあてはまらない場合もあります。

④ -ц で終わる男性名詞		
語末	-ц	
アクセント	語幹	語尾
単・主	ме́сяц	оте́ц
複・生	ме́сяцев	отцо́в

このタイプの名詞の複数生格は、アクセントが語幹にあるものは語尾が -ов ではなく -ев となります。ただし、変化に際してアクセントが語尾に移るものは、①と同じく -ов となります。

[1] цветы́ ← цвето́к の複数主格。

⑤ -ж, -ч, -ш, -щ で終わる男性名詞	
語末	-ж, -ч, -ш, -щ
単・主	врач
複・生	врачéй

このタイプの名詞の複数生格は、語尾が -ов ではなく -ей になります。

⑥ -ие で終わる中性名詞と -ия で終わる女性名詞		
語末	-ие	-ия
単・主	здáние	áрмия
複・生	здáний	áрмий

それぞれ語尾が -ий になります。

⑦ -ея, -уя, -ая で終わる女性名詞	
語末	-ея, -уя, -ая
単・主	идéя
複・生	идéй

これもゼロ語尾で、я の中から а がとれて й が残ると考えてください。
③の недéля では -ь が残りましたが、母音の後ろでは й になります。

⑧ -це, -же, -че, -ше, -ще で終わる中性名詞	
語末	-це, -же, -че, -ше, -ще
単・主	учи́лище
複・生	учи́лищ

このタイプのものは -е が落ちてゼロ語尾になります。

上記以外にも、例外的な変化をするものが多いので気をつけましょう。自信のないときは、一つ一つ辞書で確認するのが確実です。

練習 2　下線部の語の単数主格は何か考え、全文を日本語に訳しましょう。

1) Вчерá в Эрмитáже былá грýппа япóнцев.
2) Я читáю интерéсную статью́ про[2] различи́я в рéчи москвичéй и петербýржцев.
3) У меня́ есть сбóрник произведéний Достоéвского.
4) Нáша компáния предлагáет печáть фотогрáфий через[3] интернéт.
5) Они́ произвóдят реставрáцию стáтуй Лéтнего сáда[4].
6) Мы подари́ли набóр полотéнец.

[2] про +〔対〕=「〜について」
[3] через +〔対〕=「〜を通じて」
[4] Лéтний сад: 夏の庭園（サンクト・ペテルブルクにある緑豊かな庭園。帝政ロシア時代に造られ、園内には約 250 の美しい彫像が立つ）

2 個数詞の使い方

ここではまず20まで覚えましょう。

1	оди́н	6	шесть	11	оди́ннадцать	16	шестна́дцать
2	два	7	семь	12	двена́дцать	17	семна́дцать
3	три	8	во́семь	13	трина́дцать	18	восемна́дцать
4	четы́ре	9	де́вять	14	четы́рнадцать	19	девятна́дцать
5	пять	10	де́сять	15	пятна́дцать	20	два́дцать

数詞と名詞を組み合わせて「いくつの何々」という場合は以下のようになります。

◆ 数詞と名詞の組み合わせ

＊ 1 ＋単数主格　　※ оди́н は名詞の性によって変化します。

оди́н ＋ 男　　оди́н журна́л / музе́й / слова́рь　　1つの雑誌／美術館／辞書
одно́ ＋ 中　　одно́ сло́во / я́блоко / письмо́　　1つの単語／リンゴ／手紙
одна́ ＋ 女　　одна́ газе́та / кни́га / тетра́дь　　1つの新聞／本／ノート

＊ 2～4 ＋単数生格　　※ два は名詞の性によって変化します。

два ＋ 男 / 中　　два журна́ла / музе́я / словаря́　　2つの雑誌／美術館／辞書
　　два сло́ва / я́блока / письма́　　2つの単語／リンゴ／手紙
две ＋ 女　　две газе́ты / кни́ги / тетра́ди　　2つの新聞／本／ノート

три　　три журна́ла / сло́ва / газе́ты　　3つの雑誌／単語／新聞
четы́ре　　четы́ре журна́ла / сло́ва / газе́ты　　4つの雑誌／単語／新聞

＊ 5～ ＋複数生格

пять / шесть / : / : / два́дцать

журна́лов / музе́ев / словаре́й　　5、6…20の 雑誌／美術館／辞書
слов / я́блок / пи́сем　　5、6…20の 単語／リンゴ／手紙
газе́т / книг / тетра́дей　　5、6…20の 新聞／本／ノート

Я купи́ла оди́н журна́л / два журна́ла / пять журна́лов.
私は1 / 2 / 5冊の雑誌を買った。

Он получи́л одно́ письмо́ / два письма́ / пять пи́сем.
彼は1 / 2 / 5通の手紙をもらった。

У меня́ есть одна́ кни́га / две кни́ги / пять книг. 私は本を1 / 2 / 5冊持っている。

練習 3 次の表現をロシア語で書きましょう。

1) 1人の男子学生　2) 2週間　3) 5人の日本人男性
4) 1匹の犬　5) 4人の医師　6) 12か月
7) 10枚の写真　8) 20人の女性　9) 3メートル (метр)
10) 15メートル　11) 4キロメートル (киломе́тр)　12) 14キロメートル

3 時刻の表現

時刻を尋ねるときは、次のように言います。

Ско́лько сейча́с вре́мени?[5]　今、何時ですか？

これに対する答え方は以下のとおりです。

Сейча́с { два часа́. / три часа́. / пять часо́в. }　今、2時（3時、5時）です。

часа́ と **часо́в** は **час**（時間）のそれぞれ**単数生格形**と**複数生格形**です。2～4と結びつく名詞は単数生格、5以上は複数生格になることに注意しましょう。

なお、「1時」の場合は、通常 оди́н час とは言わずに、оди́н が省略されます。

Сейча́с час.　今、1時です。

20時までの言い方を整理してみましょう (21時以降は、p.91で学ぶ合成数詞を使います)。

1	час	6	шесть часо́в	11	оди́ннадцать часо́в	16	шестна́дцать часо́в
2	два часа́	7	семь часо́в	12	двена́дцать часо́в	17	семна́дцать часо́в
3	три часа́	8	во́семь часо́в	13	трина́дцать часо́в	18	восемна́дцать часо́в
4	четы́ре часа́	9	де́вять часо́в	14	четы́рнадцать часо́в	19	девятна́дцать часо́в
5	пять часо́в	10	де́сять часо́в	15	пятна́дцать часо́в	20	два́дцать часо́в

「～時～分」と言う場合には、**мину́та** (分) を使います。

3時1分　три часа́ одна́ мину́та
5時2分　пять часо́в две мину́ты
11時15分　оди́ннадцать часо́в пятна́дцать мину́т

[5] ско́лько は英語の how many や how much にあたる疑問詞です。これと組み合わさる名詞は、可算名詞は複数生格になり (Ско́лько книг вы чита́ли?「何冊の本を読みましたか？」)、不可算名詞は単数生格になります (Ско́лько воды́ на Земле́?「地球上にはどのくらいの水がありますか？」)。ここでは вре́мя が不可算名詞なので、単数生格 (вре́мени) になっています。

練習 4　次の時間をロシア語で言ってみましょう。

1) 9 時 14 分　　2) 6 時 18 分　　3) 2 時 19 分　　4) 4 時 8 分　　5) 10 時 16 分

4　値段の表現

値段の聞き方と答え方は以下の通りです。

Ско́лько э́то сто́ит[6]?　これはいくらですか？
Ско́лько сто́ит э́та тетра́дь?　このノートはいくらですか？
Ско́лько сто́ят э́ти часы́?　この時計はいくらですか？

Э́то сто́ит два рубля́ / два́дцать рубле́й.　これは 2 ルーブル / 20 ルーブルします。
Они́ сто́ят оди́н до́ллар / де́сять до́лларов.　それらは 1 ドル / 10 ドルします。

通貨単位いろいろ	
日本	円 ие́на (ие́ны, ие́н)
ロシア	ルーブル рубль (рубля́, рубле́й) コペイカ копе́йка (копе́йки, копе́ек)　＊1 рубль = 100 копе́ек
アメリカ	ドル до́ллар (до́ллара, до́лларов)、セント цент (це́нта, це́нтов)
EU	ユーロ е́вро (不変化)

＊(　) 内は単数生格、複数生格です。

5　合成数詞

20 までは 1 語で表現できますが、**21 から 29 までは 2 語の組み合わせによって表現します**。たとえば 21 なら、「20」と「1」を組み合わせます。

21: два́дцать оди́н, 22: два́дцать два, 23: два́дцать три, 24: два́дцать четы́ре ...

このように、2 つ以上の数詞を組み合わせて作る数を**「合成数詞」**と言います。
30 以上についても同様のシステムで数えます。従って、30 から 100 までのキリのよい数字を覚えれば、199 まで言えるようになります。

6　сто́ит は第 2 変化動詞 сто́ить「(値段が) ～する」の 3 人称単数形です。стоя́ть (立っている) の 3 人称単数 стои́т と同じ綴りですが、アクセントの位置が違うので注意しましょう。

30	три́дцать	70	се́мьдесят
40	со́рок	80	во́семьдесят
50	пятьдеся́т	90	девяно́сто
60	шестьдеся́т	100	сто

35: три́дцать пять
78: се́мьдесят во́семь
105: сто пять
199: сто девяно́сто де́вять

合成数詞と名詞を組み合わせる場合、名詞は「末尾の数詞」に従って変化します。

два́дцать оди́н студе́нт　21人の学生（最後の数詞が　оди́н → 単数主格）
три́дцать четы́ре студе́нта　34人の学生（〃　четы́ре → 単数生格）
пятьдеся́т во́семь студе́нтов　58人の学生（〃　во́семь → 複数生格）
сто три студе́нта　103人の学生（〃　три → 単数生格）
сто се́мьдесят де́вять студе́нтов　179人の学生（〃　де́вять → 複数生格）

以下の場合に注意しましょう。

сто оди́ннадцать студе́нтов　111人の学生（〃　оди́ннадцать → 複数生格）
※最後は1ではなく11
сто четы́рнадцать студе́нтов　114人の学生（〃　четы́рнадцать → 複数生格）
※最後は4ではなく14

Э́то сто́ит шестьдеся́т два рубля́.　それは62ルーブルします。
Сейча́с де́сять часо́в два́дцать три мину́ты.　今、10時23分です。

練習5　次の値段をロシア語で言ってみましょう。

1) 1ルーブル75コペイカ　2) 160ルーブル　3) 89ルーブル50コペイカ
4) 53ルーブル15コペイカ　5) 146ドル　6) 24ドル
7) 3ユーロ　8) 198円　9) 82円

6 所有代名詞と指示代名詞の複数生格

単・主	мой	твой	наш	ваш	свой	э́тот
複・主	мои́	твои́	на́ши	ва́ши	свои́	э́ти
複・生	мои́х	твои́х	на́ших	ва́ших	свои́х	э́тих

* его́, её, их は不変化なので省略します。

Э́то маши́на мои́х [на́ших] роди́телей.　これは私［私たち］の両親の車です。
Я рабо́таю для э́тих ма́льчиков.　私はこの少年たちのために働いています。

練習6　次の(　)内を複数生格に直しましょう。

1) Де́душка купи́л пода́рки для (свой внук).
2) Вот фотогра́фии (наш това́рищ).
3) У (его́ роди́тели) нет де́нег.
4) Где рабо́тают роди́тели (э́тот шко́льник)?

7 形容詞の複数生格

タイプ	硬変化 I	硬変化 II	軟変化
単・主	кра́сный	голубо́й	си́ний
複・主	кра́сные	голубы́е	си́ние
複・生	кра́сн**ых**	голуб**ы́х**	си́н**их**

Э́то общежи́тие для иностра́нных студе́нтов. これは外国人学生用の寮です。
Я чита́ю антоло́гию молоды́х писа́телей. 私は若手作家のアンソロジーを読んでいる。
По́сле[7] ле́тних кани́кул нас ждёт[8] шко́ла. 夏休みの後は、学校が僕らを待っている。

	単	複
主	○	○
生	○	○
与		
対	△	△
造		
前	○	

これで名詞の12の変化形のうち、左の表のものを学習しました。

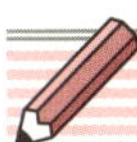

練習7　次の(　)内を複数生格に直しましょう。

1) Интерне́т – э́то прекра́сный спо́соб изуче́ния (иностра́нный язы́к).
2) По́сле у́жина он смотре́л програ́мму (вече́рняя но́вость) на Пе́рвом кана́ле[9].
3) Он чита́ет антоло́гию (ру́сский поэ́т).
4) По́сле (новего́дний пра́здник) нас ждут экза́мены.

[7] по́сле＋〔生〕＝「～の後で」
[8] ждать（待つ）は不規則変化の動詞です（я жду, ты ждёшь, он ждёт, мы ждём, вы ждёте, они́ ждут）。
[9] Пе́рвый кана́л: 第1チャンネル（ロシアのテレビ局）

第10課

Урóк 10 (дéсять)

1 活動体名詞の対格
Я вúдел рýсского писáтеля.

2 быть 以外の存在を表す動詞
Вáза стои́т на пóлке. / Пáпка лежи́т на столé.

3 第２変化動詞の子音交替
Я плóхо вúжу.

1 活動体名詞の対格

p.57 で触れたように、ロシア語の名詞は「活動体」（人や動物を表す名詞）と「不活動体」（物や事を表す名詞）の２種類に分けられます。女性名詞は、活動体も不活動体も格変化のパターンは同じですが[1]、**男性名詞と複数名詞では対格の形が活動体と不活動体で異なります。**以下に整理してみましょう。

①男性名詞・不活動体

語末	- 子音	-й	-ь
主	журнáл	музéй	портфéль
生	журнáла	музéя	портфéля
対	журнáл	музéй	портфéль

②男性名詞・活動体

語末	- 子音	-й	-ь
主	студéнт	герóй	писáтель
生	студéнта	герóя	писáтеля
対	студéнта	герóя	писáтеля

不活動体名詞は**対格＝主格**であるのに対し、活動体名詞は**対格＝生格**になります。活動体名詞を修飾する形容詞や所有代名詞なども、対格は生格と同じ形になります。

Я знáю рýсский язы́к. 私はロシア語を知っています。（男・不活）
Я вúдел рýсского писáтеля. 私はロシアの作家を見ました。（男・活）

Я читáю рýсскую газéту. 私はロシアの新聞を読んでいます。（女・不活）
Я люблю́ рýсскую дéвушку. 私はロシアの女の子を愛しています。（女・活）

[1] 中性名詞には、ごく例外的なものを除き、原則として活動体はありません。したがって、④複数名詞・活動体の表にも中性名詞の例は挙げません。

③複数名詞・不活動体			
性別	男	中	女
単・主	журна́л	сло́во	газе́та
複・主	**журна́лы**	**слова́**	**газе́ты**
生	журна́лов	слов	газе́т
対	**журна́лы**	**слова́**	**газе́ты**

④複数名詞・活動体						
性別	男			女		
単・主	студе́нт	геро́й	писа́тель	же́нщина	геро́иня	ло́шадь
複・主	студе́нты	геро́и	писа́тели	же́нщины	геро́ини	ло́шади
生	**студе́нтов**	**геро́ев**	**писа́телей**	**же́нщин**	**геро́инь**	**лошаде́й**
対	**студе́нтов**	**геро́ев**	**писа́телей**	**же́нщин**	**геро́инь**	**лошаде́й**

複数名詞でも、不活動体は**対格＝主格**、活動体は**対格＝生格**です。複数形になると、女性名詞も活動体と不活動体では対格の形が異なるので注意しましょう。

Я купи́л но́вые журна́лы. 私は新しい雑誌を買いました。(不活)
Я ви́дел но́вых преподава́телей. 私は新しい先生たちを見ました。(活)

Я получи́л но́вые газе́ты. 私は新しい新聞を受け取りました。(不活)
Я приглаша́ю но́вых подру́г. 私は新しいガールフレンドたちを招待しています。(活)

生格について詳しくは、第 8 課と第 9 課を参照してください。

補足 人称代名詞は、活動体名詞と同様、生格 (→ p.81) と対格 (→ p.58) が同じ形になっています。また疑問詞 что と кто については以下のとおりです。

主	что	кто
生	чего́	кого́
対	что	кого́

物や事について尋ねる что は不活動体名詞と同じく対格＝主格、人について尋ねる кто は活動体名詞と同じく対格＝生格です。

これで名詞の 12 の変化形のうち、右表のものを学習しました。

	単	複
主	○	○
生	○	○
与		
対	○	○
造		
前	○	

活動体と不活動体に注意しながら、次の(　)内を適切な形に格変化させましょう。

1) Я чита́ю (интере́сный журна́л).
2) Мы уважа́ем (наш профе́ссор).
3) Он чита́ет (моя́ кни́га).
4) Вы зна́ете (моя́ мать)?
5) Она́ пи́шет[2] (дли́нное письмо́).
6) Мы чита́ли (япо́нские рома́ны).
7) Ты зна́ешь (их но́вые студе́нты)?
8) Я люблю́ (свой роди́тели).

注意！

1・2 人称のときと 3 人称のときの свой の意味の違いに注意しましょう。

[1] Я ви́дел своего́ врача́.　　私は自分の医師を見かけました。
[2] Я ви́дел моего́ врача́.　　私は私の医師を見かけました。

[3] Вы потеря́ли свой па́спорт?　　あなたは自分のパスポートをなくしたのですか？
[4] Вы потеря́ли ваш па́спорт?　　あなたはあなたのパスポートをなくしたのですか？

[1] と [2]、[3] と [4] はどちらも同じ意味になります。一方、下の 2 つは意味が異なります。

[5] Он чита́ет свою́ кни́гу.　　彼は自分の本を読んでいる。
[6] Он чита́ет его́ кни́гу.　　彼は彼の本を読んでいる。

[5] は、主語の「彼」が「自分自身」の本を読んでいるのに対し、[6] の場合は、主語の「彼」は、自分とは違う、誰か別の「彼」の本を読んでいる、という意味になるので注意しましょう。

[2] писа́ть（書く）は不規則変化の動詞です (я пишу́, ты пи́шешь, он пи́шет, мы пи́шем, вы пи́шете, они́ пи́шут)。

練習 2 свой を用いて、次の文をロシア語に訳してください。

1) マリヤは自分の夫を愛しています。
2) 私は自分の知り合い (знакомый) を招待します。
3) 学生たちは自分たちの新任の先生を見かけました。
4) 彼は自分の両親のことをよく理解しています。
5) アレクセイは自分の祖父を尊敬しています。
6) 彼女は自分の古い友人 (подруга) たちを覚えています。

辞書での調べ方 (4)

不規則な変化をする動詞は、辞書にその変化形が記されています。例えば писа́ть の場合、『研究社露和辞典』なら пишу́, пи́шешь, ..., пи́шут と記載されています。3 人称単数と 1・2 人称複数の形は書かれていませんが、2 人称単数 пи́шешь の続きで、пи́шет, пи́шем, пи́шете になると判断してください。辞書によっては 3 人称複数形が記載されていないこともありますが、その場合、第 1 変化系の動詞なら 1 人称単数に -т を付けた形、第 2 変化系の動詞なら -ят（正書法の規則が適用されるときは -ат）という語尾になります。писа́ть は（変則的ですが）第 1 変化系なので、1 人称単数 пишу́ に -т を添えた пи́шут が 3 人称複数の形になります。

2 быть 以外の存在を表す動詞

動詞 **стоя́ть**（立っている）と **лежа́ть**（横たわっている）は第 2 変化動詞です。

Студе́нт стои́т у доски́.	学生は黒板のそばに立っています。
Де́душка лежи́т на крова́ти.	おじいさんはベッドに横になっています。

上の例のように明確に「立っている」「横たわっている」という意味で使う場合もありますが、以下の場合には注意が必要です。

– Где моя́ кни́га?	「私の本はどこですか？」
– Она́ стои́т / лежи́т на столе́.	「机の上にあります」

本が立ててある場合は стои́т が使われ、本が横になって置いてある場合は лежи́т が使われます。ただし日本語に訳す場合は、細かく訳し分けなくてもかまいません。存在する状態に多少の違いはありますが、「ある」を表す быть と同じ程度の意味で使うと考えてください。

Ва́за стои́т на по́лке.	花瓶は棚の上にあります。

Стол стои́т на полу́.	机は床の上にあります。
Па́пка лежи́т на столе́.	ファイルは机の上にあります。
Ру́чка лежи́т в столе́.	ペンは机の中にあります。

ただし、どういう場合が стоя́ть で、どういう場合が лежа́ть かは、日本人の感覚ではわからないこともあります。例えば、自動車は普通 стоя́ть を使います。

Маши́на стои́т на доро́ге.	道に車が止まっています。

ほかにも **висе́ть**（ぶら下がっている、掛かっている〔第 2 変化〕）、**сиде́ть**（座っている〔第 2 変化〕）なども、あえて厳密に訳さなくてもよいことがあります。

Пальто́ виси́т в шкафу́.	コートがロッカーにあります（掛かっています）。
Вчера́ я сиде́л до́ма.	昨日私は家にいました。

練習 3 次の（ ）内の動詞を適切な形に現在人称変化させ、文の意味を考えましょう。

1) Со́лнце (стоя́ть) высоко́ на не́бе.
2) В ва́зе (стоя́ть) цветы́.
3) Телеви́зор (стоя́ть) в углу́ ко́мнаты.
4) На полу́ (лежа́ть) краси́вый ковёр.
5) Ру́чки (лежа́ть) в карма́не.
6) Карти́на (висе́ть) на стене́.
7) Он (сиде́ть) в кафе́.

3 第2変化動詞の子音交替

第 2 変化動詞は、1 人称単数形で語幹の子音が交替することがあります。子音の交替は、以下のようなパターンで起こります（このタイプの変化は、歯を使って出す子音に関連して生じるので、「歯音変化」とも呼ばれます）。

	з → ж	с → ш	т → ч	т → щ	ст → щ	д → ж
	вози́ть 運ぶ	проси́ть 頼む	плати́ть 支払う	посети́ть 訪れる	чи́стить きれいにする	ви́деть 見る、見える
я	вожу́	прошу́	плачу́	посещу́	чи́щу	ви́жу
ты	во́зишь	про́сишь	пла́тишь	посети́шь	чи́стишь	ви́дишь
он	во́зит	про́сит	пла́тит	посети́т	чи́стит	ви́дит
мы	во́зим	про́сим	пла́тим	посети́м	чи́стим	ви́дим
вы	во́зите	про́сите	пла́тите	посети́те	чи́стите	ви́дите
они́	во́зят	про́сят	пла́тят	посетя́т	чи́стят	ви́дят

1人称単数では語幹末尾の子音が交替するだけでなく、語尾が -ю ではなく -у になっている点にも注意しましょう。これは、正書法の規則（→ p.39）により、交替後のそれぞれの子音（ж, ш, ч, щ）の後ろに -ю が綴れず、代わりに -у を綴らなければならないためです。ちなみに、p.98に出てきた **висе́ть** と **сиде́ть** も歯音変化の動詞です。

Я пло́хо ви́жу. 私は目が悪いです（よく見えない）。
Прошу́ проще́ния. 申し訳ありません（許しを頼む）。
Сего́дня я сижу́ до́ма. 今日私は家にいます。

また、люби́ть（愛する）の人称変化では、1人称単数（я люблю́）のところに -л- が挿入されますが（→ p.71）、これも子音交替の一種です（このタイプの変化は、唇を使って出す子音 б, п, в, ф, м に関連して起こるので、「唇音変化」とも呼ばれます）。

	б → бл	п → пл	в → вл	ф → фл	м → мл
	люби́ть 愛する	терпе́ть 耐える	гото́вить 準備する	графи́ть 罫線を引く	эконо́мить 節約する
я	люблю́	терплю́	гото́влю	графлю́	эконо́млю
ты	лю́бишь	те́рпишь	гото́вишь	графи́шь	эконо́мишь
он	лю́бит	те́рпит	гото́вит	графи́т	эконо́мит
мы	лю́бим	те́рпим	гото́вим	графи́м	эконо́мим
вы	лю́бите	те́рпите	гото́вите	графи́те	эконо́мите
они́	лю́бят	те́рпят	гото́вят	графя́т	эконо́мят

Я гото́влю обе́д. 私は昼食を作っています。
Я иногда́ ви́жу сны, когда́ сплю. 私は眠っているとき、ときどき夢を見ます。

補足 第2変化以外の不規則動詞にも、現在変化で子音の交替が見られるものがあります。ただし、それらの動詞の場合、子音が交替するのは1人称単数形だけでなく、すべての人称の単数形・複数形です。比べてみましょう。

	不規則変化	第2変化
不定形	ре́зать（切る）	вози́ть（運ぶ）
я	ре́жу	вожу́
ты	ре́жешь	во́зишь
он	ре́жет	во́зит
мы	ре́жем	во́зим
вы	ре́жете	во́зите
они́	ре́жут	во́зят

ре́зать では、語幹自体が реж- となり、不定形の з が ж に交替していますが、第2変化の вози́ть では、語幹は不定形と同じ воз- のままで、1人称単数形のところだけが交替しているのです（本書では、ре́зать のようなタイプの動詞を不規則変化の動詞として扱っていますが、ある種の第1変化とする教科書もあります）。

練習4 次の動詞の意味を調べ、なおかつ人称変化させましょう。

1) носи́ть　2) лете́ть　3) возврати́ть
4) води́ть　5) прости́ть　6) купи́ть
7) гра́бить　8) объяви́ть　9) познако́мить

練習5 次の文を日本語に訳しましょう。

1) Я кормлю́ свою́ соба́ку три ра́за в день[3].
2) Ка́ждое у́тро я гото́влю за́втрак и бужу́ сы́на.
3) Я не щажу́ враго́в.
4) Я вожу́ маши́ну пло́хо.
5) Я впервы́е лечу́ на самолёте.

[3] в день: 1日に

名詞の性

職業や身分を表す名詞に、男性と女性の区別のあるもの（例えば студе́нт と студе́нтка）と、男女の区別がないもの（例えば инжене́р）の 2 種類あることはすでに学びました (→ p.30)。「エンジニア」の場合、次のようになります。

Он хоро́ший инжене́р.	彼はいいエンジニアです。
Она́ хоро́ший инжене́р.	彼女はいいエンジニアです。

инжене́р は男性名詞ですが、男性のことも女性のことも表すことができるわけです。この場合、инжене́р を修飾する形容詞や所有代名詞などの一致定語は男性形になるのがふつうです (хоро́ший)。

これとは別に、男性と女性で別々の単語があるのに男性名詞の使用が好まれるというケースもあります。例えば、「作家」を表す語には男性名詞の писа́тель と女性名詞の писа́тельница があるのですが、女性作家はしばしば писа́тель と表されます。

Она́ тала́нтливый писа́тель.	彼女は才能ある作家です。

Она́ тала́нтливая писа́тельница. と言うこともできますが、現代ロシア語では писа́тельница という語にやや侮蔑的なニュアンスがあるため、そこが嫌われて писа́тель が用いられるのでしょう。

ほかに、わずかですが、同じ単語が男性名詞にも女性名詞にもなる「総性名詞」と呼ばれるものがあります。例えば、「同僚、仲間」を意味する колле́га がそうです。辞書には「колле́га　男·女」などと記載されており、実際の性に合わせて次のように使います。

Она́ моя́ колле́га.	彼女は私の同僚です（女性名詞）。
Он мой колле́га.	彼は私の同僚です（男性名詞）。

つまり「私の」という一致定語が、女性に言及するときは女性形 моя́、男性に言及するときは男性形 мой になります。総性名詞は語尾が а または я で終わり、女性名詞と同じ変化をします。ほかに「孤児」を意味する сирота́ も総性名詞です。

Она́ бе́дная сирота́.	彼女はかわいそうな孤児です。
Он бе́дный сирота́.	彼はかわいそうな孤児です。

第11課 Уро́к 11 (оди́ннадцать)

1 名詞の単数与格
Он показа́л отцу́ свою́ неве́сту.

2 代名詞と一致定語の単数与格
– Како́й компа́нии они́ про́дали а́кции?
– Росси́йской нефтяно́й компа́нии.

3 年齢の表現
– Ско́лько вам лет? – Мне два́дцать оди́н год.

4 動詞の不定形を補語とする動詞
Он меша́ет нам рабо́тать.

5 -ся 動詞
Он иногда́ занима́ется в библиоте́ке.

6 好意の表現
Мне нра́вится э́та пе́сня.

1 名詞の単数与格

ここでは**与格**を学びましょう。単数与格の作り方は以下のとおりです。

①男性名詞（単数）			
語末	-子音	-й	-ь
主	брат	геро́**й**	учи́тел**ь**
与	бра́т**у**	геро́**ю**	учи́тел**ю**

②中性名詞（単数）			
語末	-о	-е	-мя
主	окн**о́**	мо́р**е**	и́**мя**
与	окн**у́**	мо́р**ю**	и́**мени**

③女性名詞（単数）			
語末	-а	-я	-ь
主	ма́м**а**	тётя	двер**ь**
与	ма́м**е**	тёт**е**	две́р**и**

注意！

-ия で終わる女性名詞の与格は -ии です。　Мари́я → Мари́и

与格の主な用法は、「～に」（間接目的語）を表すことです。

Оте́ц подари́л кни́гу сы́ну.	父は息子に本を贈った。
Я писа́ла письмо́ ма́ме.	私はお母さんに手紙を書いた。
Он показа́л отцу́ свою́ неве́сту.	彼は父親にフィアンセを紹介した。
Она́ посыла́ла сестре́ мно́го[1] пи́сем.	彼女は妹にたくさんの手紙を送った。
Я дал Ка́те немно́го де́нег.	私はカーチャにお金を少し与えた。

練習 1　次の（　）内の名詞を単数与格に直しましょう。

1) Вчера́ я звони́л (подру́га).
2) Что ты сказа́л (друг)?
3) Студе́нты отвеча́ют (преподава́тель).
4) Он подари́л (Та́ня) цветы́.
5) Ка́ждый день он пи́шет письмо́ (Евге́ния).

2 代名詞と一致定語の単数与格

人称代名詞と再帰代名詞の与格

主	я	ты	он	оно́	она́	мы	вы	они́	
与	мне	тебе́	ему́ (нему́)		ей (ней)	нам	вам	им (ним)	себе́

＊右端が再帰代名詞です。（　）内は、前置詞を伴うときの形です。

Я дал ему́ кни́гу.　⇔　Я заходи́л к нему́.
私は彼に本をあげた。　私は彼のところに立ち寄った。　＊ к ＋〔与〕＝「～のところに」

Гид показа́л нам достопримеча́тельности.	ガイドは私たちに名所を案内してくれた。
Э́то тебе́.	これは君にあげるよ。
У меня́ есть к вам одна́ про́сьба.	あなたに 1 つお願いがあります。
Он мне сказа́л, что[2] вы говори́те по-ру́сски.	あなたはロシア語を話すと彼は私に言った。

[1] мно́го（たくさん）、не́сколько（いくつか）、немно́го（少し）、ма́ло（わずか）などの数量を表す語と組み合わさる名詞は、ско́лько の場合と同様、可算名詞は複数生格に、不可算名詞は単数生格になります。

[2] この что は疑問詞の「何」ではなく接続詞で、英語の that に相当します。
　Она́ не зна́ет, что ты ему́ показа́л.　彼女は君が彼に何を見せたか知らない。
　Она́ не зна́ет, что ты ему́ показа́л письмо́.　彼女は君が彼に手紙を見せたことを知らない。
上の文の что は疑問詞、下の文の что は接続詞です。読むときは、疑問詞のときは強く、接続詞のときは軽く発音されます。書くときは、いずれの場合も что の前に「,」（コンマ）を打ちます。

疑問詞 **что** と **кто** の与格		
主	что	кто
与	чему́	кому́

– Кому́ она́ звони́ла?　「彼女は誰に電話したの？」
– Ему́.　「彼にだよ」

練習 2　人称代名詞の格に注意しながら次の文を読み、意味を考えましょう。

1) Кому́ ты звони́шь?
2) Я ей сказа́л о тебе́.
3) Что вы сказа́ли им обо мне?
4) Вчера́ я заходи́л к ним, но их не́ было до́ма.
5) Я купи́ла себе́ но́вое пла́тье.
6) Я сказа́л ему́, что челове́к не зна́ет себя́.

所有代名詞と再帰所有代名詞の単数与格

	主	与	主	与	主	与	主	与	主	与
男	мой	мо**ему́**	твой	тво**ему́**	наш	на́ш**ему**	ваш	ва́ш**ему**	свой	сво**ему́**
中	моё		твоё		на́ше		ва́ше		своё	
女	моя́	мо**е́й**	твоя́	тво**е́й**	на́ша	на́ш**ей**	ва́ша	ва́ш**ей**	своя́	сво**е́й**

* его́, её, их は不変化なので省略します。

Что ты сказа́л моему́ бра́ту?　僕の弟に何を言ったんだ？
Мы ча́сто звони́м на́шей ба́бушке.　私たちはよくうちのおばあちゃんに電話します。
Я ве́рю[3] ва́шему сло́ву.　私はあなたの言葉を信じています。
Он купи́л шокола́д свое́й сестре́.　彼は妹にチョコレートを買ってあげました。

指示代名詞の単数与格

	主	与
男	э́тот	э́т**ому**
中	э́то	
女	э́та	э́т**ой**

Я не ве́рю э́тому челове́ку.　私はこの人を信用していない。
Что он подари́л э́той де́вушке?　彼はその娘に何を贈ったの？

形容詞の単数与格

	硬変化 I		硬変化 II		軟変化	
男	кра́сный	кра́сн**ому**	голубо́й	голуб**о́му**	си́ний	си́н**ему**
中	кра́сное		голубо́е		си́нее	
女	кра́сная	кра́сн**ой**	голуба́я	голуб**о́й**	си́няя	си́н**ей**

[3] ве́рить + 〔与〕 = 「～を信じる」

女性形の与格は、生格や前置格と同じ形です。

– Како́му ба́нку вы доверя́ете свои́ де́ньги? 「どの銀行にお金を預けていますか？」
– Я доверя́ю неме́цкому ба́нку. 「ドイツの銀行です」

– Како́й компа́нии они́ про́дали а́кции? 「彼らはどの会社に株を売ったんだ？」
– Росси́йской нефтяно́й компа́нии. 「ロシアの石油会社にです」

補足 ロシア語の格と日本語の「てにをは」は常に一致するとは限りません。日本語の感覚とはずれる場合もあるので注意しましょう。特に間違えやすいものを下に挙げておきます。

помога́ть	＋〔与〕	～を助ける、手伝う
ве́рить	＋〔与〕	～を信じる
спроси́ть	＋〔対〕	～に尋ねる、質問する
проси́ть	＋〔対〕	～に頼む、お願いする

練習 3 次の（ ）内の語を単数与格に直しましょう。

1) Мы не ве́рим (на́ше прави́тельство).
2) Он ничего́ не подари́л (своя́ жена́).
3) Он помога́ет (свой мла́дший брат).
4) Он дал интервью[4] (росси́йское информацио́нное аге́нтство[5]).
5) Мы про́дали э́ти това́ры (моско́вская торго́вая фи́рма).

これで名詞の 12 の変化形のうち、右表のものを学習しました。

	単	複
主	○	○
生	○	○
与	○	
対	○	○
造		
前	○	

4 дать интервью＋〔与〕＝「～のインタビューに応じる」（直訳すると「～にインタビューを与える」）
5 информацио́нное аге́нтство: 通信社

3 年齢の表現

年齢を尋ねたり答えたりするときの言い方は、下のようになります。意味上の主語にあたる人が与格になることに注意しましょう。

– Ско́лько вам лет[6]? 「あなたは何歳ですか？」

– Мне { два́дцать оди́н год. / три́дцать два го́да. / со́рок пять лет.

「私は {21 歳です」/ 32 歳です」/ 45 歳です」

– Ско́лько лет ва́шей ма́ме? 「あなたのお母さんは何歳ですか？」

– Ей { пятьдеся́т оди́н год. / шестьдеся́т четы́ре го́да. / девяно́сто лет.

「彼女は {51 歳です」/ 64 歳です」/ 90 歳です」

練習 4 次の文をロシア語で書きましょう。

1) 君は何歳なの？
2) 僕は 19 歳です。
3) あなたのお父さんは何歳ですか？
4) 彼は 45 歳です。
5) 私の弟は 8 歳です。
6) 私の姉は 24 歳です。

4 動詞の不定形を補語とする動詞

いくつかの動詞は、ほかの動詞の不定形を補語（≒目的語）にとります。例えば以下のようなものがあります。

люби́ть ＋〔不定形〕	「～するのが好きだ」
реши́ть ＋〔不定形〕	「～することに決める」
хоте́ть ＋〔不定形〕	「～したい」

Она́ лю́бит чита́ть. 彼女は読書することが好きだ。

Он реши́л изуча́ть ру́сский язы́к. 彼はロシア語を勉強することに決めた。

Я хочу́[7] отдыха́ть. 私は休みたい。

---

6 год（年）は単数生格が го́да、複数生格が例外的に лет になります。

7 хоте́ть（～したい、ほしい）は不規則変化の動詞です（я хочу́, ты хо́чешь, он хо́чет, мы хоти́м, вы хоти́те, они́ хотя́т）。

動詞の不定形だけではなく、名詞と組み合わせることもあります。その際、名詞はいろいろな格をとる可能性があるので注意しましょう。

меша́ть ＋〔与〕＋〔不定形〕	「〜が〜するのを邪魔する」
помога́ть ＋〔与〕＋〔不定形〕	「〜が〜するのを手伝う、助ける」
проси́ть ＋〔対〕＋〔不定形〕	「〜に〜するよう頼む」

Он меша́ет нам рабо́тать. 彼は我々が働く邪魔をする。
Он помога́ет мне изуча́ть англи́йский язы́к. 彼は私が英語を勉強するのを助けてくれる。
Я проси́л его́ переда́ть ма́ме де́ньги. 私は彼に母にお金を渡すよう頼んだ。

練習 5　次の文を読み、（　）内の語を適切な形に変化させましょう。

1) Ста́рший брат всегда́ помога́ет (я) де́лать дома́шнее зада́ние.
2) Сло́жная полити́ческая ситуа́ция меша́ет (они́) де́лать би́знес на Кавка́зе.
3) Прошу́ (вы) объясни́ть э́ту ситуа́цию.

5 -ся 動詞

動詞の語尾 -ть のあとにさらに -ся が付く動詞があり、一般に「-ся 動詞」と呼ばれます。変化の仕方は以下のとおりです。

タイプ		第 1 変化	第 2 変化
不定形		занима́ться 勉強する、働く	боя́ться 恐れる
現在形	я	занима́юсь	бою́сь
	ты	занима́ешься	бои́шься
	он	занима́ется	бои́тся
	мы	занима́емся	бои́мся
	вы	занима́етесь	бои́тесь
	они́	занима́ются	боя́тся
過去形	он	занима́лся	боя́лся
	она́	занима́лась	боя́лась
	оно́	занима́лось	боя́лось
	они́	занима́лись	боя́лись

＊ -ться、-тся は「ッツァ」と発音します。

それぞれの変化タイプに合わせて、まず -ся のない通常の動詞と同じように変化させ、その後ろに -ся を付けます。ただし занима́юсь などのように**母音の後ろに付くときは -сь になります**。

Он иногда́ занима́ется в библиоте́ке.	彼はときどき図書館で勉強しています。
Моя́ жена́ всегда́ улыба́ется.	私の妻はいつも笑顔です。
Вчера́ она́ до́лго занима́лась.	彼女は昨日長いこと勉強しました。

-ся 動詞には例えば以下のような意味があります。

①受け身「～される」

чита́ть	「読む」	→	чита́ться	「読まれる」
стро́ить	「建てる」	→	стро́иться	「建てられる」

②再帰「自分を～する」

мыть	「～を洗う」	→	мы́ться	「(自分の体、手を) 洗う」
одева́ть	「～に服を着せる」	→	одева́ться	「服を着る (自分に服を着せる)」

③相互「互いに～する」

обнима́ть	「抱きしめる」	→	обнима́ться	「抱き合う」
целова́ть	「キスする」	→	целова́ться	「キスし合う」

④自発

начина́ть	「～を始める」	→	начина́ться	「～が始まる」
конча́ть	「～を終える」	→	конча́ться	「～が終わる」

ただし、例えば занима́ться は「勉強する」ですが、занима́ть は「占有する」という意味です。また、боя́ться や улыба́ться にはそもそも -ся のない形が存在しません。このように規則的な対応関係が成り立たない場合もあるので、初めのうちは一つずつ辞書で意味を確認しながら覚えていきましょう。

次の動詞の意味を調べ、それぞれ現在人称変化、および過去変化させましょう。なお、①は第1変化、②は第2変化を表します。

1) стара́ться ①　2) учи́ться ②　3) улыба́ться ①　4) беспоко́иться ②

6 好意の表現

好意を表す主な動詞は любúть（好きだ、愛している）と нрáвиться（気に入っている、好きだ）です。любúть は英語の love に近い意味を持つ動詞、нрáвиться はもう少し軽い好意を表す動詞で、英語の like に近い意味です。両者の格のとり方に注意しましょう。

любúть	〔主〕が〔対〕を愛する、好む
нрáвиться	〔与〕は〔主〕が気に入っている

Я люблю́ э́ту пéсню.　　私はこの歌が好きだ。
Мне нрáвится э́та пéсня.　　私はこの歌が気に入っている（好きだ）。

文法上の主語は赤字部分です。2番目の例では、э́та пéсня という主語に合わせて、動詞が3人称単数形 нрáвится になっています。主語が複数の場合は3人称複数形になります。

Мне нрáвятся э́ти пéсни.　　私はこれらの歌が気に入っている。

特に нрáвиться は格に気をつけましょう。語順に惑わされないように！

Марúя нрáвится Ивáну.　　イワンはマリヤが気に入っている。
Марúи нрáвится Ивáн.　　マリヤはイワンが気に入っている。

– Как вам нрáвится Япóния?　　「日本はいかがですか？」
– Онá мне óчень нрáвится.　　「とても気に入っています」

練習 7　次の文を нрáвиться を使った文に書き換えましょう。

1) Я люблю́ э́ту актрúсу.
2) Мы лю́бим Россúю.
3) Натáша лю́бит Сергéя.
4) Вы лю́бите рýсских композúторов?
5) Ты лю́бишь пирожкú?
6) Что онú лю́бят?

第12課

Урóк 12 (двенáдцать)

1 быть の未来形

Зáвтра у нас бýдет банкéт.

2 その他の動詞の未来形

Зáвтра ýтром мы не бýдем зáвтракать.

3 いくつかの時間表現

Учéбный год начинáется в апрéле.

4 -овать 動詞と -авать 動詞

Онá рисýет портрéт.

Я преподаю́ рýсский язы́к.

1 быть の未来形

я	бýду
ты	бýдешь
он	бýдет
мы	бýдем
вы	бýдете
они́	бýдут

動詞 быть は、ほかの動詞とは違って、быть 自体が人称変化して未来時制を表します（быть 以外の動詞の未来形は、この課の②で学びます）。

быть の未来形の変化の仕方は左表のとおりです。

Зáвтра у нас бýдет банкéт.　明日私たちは宴会があります。

Пòслезáвтра я обязáтельно бýду на рабóте.　あさって私は必ず職場にいます。

Сегóдня вéчером не бýдет банкéта[1].　今晩、宴会はありません。

Нóчью в университéте не бýдет студéнтов[1].　真夜中、大学に学生はいないでしょう。

[1] банкéта は単数生格、студéнтов は複数生格ですが、これは p.84 で出てきた否定生格です。否定生格は過去形の場合、動詞が中性形 нé было になりましたが、未来の場合は 3 人称単数形 не бýдет になります。

◆「行く、行ってきた」を表す быть

次の例では、быть は単なる存在から転義して、「行く、行ってきた」という意味が含まれます。

Весно́й я бу́ду в Москве́. 春に私はモスクワに行きます。
Ле́том он бу́дет в То́кио. 夏に彼は東京に行くでしょう。
О́сенью ты была́ во Владивосто́ке? 秋に君はウラジオストクに行ってきたの？
Нет, во Владивосто́ке я была́ зимо́й. いいえ、ウラジオストクには冬に行ってきたのよ。

「行く」の意味で使う場合は「存在」ではないので否定文になっても否定生格にはなりません。

Я не бу́ду в Москве́. 私はモスクワに行かないでしょう。
Меня́ не бу́дет в Москве́. 私はモスクワにいないでしょう。
Она́ не была́ во Владивосто́ке. 彼女はウラジオストクに行きませんでした。
Её не́ было во Владивосто́ке. 彼女はウラジオストクにいませんでした。

練習1 次の(　)内に быть の未来形を入れましょう。

1) Где ты (　) сего́дня ве́чером?
2) Я (　) до́ма.
3) За́втра он (　) на банке́те.
4) Сего́дня мы не (　) в университе́те.
5) Они́ (　) в кафе́?
6) В сле́дующем году́ вы (　) в Росси́и?

2 その他の動詞の未来形

その他の動詞で未来を表現するには быть の未来形を英語の will のように不定形の動詞に付けます[2]。

я бу́ду
ты бу́дешь
он бу́дет
мы бу́дем
вы бу́дете
они́ бу́дут
＋ 不定形

[2] ただし、すべての動詞がこのような未来形の作り方をするわけではありません。詳しくは第17課で学習します。

За́втра я бу́ду занима́ться в библиоте́ке. 明日、私は図書館で勉強します。

Сего́дня ве́чером ты бу́дешь смотре́ть телеви́зор до́ма? 今晩、君は家でテレビを見るの？

Он не бу́дет рабо́тать за́втра. 彼は明日、働きません。

За́втра у́тром мы не бу́дем за́втракать. 明朝、私たちは朝食をとりません。

Сего́дня днём вы бу́дете отдыха́ть? 今日の昼間はお休みになりますか？

Ве́чером они́ бу́дут смотре́ть фильм. 夜、彼らは映画を見ます。

練習 2　次の文を未来形に変えましょう。

1) Где вы у́читесь?
2) Я беспоко́юсь о ней.
3) Он изуча́ет политоло́гию.
4) Мы у́жинаем в хоро́шем рестора́не.
5) Что ты пьёшь[3]?
6) Они́ мне не звоня́т.

3 いくつかの時間表現

時を表す表現をいくつか覚えておきましょう。表の左列が名詞で、右列はそれに対応する副詞です。

一日の時間帯			
у́тро	朝	у́тром	朝に
день	昼	днём	昼に
ве́чер	夕方、晩、夜	ве́чером	夕方・晩・夜に
ночь	夜、夜中	но́чью	夜・夜中に

У́тром я не рабо́таю. 私は朝には仕事をしません。

Днём мы занима́емся в университе́те. 昼間私たちは大学で勉強します。

Ве́чером мы смо́трим телеви́зор. 晩に私たちはテレビを見ます。

Но́чью де́ти спят. 夜は子どもたちは寝ています。

季節			
весна́	春	весно́й	春に
ле́то	夏	ле́том	夏に
о́сень	秋	о́сенью	秋に
зима́	冬	зимо́й	冬に

Весно́й мы мно́го занима́лись. 春に私たちはたくさん勉強しました。

Ле́том студе́нты возвраща́ются домо́й. 夏に学生たちは家に戻ります。

[3] пить（飲む）は不規則変化の動詞です（я пью, ты пьёшь, он пьёт, мы пьём, вы пьёте, они́ пьют）。

Óсенью у нас бу́дет студе́нческий фестива́ль.　　秋に私たちのところでは学園祭があります。

Зимо́й бу́дут экза́мены.　　冬には試験があります。

月名は英語と違い小文字で書き始めます。**「〜月に」という場合は в +〔前〕**で表します。月名はすべて男性名詞です。

A-41

月名			
янва́рь	1月	в январе́	1月に
февра́ль	2月	в феврале́	2月に
март	3月	в ма́рте	3月に
апре́ль	4月	в апре́ле	4月に
май	5月	в ма́е	5月に
ию́нь	6月	в ию́не	6月に
ию́ль	7月	в ию́ле	7月に
а́вгуст	8月	в а́вгусте	8月に
сентя́брь	9月	в сентябре́	9月に
октя́брь	10月	в октябре́	10月に
ноя́брь	11月	в ноябре́	11月に
дека́брь	12月	в декабре́	12月に

アクセント移動

変化したときアクセントが移動するのが何月か注意しましょう。

В январе́ я был в Япо́нии.　　1月に私は日本にいました。

В феврале́ она́ мно́го рабо́тала.　　2月に彼女はたくさん働きました。

「何月に」と尋ねるときは、в како́м ме́сяце ~? と言います。

– В како́м ме́сяце начина́ется уче́бный год?　　「学校は何月に始まりますか？」

– В апре́ле.　　「4月です」

曜日も月名と同じく小文字で始まります。ただし、**「〜曜日に」という場合は в +〔対〕**になります。среда́ は対格ではアクセントが移動します。また、вто́рник では、前置詞 в が во に変わることにも注意しましょう。

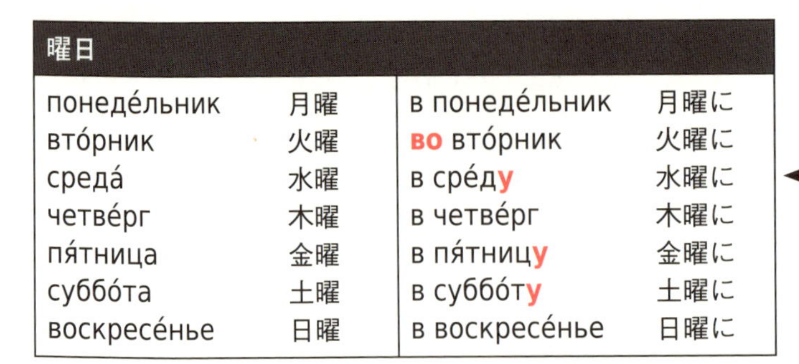

曜日			
понеде́льник	月曜	в понеде́льник	月曜に
вто́рник	火曜	**во** вто́рник	火曜に
среда́	水曜	в сре́ду	水曜に
четве́рг	木曜	в четве́рг	木曜に
пя́тница	金曜	в пя́тницу	金曜に
суббо́та	土曜	в суббо́ту	土曜に
воскресе́нье	日曜	в воскресе́нье	日曜に

「水曜に」のみアクセント移動

曜日を尋ねるときは以下のように言います。

– Како́й сего́дня день неде́ли?　「今日は何曜日ですか？」
– Сего́дня понеде́льник.　「今日は月曜日です」

неде́ли は неде́ля（週）の生格なので、直訳すると「週のどの日」と尋ねているわけです。неде́ли を省略して、Како́й сего́дня день? と聞くこともよくあります。

また過去形にする場合は次のようになります。それぞれ下線部を引いた単語が主語なので注意しましょう。быть の過去形は、主語の性別に合わせます。

– Како́й день был вчера́?　「昨日は何曜日でしたか？」
– Вчера́ был понеде́льник / была́ среда́ / бы́ло воскресе́нье.
「昨日は月／水／日曜でした」

未来形では以下のように言います。

– Како́й день бу́дет за́втра?　「明日は何曜日ですか？」
– За́втра бу́дет четве́рг.　「明日は木曜日です」

「何曜日に」と聞く場合は、以下のようになります。

– В како́й день бу́дет конце́рт?　「コンサートは何曜日にあるの？」
– В суббо́ту.　「土曜日だよ」

– В како́й день роди́лся ваш ребёнок?　「お子さんは何曜日に生まれたのですか？」
– Во вто́рник.　「火曜日です」

注意！

сего́дня, вчера́ などは名詞ではなく副詞なので注意しましょう。例えば «Вчера́ была́ хоро́шая пого́да.»（昨日は良い天気だった）という文の主語は пого́да で、直訳すると「昨日には良い天気があった」という意味です。「昨日」「今日」などを名詞として使いたい場合は、これらの副詞から派生した形容詞と день を組み合わせて、сего́дняшний (вчера́шний, за́втрашний) день のように言います。

一昨日	позавчера́
昨日	вчера́
今日	сего́дня
明日	за́втра
明後日	по̀слеза́втра

Когда́-нибу́дь мы бу́дем вспомина́ть сего́дняшний день.
いつか私たちは今日という日を思い出すことでしょう。

「〜時」「〜時〜分」という時刻の表現は p.90 で学びましたが、「〜時に」という場合は前置詞の в を付けてください[4]。「何時に」と尋ねるときは во ско́лько?[5] です。

– Во ско́лько вы начина́ете рабо́тать? 「あなたは何時に働き始めますか？」
– В семь часо́в. 「7時です」

– Во ско́лько вы обе́даете? 「あなたは何時に昼食をとりますか？」
– В час. 「1時です」

– Во ско́лько вы ложи́тесь спать? 「あなたは何時に布団に入りますか？」
– Я ложу́сь спа́ть в де́сять часо́в. 「私は10時に布団に入ります」

– Во ско́лько отправля́ется по́езд? 「列車は何時に出発しますか？」
– В двена́дцать часо́в со́рок пять мину́т.[6] 「12時45分です」

なお、「何月に」「何曜日に」「何時に」と聞くかわりに、より一般的に時を尋ねる疑問詞 когда́（いつ）を用いることも可能です。

Когда́ отправля́ется по́езд? 列車はいつ出発しますか？

[4] 厳密に言うと、「〜時に」という表現は「〜曜日に」と同じく в +〔対〕です。ただし、例えば в се́мь часо́в の場合、対格になっているのは се́мь の部分です（часо́в は数詞7と組み合わさるため複数生格になっています）。数詞は、次の課で出てくる ты́сяча（1,000）を除いて対格と主格が同じ形なので、格変化については気にせず、単に в を付ければ「〜時に」という表現になるのだと考えてください。

[5] ここで前置詞 в は во に形が変わっていますが、これは p.68 で出てきた規則では説明がつきません。どのようなとき в が во になるかは、単語ごとに覚えなければならない場合もあります。

[6] часо́в と мину́т を省略して、«В двена́дцать со́рок пять.» と言うことも可能です。

◆ 時間にかかわる前置詞

ここでは以下の２つを覚えましょう。

по́сле＋〔生〕	「～の後で」
до＋〔生〕	「～の前に、まで」

По́сле рабо́ты я хочу́ отдыха́ть. 私は仕事の後休みたいです。
По́сле обе́да я не бу́ду рабо́тать. 昼食後（≒午後）は仕事をしないつもりです。

До за́втрака я бу́ду гуля́ть. 朝食前に散歩をしてこよう。
Она́ родила́сь до войны́. 彼女は戦前の生まれです。

練習３ 次の質問にロシア語で答えましょう。

1) В како́м ме́сяце начина́ется второ́й семе́стр в ва́шем университе́те?
2) В како́й день бу́дет Рождество́ в э́том году́?
3) Во ско́лько открыва́ется банк?
4) Вы чи́стите зу́бы до за́втрака и́ли по́сле?

4 -овать 動詞と -авать 動詞

第１変化動詞のうち、不定形が -овать で終わるものと -авать で終わるものは、現在形がやや不規則です。

-овать 動詞 （-ова- → -у-）

	-овать	рисова́ть（描く）	фотографи́ровать（写真を撮る）
я	-ую	рису́ю	фотографи́рую
ты	-уешь	рису́ешь	фотографи́руешь
он	-ует	рису́ет	фотографи́рует
мы	-уем	рису́ем	фотографи́руем
вы	-уете	рису́ете	фотографи́руете
они́	-уют	рису́ют	фотографи́руют

Она́ рису́ет портре́т отца́. 彼女は父親の肖像画を描いています。
Мы ча́сто организу́ем вечери́нки. 私たちはよくパーティを催します。

注意！

(-ева- → -у-)
танцева́ть （踊る）
танцу́ю танцу́ешь танцу́ет танцу́ем танцу́ете танцу́ют

ただし танцева́ть のように、-евать で終わっていても -овать と同じような変化をするものもあります。

-авать 動詞　(-ава- → -а-)			
	-авать	дава́ть（与える）	встава́ть（起きる）
я	-аю́	даю́	встаю́
ты	-аёшь	даёшь	встаёшь
он	-аёт	даёт	встаёт
мы	-аём	даём	встаём
вы	-аёте	даёте	встаёте
они́	-аю́т	даю́т	встаю́т

Он всегда́ встаёт о́чень ра́но.　　彼はいつもとても早起きです。
Я преподаю́ ру́сский язы́к.　　私はロシア語を教えています。

注意！

-овать 動詞、-авать 動詞とも過去形は規則的な変化をします。

рисова́л, рисова́ла, рисова́ло, рисова́ли
дава́л, дава́ла, дава́ло, дава́ли

練習 4　次の動詞を現在人称変化させましょう。

1) организова́ть　　2) чу́вствовать　　3) ночева́ть
4) организова́ться　　5) преподава́ть　　6) удава́ться

第13課

Урóк 13 (тринáдцать)

1 個数詞（100以上）
девятьсóт девянóсто дéвять ты́сяч

2 順序数詞
Он зáнял четвёртое мéсто в кóнкурсе рýсского языкá.

3 年月日の表現
Онá родилáсь двáдцать трéтьего сентября́ двухты́сячного гóда.

4 副詞について
Онá рабóтает хорошó.

5 不定人称文
Здесь стрóят нóвую гости́ницу.

6 定代名詞 весь
Все жи́тели знáют об э́том.

1 個数詞（100以上）

ここでは100以上の数詞を学びましょう（100以下の数詞はp.89およびp.92を参照）。

100	сто	700	семьсóт
200	двéсти	800	восемьсóт
300	три́ста	900	девятьсóт
400	четы́реста	1,000	ты́сяча
500	пятьсóт	1,000,000	миллиóн
600	шестьсóт		

なお、2,000以上は次のようになります。

2,000	две ты́сячи[1]	7,000	семь ты́сяч
3,000	три ты́сячи	8,000	вóсемь ты́сяч
4,000	четы́ре ты́сячи	9,000	дéвять ты́сяч
5,000	пять ты́сяч[2]	10,000	дéсять ты́сяч
6,000	шесть ты́сяч	11,000	оди́ннадцать ты́сяч

[1] две ты́сячиは「2つの1,000」ということです。ты́сячаが女性名詞なので「2」はдвеになり、またты́сячаは「2」と結びつくため単数生格ты́сячиになります。
[2] 5,000の場合、ты́сячаは「5」と結びつくため複数生格ты́сячになります。

20,000	двáдцать ты́сяч	100,000	сто ты́сяч
21,000	двáдцать однá ты́сяча	200,000	двéсти ты́сяч
22,000	двáдцать две ты́сячи	999,000	девятьсóт девянóсто дéвять ты́сяч

1,000以上は、日本語では4桁ごとに数詞が変わりますが（千、万、億、兆…）、ロシア語では英語と同じく3桁ごとに変わります。「1万」は「10個の千」、「10万」は「100個の千」という数え方になるので注意しましょう。
200万以上は次のように数えます。

200万	два миллиóна	500万	пять миллиóнов
300万	три миллиóна	1,000万	дéсять миллиóнов
400万	четы́ре миллиóна	1億	сто миллиóнов

このように組み合わせていけば、9億9,999万9,999 (девятьсóт девянóсто дéвять миллиóнов девятьсóт девянóсто дéвять ты́сяч девятьсóт девянóсто дéвять) まで言えます。

練習1　次の数字をロシア語で書きましょう。

1) 259　2) 581　3) 619　4) 1,362　5) 1,868
6) 1,941　7) 2,012　8) 3,456　9) 5,710　10) 7,517
11) 42,000　12) 574,000　13) 800万　14) 7億

2　順序数詞

「～番目の」を示す順序数詞は以下のとおりです。

1	пéрвый	11	оди́ннадцатый	30	тридцáтый	400	четырёхсóтый
2	вторóй	12	двенáдцатый	40	сороковóй	500	пятисóтый
3	трéтий	13	тринáдцатый	50	пятидеся́тый	600	шестисóтый
4	четвёртый	14	четы́рнадцатый	60	шестидеся́тый	700	семисóтый
5	пя́тый	15	пятнáдцатый	70	семидеся́тый	800	восьмисóтый
6	шестóй	16	шестнáдцатый	80	восьмидеся́тый	900	девятисóтый
7	седьмóй	17	семнáдцатый	90	девянóстый	1,000	ты́сячный
8	восьмóй	18	восемнáдцатый	100	сóтый	2,000	двухты́сячный
9	девя́тый	19	девятнáдцатый	200	двухсóтый	3,000	трёхты́сячный
10	деся́тый	20	двадцáтый	300	трёхсóтый	100万	миллиóнный

21以上の順序数詞は、「30番目の」「40番目の」「100番目の」などキリのよい数以外は合成順序数詞になります。その場合、末尾の数のみ順序数詞にして、それ以外の数詞は個数詞にします。

25 番目の　　　два́дцать пя́тый
1,917 番目の　　ты́сяча девятьсо́т семна́дцатый
2,021 番目の　　две ты́сячи два́дцать пе́рвый

順序数詞は тре́тий を除き、形容詞硬変化（-ый / -о́й）と同じように変化します。

第 6 巻（6 番目の巻）	шесто́й том
第 6 巻に	в шесто́м то́ме
35 ページ（35 番目のページ）	три́дцать пя́тая страни́ца
35 ページに	на три́дцать пя́той страни́це

Мы слу́шали деся́тую симфо́нию Шостако́вича.
　私たちはショスタコーヴィチの第 10 交響曲を聞きました。
Он за́нял четвёртое ме́сто в ко́нкурсе ру́сского языка́.
　彼はロシア語コンクールで 4 位になりました。

тре́тий の主格は以下のとおりです。男性主格以外は -ь- が挟まるので注意しましょう（主格以外の形については巻末の文法表 p.250 を参照してください）。

【男】тре́тий　【中】тре́тье　【女】тре́тья　【複】тре́тьи

練習 2　次の表現をロシア語で書きましょう。

1) 19 番目の男子学生　2) 12 人目の選手（игро́к）　3) 第 9 交響曲
4) 第 3 位　5) 第 7 号（но́мер）　6) 第 2 版（изда́ние）
7) 8 冊目の本　8) 56 ページ

3 年月日の表現

① 年を示すのには**順序数詞＋ год** を用います。

1975 年　ты́сяча девятьсо́т се́мьдесят пя́тый год
2000 年　двухты́сячный год
2012 年　две ты́сячи двена́дцатый год

「～年に」と言う場合は、「～月に」と同じく（→ p.113）、**в ＋〔前〕**になります。

Он роди́лся в ты́сяча девятьсо́т со́рок седьмо́м году́.
　彼は 1947 年に生まれました。

В ты́сяча девятьсо́т семна́дцатом году́ в Росси́и была́ револю́ция.
　1917 年にロシアでは革命がありました。

② 日付は**順序数詞の中性形**で表します。中性形なのは、もともとは順序数詞の後ろに中性名詞の число́（日付、数字）があったためです（число́ はふつう省略されますが、まれに省略しないこともあります）。

Сего́дня пя́тое / двена́дцатое / два́дцать пе́рвое.　　今日は 5 / 12 / 21 日です。

日付を尋ねる場合は、число́ を使って次のように言います。曜日を尋ねるときの言い方と混同しないように注意しましょう。

Како́е сего́дня число́?　　今日は何日ですか？
⇕
Како́й сего́дня день?　　今日は何曜日ですか？

「～年～月～日」と言う場合は、**月名と年号を後ろに生格で**付け加えます。月名は、前置格で語尾にアクセントが移動したもの（→ p.113）は、生格でもアクセントが移動するので注意しましょう。

2011 年 8 月 5 日	пя́тое а́вгуста две ты́сячи оди́ннадцатого го́да
2000 年 1 月 1 日	пе́рвое января́ двухты́сячного го́да
1941 年 12 月 6 日	шесто́е декабря́ ты́сяча девятьсо́т со́рок пе́рвого го́да

「～日に」と言う場合、**日付の部分を生格**にします。

Он роди́лся пе́рвого ноября́ ты́сяча девятьсо́т девяно́сто восьмо́го го́да.
　彼は 1998 年 11 月 1 日に生まれました。
Она́ родила́сь два́дцать тре́тьего сентября́ двухты́сячного го́да.
　彼女は 2000 年 9 月 23 日に生まれました。
Шестна́дцатого ию́ня у нас бу́дет экза́мен.
　6 月 16 日に私たちは試験があります。

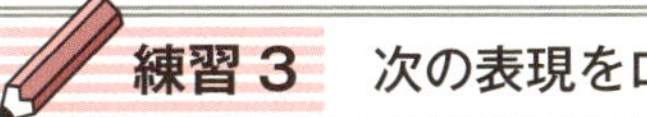

練習 3　次の表現をロシア語で書きましょう。

1) 1812 年　　2) 1905 年に　　3) 2001 年 9 月 11 日　　4) 1991 年 12 月 25 日に

練習 4　「私は～年～月～日に生まれました」と、自分の生年月日をロシア語で言ってみましょう。

4 副詞について

ロシア語にはさまざまな副詞があります。例えば здесь(ここで) や там(あそこで) などは場所を表す副詞、ве́чером (晩に) や зимо́й (冬に) などは時を表す副詞です。хорошо́ (よく、上手に) や пло́хо (悪く、下手に) などの行為の様態を表す副詞は、英語の -ly と同じように形容詞から派生させて作るものが多いので、ここでは基本的なものをいくつか、形容詞と対比させながら覚えましょう。

形容詞 (-ый, -ий)		副詞 (-о)	
бы́стрый	素早い	бы́стро	素早く
весёлый	陽気な	ве́село	陽気に
высо́кий	高い	высоко́	高く
гро́мкий	大声の、大音量の	гро́мко	大声で、うるさく
гру́стный	悲しい	гру́стно	悲しげに
краси́вый	美しい	краси́во	美しく
ме́дленный	遅い	ме́дленно	ゆっくりと
плохо́й	悪い、下手な	пло́хо	悪く、下手に
свобо́дный	自由な	свобо́дно	自由に
си́льный	強い	си́льно	強く
сла́бый	弱い	сла́бо	弱く
ти́хий	静かな	ти́хо	静かに
хоро́ший	よい、上手な	хорошо́	よく、上手に

-ский タイプの形容詞は、副詞は -ски という形になります。

形容詞 (-ский)		副詞 (-ски)	
истори́ческий	歴史的な	истори́чески	歴史的に
практи́ческий	実際的な	практи́чески	実際、事実上
дру́жеский	友好的な	дру́жески	友好的に
логи́ческий	論理的な	логи́чески	論理的に
теорети́ческий	理論的な	теорети́чески	理論的に
техни́ческий	技術的な	техни́чески	技術的に

様態の副詞について尋ねる場合は、疑問詞 как (どのように？) を用います。

– Как он танцу́ет?　「彼はどんなふうに踊るんですか？」
– Он танцу́ет краси́во.　「彼は美しく踊ります」

– Как она́ рабо́тает?　「彼女の働きぶりはどうですか？」
– Она́ рабо́тает хорошо́.　「よく働いていますよ」

– Как он говори́т?　　「彼はどんなふうに話すのですか？」
– Он говори́т ти́хо.　　「小声で話します」

p.62 で学んだ「～語で」という表現 по-...ски には、「～風に、式に」という意味もあります。

Он танцу́ет по-япо́нски.　　彼は日本風に踊ります。

ですから、言語とは関係のない по-америка́нски（アメリカ風）、по-голливу́дски（ハリウッド風）などの表現もあります。

га́мбургер по-америка́нски　　アメリカ風ハンバーガー
красота́ по-голливу́дски　　ハリウッド風の美

練習 5　次の文を読んで、意味を考えましょう。

1) Как он говори́т по-ру́сски?
2) Он говори́т по-ру́сски почти́ свобо́дно.
3) Э́то бы́ло истори́чески ва́жное собы́тие.
4) Он объясня́ет то́чно.
5) Ты вы́глядишь гру́стно. Что случи́лось?
6) Э́то стра́нная, теорети́чески невозмо́жная ситуа́ция.

5　不定人称文

英語の代名詞 they は、具体的に特定の人間を指し示すのではなく、漠然と「人一般」として使うことがあります。

They speak French in Canada.　　カナダではフランス語が話されています。

こういう場合、ロシア語では**主語を置かずに動詞を 3 人称複数形（過去なら複数形）**にします（上の文の場合なら В Кана́де говоря́т по-францу́зски. となります）。このような構文を「不定人称文」といいます。日本語に訳す場合は、「～されている、された」のように受身の形にすると近いニュアンスになることが多いです。

Здесь стро́ят но́вую гости́ницу.　　ここでは新しいホテルが建設されています。
Говоря́т, что он о́чень до́брый челове́к.　　彼はとてもいい人だそうです。
Об э́том писа́ли в газе́те.　　それについては新聞に書かれていました。

不定人称文は、主語が誰なのか問題にされていない場合、当たり前すぎて言及する必要がない場合などで使われます。以下の例のように、実際に招待してくれた人が 1 人であっても、誰が招待したのか重要でない場合、不定人称文で表現されることもあります。

Меня́ пригласи́ли.　　私は招待されました。

名前を尋ねるときは以下のようなやりとりが一般的です。

– Как вас зову́т?　「あなたのお名前は？」
– Меня́ зову́т Оле́г.　「オレーグと言います」

ここで вас と меня́ はそれぞれ вы、я の対格、зову́т[3] は звать（呼ぶ）の現在 3 人称複数形で、これらの表現は不定人称文です。それぞれ直訳すると、「(人々は) あなたをどのように呼んでいますか？」「(人々は) 私をオレーグと呼んでいます」という意味です。

対格の部分を入れ替えれば、いろいろな人の名前について言えるようになります。

– Как зову́т ва́шего отца́?　「お父さんのお名前は？」
– Его́ зову́т Влади́мир Влади́мирович.　「ウラジーミル・ウラジーミロヴィチです」

練習 6　次の文を日本語に訳しましょう。

1) В сего́дняшней газе́те пи́шут, что президе́нт Росси́и бу́дет уча́ствовать в конфере́нции в Нью-Йо́рке.
2) Мою́ жену́ зову́т Людми́ла.
3) На ры́нке продаю́т о́вощи и фру́кты.
4) Что иссле́дуют в э́той лаборато́рии?
5) В э́той шко́ле преподаю́т ра́зные иностра́нные языки́.

[3] звать は不規則変化の動詞です (я зову́, ты зовёшь, он зовёт, мы зовём, вы зовёте, они́ зову́т)。

6 定代名詞 весь

「すべての」を意味する定代名詞 весь は、形容詞などと同じように、修飾する名詞によって変化します。весь の主格は以下のとおりです。

【男】**весь** 【中】**всё** 【女】**вся** 【複】**все**

Весь нарóд протестýет прóтив[4] войны́. 全国民が戦争に反対しています。
Всё óбщество поддéрживает э́то решéние. 社会全体がその決定を支持しています。
Вся странá отдыхáет в Нóвый год. 元旦には国じゅうが休みになります。
Все жи́тели знáют об э́том. 住民全員がそのことを知っています。

主格以外の形については巻末の文法表 p.249 を参照してください。

Егó знáют во всём ми́ре. 彼は世界中で知られています。(男・前)
У всех нас есть свои́ проблéмы. 私たちの誰もが自分の問題を抱えています。(複・生)

なお、修飾する名詞がないと**中性形の всё は「すべてのもの・こと」**、**複数形の все は「すべての人々」**という意味になります。

Я знáю всё. 私はすべて知っています。
Все знáют об э́том. みんなこのことを知っています。

練習7 次の( )内に весь を適切な形に直して入れましょう。

1) ( ) семья́ бýдет встречáть Нóвый год вмéсте.
2) Проти́вники разрýшили ( ) гóрод.
3) ( ) члéны коми́ссии присýтствовали на заседáнии.
4) Борьбá прóтив террори́зма – э́то задáча ( ) ми́ра.
5) Мы ремонти́ровали ( ) кварти́ру.

[4] протестовáть прóтив + 〔生〕 = 「〜に反対・抗議する」

第14課 Уро́к 14 (четы́рнадцать)

1 名詞の単数造格
Она́ ре́жет мя́со ножо́м.

2 造格の使い方（1）道具・手段
Он пи́шет ру́чкой.

3 造格の使い方（2）受け身の文の動作主
Э́та кни́га чита́ется большинство́м дете́й.

4 造格を要求する前置詞（1）
Она́ пьёт чай с лимо́ном.

5 代名詞・一致定語の単数造格
За́втра бу́дет дождь с си́льным ве́тром.

6 造格を要求する動詞
Я интересу́юсь класси́ческой му́зыкой.

7 造格を要求する前置詞（2）
Самолёт лете́л над Москво́й.

1 名詞の単数造格

ここでは**造格**を学びましょう。単数造格の作り方は以下のとおりです。

①男性名詞（単数）			
語末	-子音	-й	-ь
主	журна́л	музе́**й**	портфе́л**ь**
造	журна́л**ом**	музе́**ем**	портфе́л**ем**

②中性名詞（単数）			
語末	-о	-е	-мя
主	сло́в**о**	мо́р**е**	вре́**мя**
造	сло́в**ом**	мо́р**ем**	вре́**менем**

③女性名詞（単数）			
語末	-а	-я	-ь
主	газе́т**а**	неде́л**я**	тетра́д**ь**
造	газе́т**ой**	неде́л**ей**	тетра́д**ью**

注意！

1) -ж, -ч, -ш, -щ, -ц で終わる男性名詞は以下のようになります。
 a) 語幹にアクセントがある場合 → -ем
  това́рищ → това́рищем 同僚 иностра́нец → иностра́нцем 外国人
 b) 格変化すると語尾にアクセントが移る場合 → -о́м
  каранда́ш → карандашо́м 鉛筆 оте́ц → отцо́м 父
2) -жа, -ча, -ша, -ща, -ца で終わる女性名詞は以下のようになります。
 a) 語幹にアクセントがある場合 → -ей
  ту́ча → ту́чей 雨雲 у́лица → у́лицей 通り
 b) 語尾にアクセントがある場合 → -о́й
  свеча́ → свечо́й ろうそく овца́ → овцо́й 羊
3) -ем, -ей ではなく -ём, -ёй になる語もあります。
  слова́рь → словарём 辞書 земля́ → землёй 土地

2 造格の使い方（1） 道具・手段

造格の用法は多岐にわたりますが、最も基本的なのは**道具**を表す用法です。

Он пи́шет ру́чкой. 彼はペンで書いています。
Она́ ре́жет мя́со ножо́м. 彼女はナイフで肉を切っています。
Я живу́ му́зыкой. 私は音楽が生きがいです（音楽によって生きています）。

3 造格の使い方（2） 受け身の文の動作主

受け身の文の動作主（～によって）は造格で表されます。例えば受け身の意味を持つ -ся 動詞（→ p.107）を使った文で見てみましょう[1]。

Э́та кни́га чита́ется большинство́м дете́й.
  この本は大多数の子どもたちによって読まれています。
Но́вый дом стро́ится его́ компа́нией.
  新しい家が彼の会社によって建設されています。

1 受動態は -ся 動詞を使う構文以外の作り方もあります。詳しくは p.230-233 を参照。

Конфере́нция организу́ется о́бществом молоды́х учёных.
若手研究者たちの団体によって会議が開催されています。

練習 1　次の(　)内の語を単数造格に直し、全文を日本語に訳しましょう。

1) Мы откры́ли дверь (ключ).
2) Вы всегда́ пла́тите (ка́рточка)?
3) Ру́сские едя́т[2] ры́бу (ви́лка).
4) Он живёт (любо́вь).
5) Она́ посла́ла откры́тку (авиапо́чта).
6) Все догово́ры утвержда́ются (парла́мент).

補足 мать（母）と дочь（娘）の 2 つは特殊な変化をします。単数変化は右のとおりです。このパターンで変化するのはこの 2 語だけなので、まとめて覚えてしまいましょう。

主	мать	дочь
生	ма́тери	до́чери
与	ма́тери	до́чери
対	мать	дочь
造	ма́терью	до́черью
前	ма́тери	до́чери

4 造格を要求する前置詞（1）

с +〔造〕　「～と一緒に、ともに、～をもって」(＝ with)

Она́ пьёт чай с лимо́ном.　彼女はレモン入りの紅茶を飲んでいます。
Я живу́ с ма́терью.　私は母と暮らしています。
Она́ у́чится вме́сте с Ната́шей.　彼女はナターシャと一緒に学んでいます。
Он познако́мился со[3] студе́нтом МГУ.　彼はモスクワ大の学生と知り合いました。

с +〔造〕によって、心理状態や感情を表すこともできます。

Они́ смотре́ли
- с интере́сом.　彼らは興味を持って見ていました。
- с внима́нием.　〃　注意深く見ていました。
- с удивле́нием.　〃　驚いて見ていました。

---

[2] есть（食べる）は不規則変化の動詞です（я ем, ты ешь, он ест, мы еди́м, вы еди́те, они́ едя́т）。быть の現在形 есть とは別の動詞なので注意しましょう。

[3] со という形は с のヴァリエーションです。「з, с, ш ＋子音」で始まる語の前や、慣用的に決まっている個々の表現の中でこの形になります。
со столо́м (< стол) 机と　　со злом (< зло)　悪と　　со льдом(< лёд)　氷入りの

с＋〔造〕とは逆に、「〜なしで」（＝without）という場合は без＋〔生〕を使います。

Я пью чай без са́хара. 私は砂糖抜きで紅茶を飲みます。
Де́ти слу́шали без интере́са. 子どもたちは興味なさそうに聞いていました。

5 代名詞・一致定語の単数造格

人称代名詞と再帰代名詞の造格

主	я	ты	он	оно́	она́	мы	вы	они́	
造	мной	тобо́й	им (ним)		ей (ней)	на́ми	ва́ми	и́ми (ни́ми)	собо́й

* 右端が再帰代名詞です。(　) 内は、前置詞を伴うときの形です。

疑問詞 что と кто の造格

主	что	кто
造	чем	кем

Чем ты рису́ешь? 君は何を使って描いているの？
С кем вы у́жинали вчера́? 昨日、あなたは誰と一緒に夕食をとったのですか？
Я не хочу́ с ва́ми говори́ть. あなたとは話をしたくありません。
Он обеща́ет быть со мной[4]. 彼は私と一緒にいると約束してくれている。

練習 2　次の(　)内の語を造格に直しましょう。

1) С (что) вы бу́дете пить чай?
2) Вы у́читесь вме́сте с (она́)?
3) Я хочу́ жить с (ты).
4) О чём ты говори́ла с (они́)?
5) Э́то пра́вда, что О́ля обща́ется с (он)?
6) Не хоти́те рабо́тать с (мы)?

所有代名詞の単数造格

	主	造	主	造	主	造	主	造	主	造
男	мой	мо**и́м**	твой	тво**и́м**	наш	на́ш**им**	ваш	ва́ш**им**	свой	сво**и́м**
中	моё		твоё		на́ше		ва́ше		своё	
女	моя́	мо**е́й**	твоя́	тво**е́й**	на́ша	на́ш**ей**	ва́ша	ва́ш**ей**	своя́	сво**е́й**

* его́, её, их は不変化なので省略します。

[4] с は мной と結びつく場合、必ず со という形になります。

指示代名詞 этот の単数造格		
	主	造
男	э́тот	э́тим
中	э́то	
女	э́та	э́той

На́ша ко́шка игра́ет с ва́шей соба́кой.　うちのネコがお宅の犬と遊んでいるわ。
Вчера́ я случа́йно встре́тился с твои́м му́жем.
昨日、偶然君のご主人と会ったよ。
Неда́вно мы познако́мились с э́тим мужчи́ной.
最近私たちはこの男性と知り合いました。
На́ша соба́ка дру́жит с э́той ко́шкой.　うちの犬はこのネコと仲良しです。

練習 3　次の(　)内の語を単数造格に直しましょう。

1) Я случа́йно встре́тился с (твоя́ сестра́).
2) Он ре́дко у́жинает со (своя́ дочь).
3) Мы познако́мились с (ваш сын).
4) В суббо́ту мы обе́дали вме́сте с (наш сосе́д).
5) Он до́лго рабо́тал с (э́тот бизнесме́н).
6) Как вы познако́мились с (э́та же́нщина)?

形容詞の単数造格						
	硬変化 I		硬変化 II		軟変化	
	主	造	主	造	主	造
男	кра́сный	кра́сным	голубо́й	голубы́м	си́ний	си́ним
中	кра́сное		голубо́е		си́нее	
女	кра́сная	кра́сной	голуба́я	голубо́й	си́няя	си́ней

ほかの格と同じく、所有代名詞、指示代名詞、形容詞のいずれも、男性と中性は造格では同じ形になります。また、女性形は前置格、生格、与格と造格が同じ形です。

За́втра бу́дет дождь с си́льным ве́тром.
明日は強風を伴った雨になるでしょう。
Он живёт с краси́вой москви́чкой.　彼は美しいモスクワ女性と暮らしています。
С каки́м заво́дом сотру́дничает ва́ша фи́рма?
貴社はどの工場と協力しているのですか？

Мы бу́дем есть суп со све́жей смета́ной.
私たちは新鮮なサワークリームを入れてスープを飲むでしょう。

練習4 次の(　)内の語を単数造格に直しましょう。

1) С (кака́я страна́) они́ сотру́дничают?
2) С (како́е чу́вство) вы вспомина́ете своё де́тство?
3) Он познако́мился с (бе́дный ма́льчик).
4) Тепе́рь он живёт с (друга́я же́нщина).
5) Мы еди́м рис со (све́жая ры́ба).
6) В э́том музе́е они́ впервы́е познако́мились с (совреме́нное иску́сство).

6 造格を要求する動詞

補語に造格を要求する動詞は多数見られます。代表的なものを覚えましょう。

интересова́ться +〔造〕　「～に興味・関心がある」

– Чем вы интересу́етесь?　「何に興味がありますか？」
– Я интересу́юсь класси́ческой му́зыкой.　「私はクラシック音楽に興味があります」

занима́ться +〔造〕　「(勉強、スポーツ、仕事などを）する、従事する」

Я занима́юсь англи́йским языко́м.　私は英語を勉強しています。
Он занима́ется спо́ртом.　彼はスポーツをやっています。
Она́ занима́ется нау́чной рабо́той.　彼女は学術的な仕事に就いています。

руководи́ть +〔造〕　「～を指導する」

Он руководи́т рабо́чим движе́нием.　彼は労働運動を指導しています。

по́льзоваться +〔造〕　「～を利用する、享受する」

Обы́чно я не по́льзуюсь ли́фтом.　普段私はエレベーターは使いません。

боле́ть +〔造〕　「～を患う」

Сейча́с мно́го люде́й боле́ют гри́ппом.　今多くの人がインフルエンザにかかっている。

練習 5　次の文をロシア語で言いましょう。

1) 彼はロシア語を勉強しています。
2) 私たちは日本に関心があります。
3) 私はサッカーをやっています。
4) 彼はパソコンを使っていません。
5) 私はガン (рак) を患っています。
6) 彼はモスクワ大の学生を指導しています。

7 造格を要求する前置詞 (2)

造格を要求する前置詞は、с 以外にもたくさんあります。

над +〔造〕　「〜の上で」

Ла́мпа виси́т над столо́м.　ランプがテーブルの上に吊る下がっています。
Самолёт лете́л над Москво́й.　飛行機はモスクワ上空を飛んでいました。

над +〔造〕は英語の above に相当し、「接触せずに何かの上にある」ことを意味します。これに対して、на +〔前〕は英語の on に相当し、「何かの上に接触しながら載っている」という状況を表します (Кни́га лежи́т на столе́.)。

под +〔造〕　「〜の下で」

Мы пойма́ли ко́шку под дива́ном.
私たちはソファーの下でネコを捕まえました。
Он трениру́ется под руково́дством о́пытного тре́нера.
彼は経験豊かなコーチの指導の下で練習しています。

перед +〔造〕　「〜の前に」

Перед на́шим до́мом стои́т берёза.　我が家の前には白樺の木が立っています。
Я включи́л компью́тер перед нача́лом рабо́ты.
仕事の始まる前に私はパソコンをつけました。

за +〔造〕　「〜の向こう側、裏に」

Он живёт за реко́й.　彼は川の向こう側に住んでいます。
За холмо́м была́ ма́ленькая дере́вня.　丘の向こうに小さな村がありました。

ря́дом с +〔造〕 「～の隣に、～と並んで」

Ря́дом с вокза́лом есть зоопа́рк. 駅の隣に動物園があります。

Ря́дом с мое́й до́черью сиди́т незнако́мый па́рень.
うちの娘の隣に見知らぬ青年が座っている。

これで名詞の 12 の変化形のうち、右表のものを学習しました。
単数形は、6 つの格すべてがそろいました。

	単	複
主	○	○
生	○	○
与	○	
対	○	○
造	○	
前	○	

練習 6 前置詞に気をつけながら、次の文を日本語に訳しましょう。

1) Пти́цы летя́т над голово́й.
2) Две де́вушки сидя́т под де́ревом.
3) Они́ всегда́ мо́лятся перед обе́дом.
4) За окно́м шумя́т дере́вья.
5) Апте́ка нахо́дится ря́дом с больни́цей.

ロシア語あれこれ

あいさつ（6）

поздравля́ть ＋〔対〕＋「с ＋〔造〕」で、「～を～のことで祝福する」という意味になります。

Поздравля́ю вас с Но́вым го́дом! 私はあなたに新年の祝福を言います。（＝あけましておめでとうございます）

Поздравля́ю тебя́ с побе́дой! 勝利おめでとう！

поздравля́ть と〔対〕の部分を省略して、「с ＋〔造〕」だけでも、「～おめでとう」という意味で使われます。

С Но́вым го́дом! あけましておめでとう！
С Рождество́м! メリー・クリスマス！
С пра́здником! 祝日おめでとう！
С днём рожде́ния! お誕生日おめでとう！

第15課

Уро́к 15 (Пятна́дцать)

1 生格の使い方（4）否定生格（つづき）
Она́ не чита́ла э́того расска́за.

2 数量詞
В за́ле мно́го студе́нтов.

3 相互代名詞 друг дру́га
Мы уважа́ем друг дру́га.

4 造格の使い方（3）述語造格
Он ра́ньше был врачо́м.

5 造格の使い方（4）～として／～のように
– Кем вы рабо́таете?　– Я рабо́таю инжене́ром.

6 形容詞の短語尾
Она́ краси́ва.

1 生格の使い方（4）否定生格（つづき）

p.84 で、「存在の否定」を表す場合（～がない、いない）に主語が生格になる「否定生格」を学びましたが、**否定文の対格補語も生格になる**ことがあります。これもやはり「否定生格」の一種です。

Она́ не чита́ла э́того расска́за.	彼女はそのお話を読んでいません。
Они́ не зна́ют конца́ э́того фи́льма.	彼らはこの映画の結末を知りません。
Я не ви́дел э́той карти́ны.	私はこの絵を見たことがありません。
Он не лю́бит ци́рка.	彼はサーカスが好きではありません。

ただし、「存在の否定」と違って、「否定文の対格補語」の場合、現代ロシア語では生格にならず対格のままであることも多くなりつつあります[1]。

Она́ не чита́ла э́тот расска́з.	彼女はそのお話を読んでいません。
Я не ви́дел э́ту карти́ну.	私はこの絵を見たことがありません。

[1] どの場合に対格が許容されるかは、名詞や動詞の意味、語順、話者の好みなどによって揺れがあります。

練習 1 否定生格に注意しながら、次の文を日本語に訳しましょう。

1) Я не зна́ю неме́цкого языка́.
2) Он никогда́ не де́лает оши́бок.
3) Они́ не отмеча́ют Рождества́.
4) Я ещё не купи́л пода́рка для неё.
5) Я не ви́дел тако́й прекра́сной де́вушки, как[2] она́.
6) Они́ не зна́ют свое́й ро́дины.

2 数量詞

数詞と名詞の組み合わせによって名詞が生格に変化する（→ p.89）のと同じように、мно́го（たくさんの）、немно́го[3]（少しの）、ма́ло（わずかの）、не́сколько（いくつかの）、ско́лько（いくつの）などの語も生格を要求します。これらの語と結びつくとき、**可算名詞は複数生格、不可算名詞は単数生格**になります。

В за́ле мно́го студе́нтов.	ホールにたくさんの学生がいます。
Они́ укра́ли[4] не́сколько автомоби́лей.	彼らは何台かの車を盗みました。
У меня́ есть немно́го до́лларов.	私はドルを少し持っています。
У меня́ ма́ло де́нег.	私はお金が少ししかありません。
Ско́лько книг в э́той библиоте́ке?	この図書館には何冊の本がありますか？
Он пьёт мно́го во́дки.	彼はたくさんのウォッカを飲みます。
Мать купи́ла немно́го мя́са.	母はお肉を少し買いました。
Ско́лько сейча́с вре́мени[5]?	今何時ですか？（→ p.90）

о́ба（両方の）は**２と同じで単数生格**を要求します。男性･中性形が о́ба、女性形が о́бе です。

о́ба ма́льчика	両方の少年	о́ба окна́	両方の窓
о́бе де́вочки	両方の少女		

以上のような量を表す語と個数詞を合わせて「数量詞」と呼びます。

[2] この場合の как は、「どのような」という意味の疑問詞ではなく、「〜のような」という意味の接続詞です。тако́й 〜 , как... で「…のような〜」という意味になります。
[3] немно́го は「少しはある」という肯定的意味で（=a few）、ма́ло は「少ししかない」という否定的意味（=few）です。
[4] укра́сть（盗む）は不規則変化の動詞で、過去形は〔男〕укра́л〔女〕укра́ла〔中〕укра́ло〔複〕укра́ли となります。
[5] вре́мя も час も「時間」という意味ですが、вре́мя は英語の time に相当する不可算名詞、час は hour に相当する可算名詞です。

補足 数量詞と同じく量を表す語には мно́гие（多くの）や не́которые（いくつかの）などもありますが、これらは形容詞と同じ扱いになるので、名詞を生格にする必要はありません。

Мно́гие же́нщины лю́бят чита́ть.	多くの女性が本を読むのが好きです。
Не́которые студе́нты не зна́ют, кто ре́ктор.	何人かの学生は誰が学長か知りません。

練習 2 可算名詞か不可算名詞かに注意しながら、(　)内の語を適切な形に直しましょう。

1) мно́го (вода́)　2) не́сколько (страни́ца)　3) немно́го (сча́стье)
4) ско́лько (рубль)　5) мно́го (оши́бка)　6) ма́ло (же́нщина)
7) не́сколько (институ́т)　8) немно́го (вре́мя)　9) ма́ло (о́пыт)

3 друг дру́га「お互いに」

друг дру́га は、「お互いに」を意味する成句です。文中の格に応じて 2 番目の語のみ格変化させます。

Мы уважа́ем друг дру́га.	私たちはお互いに尊敬し合っています。（対格）
Мы пи́шем пи́сьма друг дру́гу.	私たちはお互いに手紙を書いています。（与格）

この друг は活動体扱いなので、対格は生格と同じ дру́га です。また、主格として使うことはないので、друг друг という形はありません。
前置詞を伴うときは、1 番目の друг の後に前置詞が入ります。

Мы живём друг для дру́га.	私たちはお互いのために生きています。
Мы говори́м друг о дру́ге.	私たちはお互いのことを話しています。
Они́ познако́мились друг с дру́гом.	彼らは知り合いになりました。

練習 3 次の(　)内に、друг дру́га を適切な形に直して入れましょう。

1) Они́ зна́ют (　) (　).
2) Мы помога́ем (　) (　).
3) Они́ сиде́ли ря́дом (　) с (　).
4) Ко́ля и Ната́ша ча́сто звоня́т (　) (　).
5) Оте́ц и мать руга́ют (　) (　).

4 造格の使い方(3) 述語造格

быть とともに述部を形成する名詞も造格となります。次の6つを比べてください。

[1] Он врач. 彼は医師です。(現在)
[2] Он ра́ньше был врачо́м. 彼は以前医師でした。(過去)
[3] Он ско́ро бу́дет врачо́м. 彼はまもなく医師になります。(未来)
[4] Он хо́чет быть врачо́м. 彼は医師になりたいと思っています。(不定形)
[5] Он был краси́вым. 彼はハンサムでした。(過去)
[6] Он бу́дет краси́вым. 彼はハンサムになるでしょう。(未来)

すでに習ったように、現在時制では普通 быть は省略され、述語名詞は主格で表されます(→ [1])。一方、быть が省略されない**過去時制と未来時制では、述語名詞は原則として造格**になります (→ [2][3])[6]。また、быть が不定形で用いられる場合も、述語名詞は造格になります (→ [4])。**述語部分に形容詞が入る場合も、原則として造格**になります (→ [5] [6])[7]。

注意!

「これ・それはAだった」「これ・それはAになるだろう」というタイプの構文では、быть は э́то ではなく A と一致するので注意しましょう。下の例文では、быть はいずれも下線部と一致しています。

Э́то был мужско́й костю́м. それは男性用のスーツでした。(過去・男)
Э́то была́ же́нская оде́жда. それは女性服でした。(過去・女)
Э́то бу́дут истори́ческие вы́боры[8]. それは歴史的な選挙になるでしょう。(未来・3複)

練習 4 次の文を過去形と未来形に直しましょう。

1) Мой брат – перево́дчик.
2) Он национа́льный геро́й.
3) Мы счастли́вая семья́.
4) Ты вели́кий худо́жник.
5) Ива́н Никола́евич – наш сосе́д.
6) Профе́ссор Ивано́в – мой нау́чный руководи́тель.
7) Э́то сюрпри́з.
8) Э́то большо́е откры́тие.

[6] ただし、下の例のように永続的な状態を表す場合は主格をとることもあります。
Э́тот челове́к был мой оте́ц. その人は私の父親でした。
[7] 形容詞の場合も、永続的な状態を表す場合は造格ではなく主格になることがあります。
Он был краси́вый. / Он бу́дет краси́вый.
[8] вы́бор(選択)が複数形になると、「選挙」という意味になります。

быть 以外でも、英語のいわゆる **SVC 構文の C** にあたるものはふつう**造格**になります。

He became a doctor.
S V C

Он стал врачо́м.	彼は医師になりました。
Москва́ явля́ется столи́цей Росси́и.	モスクワはロシアの首都です。
Он оказа́лся до́брым челове́ком.	彼は善良な人だとわかりました。
Она́ счита́ется хоро́шим специали́стом.	彼女は優秀な専門家だと考えられています。

上の下線部の動詞 стать (〜になる)、явля́ться (〜である)、оказа́ться (〜であることがわかる)、счита́ться (〜と考えられている) は、いずれも造格補語を要求します。
また、**SVOC 構文の C も原則として造格**になります。

I consider him a friend.
S V O C

Я счита́ю его́ хоро́шим дру́гом.	私は彼をよい友人だと考えています。
До́ма его́ называ́ют Шу́риком.	家では彼はシューリクと呼ばれています。

格のとり方に注意しましょう。

счита́ть ＋〔対〕＋〔造〕＝「〔対〕を〔造〕だと考える」
называ́ть ＋〔対〕＋〔造〕＝「〔対〕を〔造〕と呼ぶ」[9]

練習 5　次の(　　)内の語を適切な形に直しましょう。

1) Она́ ста́ла (учи́тельница).
2) Кремль счита́ется (центр) страны́.
3) Луна́ явля́ется (спу́тник) Земли́.
4) Мы счита́ем его́ (весёлый челове́к).
5) Он счита́ет меня́ (дура́к).
6) Я счита́ю её (у́мная де́вушка).

[9] ただし、名前や呼称の部分が主格になることもあります (До́ма его́ называ́ют Шу́рик)。p.124 で習った名前の表現も、名前の部分は主格だけでなく、場合によっては造格も可能です (Меня́ зову́т Оле́г / Меня́ зову́т Оле́гом)。

5 造格の使い方(4)~として/~のように

これも述語造格の一種ですが、職業や身分を表す場合(「~として」)や、様態を表す場合(「~のように」)も造格が用いられます。

– Кем вы рабóтаете? 「ご職業は(何者として働いているのですか)?」
– Я рабóтаю инженéром. 「エンジニアです(私はエンジニアとして働いています)」

Врéмя летúт стрелóй. 光陰矢のごとし(時間は矢のように飛ぶ)。
Онá вы́глядела старýхой. 彼女は老婆のように見えました。

練習6 次の( )内の語を適切な形に直し、全文を日本語に訳しましょう。

1) Мой муж рабóтает (учúтель) в шкóле.
2) Я рабóтаю (шофёр).
3) Вéтер выл (волк).
4) Сóлнце свéтит (зóлото).

6 形容詞の短語尾

これまでに出てきた形容詞は長語尾と呼ばれるもので、性・数・格によって変化をします。ロシア語の形容詞にはこれ以外に短語尾と呼ばれる形があります。**形容詞短語尾は格変化せず、性と数によってのみ変化**します。変化パターンは以下のとおりです。

長語尾(男性主格)	短語尾			
	男性形	女性形	中性形	複数形
-ый / -ой / -ий	-[語尾なし]	-а	-о	-ы
красúвый(美しい)	красúв	красúва	красúво	красúвы
зáнятый(忙しい、ふさがっている)	зáнят	занятá	зáнято	зáняты
молодóй(若い)	мóлод	молодá	мóлодо	мóлоды
дорогóй(高価な、大切な)	дóрог	дорогá	дóрого	дóроги [*1]
одинóкий(孤独な)	одинóк	одинóка	одинóко	одинóки [*1]
хорóший(よい)	хорóш	хорошá	хорошó	хорошú [*2]

 **注意！**

1) 短語尾ではアクセントが移動することが多いので、一つずつ覚えましょう[10]。
2) 短語尾複数形は、語幹が -г, -к, -х, -ж, -ч, -ш, -щ で終わっている場合、正書法の規則 (→ p.39) が適用されるので、語尾が -ы ではなく -и になります（前ページ表の *1）。
3) 軟変化形容詞が短語尾になることはまれですが、短語尾になるものは例外的なパターンをとることが多いので、個別に覚えましょう。хоро́ший は規則通りに作られますが（前ページ表の *2)、以下のようなものもあります。

могу́чий（力強い）→ могу́ч / могу́ча / могу́че / могу́чи
си́ний（青い）→ синь / си́ня / си́не / си́ни

4) большо́й（大きい）と ма́ленький（小さい）には短語尾がないため、それぞれ вели́кий（偉大な）と ма́лый（小さい）の短語尾で代用します。

большо́й → вели́к / велика́ / велико́ / велики́
ма́ленький → мал / мала́ / мало́ / малы́

5) 長語尾のみで短語尾がないもの、あるいは逆に短語尾のみで長語尾がないものもあります。これらも個別に覚えましょう。短語尾のみの形容詞の例としては以下のようなものがあります。

рад / ра́да / ра́до / ра́ды（うれしい）

6) 語幹末尾に子音が連続している場合、男性形短語尾で出没母音 о または е (→ p.68) が現れることがあります。

свобо́дный（自由な）→ свобо́ден / свобо́дна / свобо́дно / свобо́дны
согла́сный（賛成の）→ согла́сен / согла́сна / согла́сно / согла́сны
сла́дкий（甘い）→ сла́док / сладка́ / сла́дко / сла́дки
больно́й（病気の）→ бо́лен / больна́ / больно́ / больны́
споко́йный（穏やかな）→ споко́ен / споко́йна / споко́йно / споко́йны

◆ 形容詞短語尾の用法

形容詞長語尾は修飾語としても述語としても用いることができますが、**短語尾は述語としてしか用いられません。**

Она́ краси́вая.	彼女は美しいです。（述語）
краси́вая же́нщина	美しい女性（修飾語）
Она́ краси́ва.	彼女は美しいです。（述語）

[10] 移動するパターンとしては、女性形だけ移動するもの（例：за́нятый）と、女・中・複数形で移動するもの（例：хоро́ший）が多いです。

述語で用いられた場合、長語尾は恒常的・普遍的な性質を表し、短語尾は一時的・相対的な性質を表します。

Он здоро́вый.	彼は健康だ。（＝もともと健康な人間である）
Он здоро́в.	彼は元気だ。（＝現時点では健康である）

Вода́ в реке́ холо́дная.	川の水は冷たい。（＝誰にとっても冷たい）
Вода́ в реке́ холодна́ для купа́ния.	川の水は泳ぐには冷たい。 （＝泳ぐには冷たいが飲むには適温、など）

補足 形容詞短語尾中性形は副詞としても用いられます。

Она́ поёт краси́во.	彼女はきれいに歌います。
Он говори́т по-ру́сски свобо́дно.	彼は流暢にロシア語を話します。

p.122 で学んだ -о で終わる副詞は、全て形容詞短語尾中性形です。

練習 7　次の文を日本語に訳しましょう。

1) – Ты сего́дня свобо́ден? – Нет, я за́нят.
2) Э́та оде́жда ей сли́шком велика́.
3) Фильм был мне интере́сен.
4) Дома́шнее зада́ние бы́ло тру́дно для студе́нтов.
5) Они́ живу́т ве́село и дру́жно.

ロシアのことわざ (2)

短語尾を使ったことわざを読んでみましょう。

Оста́тки сла́дки.	残り物は甘い。（＝「残り物には福がある」）
Какова́ ма́тка, таковы́ и де́тки.	この母にしてこの子あり。
Ко́зы сы́ты и капу́ста цела́.	ヤギが満腹ならキャベツは無事。
И во́лки сы́ты и о́вцы це́лы.	狼も満腹だし羊も無事。

下の２つは、「普段は怖い敵でも、満ち足りているときには危険ではない」という意味です。いつもは怖い先生が今日はなぜか上機嫌で、答えを間違っても全然怒られなかったときなどに使いましょう。

第16課

Уро́к 16 (шестна́дцать)

1 動詞の体

Я сейча́с чита́ю кни́гу. / Я уже́ прочита́л кни́гу.

2 時間関係の副詞的要素と体

Он занима́лся весь день [всю ночь].

3 理由の表現

– Почему́ вас вчера́ не́ было на рабо́те? – Потому́ что я заболе́л.

1 動詞の体

ロシア語の動詞には体（たい）（アスペクト）の区別があります。すべての動詞は「不完了体」「完了体」のいずれかに属し、多くの動詞は**不完了体と完了体で一つのペアを形成**します。つまり、同じ意味の動詞でも、

「読む」→ чита́ть（不完了体）/ прочита́ть（完了体）
「書く」→ писа́ть（不完了体）/ написа́ть（完了体）

のように不完了体動詞と完了体動詞を 1 つずつ持っていて、その両方を覚えなければなりません。2 つの体はおおむね以下のように使い分けられます。

体の用法

不完了体	完了体
【進行・過程】 Я сейча́с чита́ю кни́гу. 私は今、本を読んでいる。 Фильм конча́лся. 映画は終わるところだった。 Ба́бушка умира́ла. 祖母は死にかけていた。	【完了】 Я уже́ прочита́л кни́гу. 私は本を読んでしまった。 Фильм ко́нчился. 映画は終わった。 Ба́бушка умерла́. 祖母は死んでしまった。
【継続】 Она́ до́лго крича́ла. 彼女は長い間叫んでいた。 Я давно́ не ви́дел Ива́на. 私は長いことイワンに会っていない。	【一瞬】 Она́ вдруг кри́кнула. 彼女は突然叫び声を上げた。 Я уви́дел Ива́на. 私はイワンに気づいた。

体の用法

不完了体	完了体
【繰り返し】 Он ка́ждый день получа́ет пи́сьма. 彼は毎日手紙を受け取っている。 Я ча́сто встреча́ю Са́шу на рабо́те. 私はしばしばサーシャに職場で会う。	【一回】 Вчера́ он получи́л письмо́. 昨日彼は手紙を受け取った。 Сего́дня я встре́тил Са́шу на рабо́те. 今日私はサーシャに職場で会った。
【結果の不存続】 Почему́ ты но́чью встава́л? なぜ夜中に起きたの？ (一旦起きたが、また寝た場合) Кто открыва́л окно́? 誰が窓を開けたの？(今は閉まっている)	【結果の残存・存続】 Почему́ ты встал так ра́но? なぜこんなに早く起きたの？ (今現在、起きている相手に向かって) Кто откры́л окно́? 誰が窓を開けたの？(今も開いている)
【行為の有無の確認・経験】 – Вчера́ ты писа́л письмо́? 「昨日は手紙を書いたの？」 – Да́, писа́л. 「うん、書いたよ」(書き終えたかは不明) – Вы смотре́ли э́тот фильм? 「この映画は見ましたか？」 – Нет, не смотре́л. 「いいえ、見ていません」 (見終わったかは意識されていない) – Вы чита́ли э́тот рома́н? 「この小説は読んだことがありますか？」 – Да, чита́л. 「はい、あります」(経験)	

注意！

1) 大多数の動詞は完了体と不完了体でペアを形成しますが、片方の体しかない場合もあります。

【不完了体しかない動詞の例】　жить（生きている）име́ть（所有している）

【完了体しかない動詞の例】　захоте́ть（ほしくなる、～したくなる）

2) これらの用法の境界線は曖昧で、厳密に規定できない場合や、複数の意味を兼ね備えている場合もあります。

Она́ до́лго и мно́го раз крича́ла.　彼女は長い間、何度も叫んだ。(継続・繰り返し)

3) 不完了体が連続して出てくる場合は、複数の動作が同時進行していることを表し、完了体が連続して出てくる場合は、1つの動作を完了させてから次の動作に移ることを示しています。

Онá готóвила ýжин и слýшала рáдио.　彼女は夕食を作りながらラジオを聞いていた。

Они́ откры́ли буты́лку и вы́пили всю вóдку.

彼らは瓶を開けてウオッカを全部飲み干した。

4) 接続詞 когдá に導かれる文中で不完了体が用いられている場合は「～しているときに、している間」という意味になり、完了体が用いられている場合は「～してしまった後に、し終えてから、すると」という意味になります。

Он спал, когдá мы зáвтракали.　僕らが朝食をとっている間、彼は寝ていた。

Когдá я позáвтракал, мáма убралá посýду.　僕が朝食を終えると、母は食器を片づけた。

Когдá он уви́дел меня́, то óчень удиви́лся.　私を見つけると、彼は非常に驚いた。

参考：主な体の対応パターン

不完了体	完了体	意味
完了体は接頭辞がつく		
дéлать читáть писáть	сдéлать прочитáть написáть	する 読む、読書する 書く
不完了体は -ва- が加わる		
вставáть опáздывать спрáшивать	встáть опоздáть спроси́ть	起きる 遅れる 質問する
不完了体は -а- / -я- で、完了体は -и- になる		
получáть решáть отвечáть выполня́ть	получи́ть реши́ть отвéтить вы́полнить	受け取る 決める、解決する 答える 遂行する
不完了体は -а- で、完了体は -ну- になる		
привыкáть кричáть достигáть	привы́кнуть кри́кнуть дости́гнуть	慣れる 叫ぶ 達成する
不完了体が完了体より少し長い		
начинáть понимáть помогáть	начáть поня́ть помóчь	始める 理解する 助ける、手伝う
不完了体と完了体の形がまったく違う		
говори́ть брать	сказáть взять	言う、話す (手に) 取る、つかむ

※注意！
これ以外にも様々なパターンがあり、対応する形を予測することは非常に難しいので、**必ず個別に覚えていくこと**。

練習 1　日本語訳に合うよう、次の（　）内の動詞のうち適切な方を選びましょう。

1) Они́ до́лго (стро́или / постро́или) э́то зда́ние и наконе́ц (стро́или / постро́или) его́.
彼らは長い間その建物を建てていて、とうとうそれを建て終えました。

2) Вы (чита́ли / прочита́ли) «Войну́ и мир» Л.Н.Толсто́го?
あなたは L.N. トルストイの『戦争と平和』を読んだことがありますか？

3) Вы уже́ (чита́ли / прочита́ли) «Преступле́ние и наказа́ние» Ф.М.Достое́вского?
あなたは F.M. ドストエフスキーの『罪と罰』をもう読み終わったのですか？

4) Ка́ждое у́тро он (де́лает / сде́лает) заря́дку.
毎朝彼は体操をします。

5) Ты уже́ (де́лал / сде́лал) дома́шнее зада́ние?
あんた、もう宿題はやってしまったのかい？

6) Уче́бный год в Росси́и (начина́ется / начнётся) в сентябре́.
ロシアでは学年は 9 月に始まります。

2　時間関係の副詞的要素と体

時間関係を表す副詞的要素（状況語）の中には、決まった体としか結びつくことのできないものがあります。

1) **期間を示す対格＋不完了体**（継続の不完了体）

時間を表す名詞を対格で用いると、継続する時間を表します。この表現と一緒に使われるのは原則として不完了体です。

Они́ отдыха́ли неде́лю.	彼らは一週間休みました。
Он занима́лся весь день [всю ночь].	彼は一日中［一晩中］勉強していました。
Мы жда́ли вас це́лый час.	私たちはあなたをまる一時間待ちました。

上の赤字で示した部分が継続時間を表す対格、下線部の動詞はいずれも不完了体です[1]。
以下のような場合に注意しましょう。

---

[1] ただし、「少しの間持続して終わる 1 回の動作」を表す接頭辞 по- を伴う動詞や、「しばらく・一定の間持続して終わる 1 回の動作」を表す接頭辞 про- を伴う動詞は、完了体であっても時間の長さを表す要素と一緒に用いることができます。

Я посиде́л пять мину́т.	私は 5 分間座っていた。
Он про́жил три го́да в Москве́.	彼はモスクワに 3 年間暮らしていた。

– Как до́лго вы живёте в Япо́нии?　「どのぐらい日本にお住まいですか？」
– Я живу́ два го́да.　「2 年間住んでいます」

上の例文では、継続時間を表す対格は数詞 два の部分です。数詞も格変化します（これまで習ってきた数詞はすべて主格の形です。それ以外の格については巻末の文法表 p.249-250 参照）。この場合は主格と対格の形が等しいため、対格であるとは意識しにくいかもしれませんが、これもやはり継続時間を表す対格です。го́да は単数生格ですが、これは 2 と結びついているためです（→ p.89）。以下の例も同様です。

Он спал во́семь часо́в.　彼は 8 時間寝ました。
Там мы рабо́тали две неде́ли.　そこで私たちは 2 週間働きました。

いずれも赤字部分が対格（две は два の女性対格）で、часо́в は複数生格（8 と結びつくため）、неде́ли は単数生格（2 と結びつくため）です。

2) **頻度を示す対格＋不完了体**（繰り返しの不完了体）

「毎～」と言う場合は、時間を表す名詞に ка́ждый をつけて対格にします。男・中性名詞は主格と対格が等しい形ですが、女性名詞は異なるので注意しましょう。

Я рабо́таю ка́ждый день.　毎日私は働いています。
Ка́ждую суббо́ту я смотрю́ э́ту переда́чу.　毎週土曜日、私はこの番組を見ます。

繰り返しを表す文なので、使われる動詞はいずれも不完了体です（下線部）。
また、「～回」と言う場合は、раз（回）を使って以下のように表します。

– Как ча́сто вы быва́ете в университе́те?　「どのくらいの頻度で大学に来ますか？」
– Я быва́ю раз [два ра́за / пять раз] в неде́лю[2].　「週に 1 回［2 回 / 5 回］です」

赤字の部分が対格です。「1 回」は оди́н раз ですが、оди́н は通常省略され、раз を単数対格（形は単数主格と同じ）にします。「2 回」の場合は、数詞 два が対格で ра́за は単数生格、「5 回」では数詞 пять が対格で、раз は複数生格です（単数主格と同形ですが、これは不規則変化です）。

3) **за ＋〔対〕＋完了体**「～の間に、～で、～のうちに」（完了に要する期間）

за＋〔対〕で、ある動作を完了させるために要する期間を表します。この場合、動詞は原則として完了体が用いられます。

---

[2] в ＋〔対〕で単位期間（～につき）を表します。

три ра́за в год	1 年間に 3 回
не́сколько раз в три ме́сяца	3 か月に何回か
сто киломе́тров в час	毎時 100 キロメートル

– За ско́лько вре́мени ты сде́лал дома́шнее зада́ние?
「どのくらいの時間で宿題をすませたの？」
– Я сде́лал дома́шнее зада́ние за час [за мину́ту / за два дня / за неде́лю].
「1時間［1分 / 2日 / 1週間］ですませたよ」

赤字の箇所が за＋〔対〕の部分です。期間を表す表現が「数詞＋名詞」の場合、1) や 2) の場合と同じく、数詞部分が対格になり、名詞は数詞によって単数生格もしくは複数生格になります[3]。

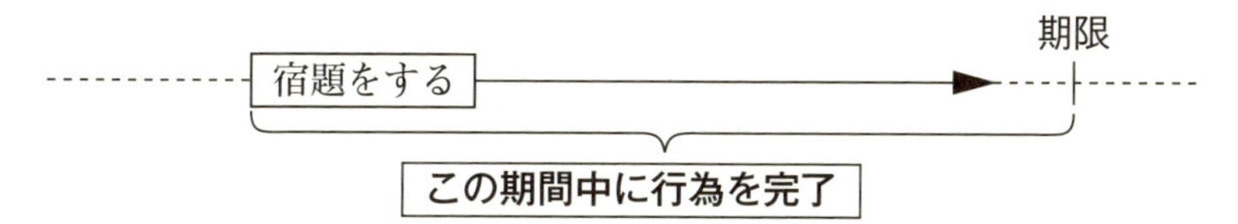

一緒に使われる動詞が完了体なのは、за＋〔対〕が、「ある期間内に行為を完了させる」ということを表す際に用いられる表現だからです。

4) **на＋〔対〕＋完了体**「〜の予定で」(結果残存の期間)

どのぐらいの予定で行うかを表す場合、「на ＋ 対格」を用います。通常、この表現と一緒に用いられる動詞は完了体です。

– На ско́лько дней вы взя́ли кни́гу в библиоте́ке?
「何日の予定で図書館から本を借りたのですか？」
– Я взял на неде́лю [на три дня / на де́сять дней / на две неде́ли].
「1週間［3日 / 10日 / 2週間］の予定で借りました」
(借りた結果として本が手元にある期間)

赤字で示したのが на＋〔対〕の部分です。時間を表す表現が「数詞＋名詞」の場合、それぞれの格は 1) ～ 3) のときと同じです。
一緒に使われる動詞が完了体なのは、「結果の残存」を表す完了体の用法と関係しています。

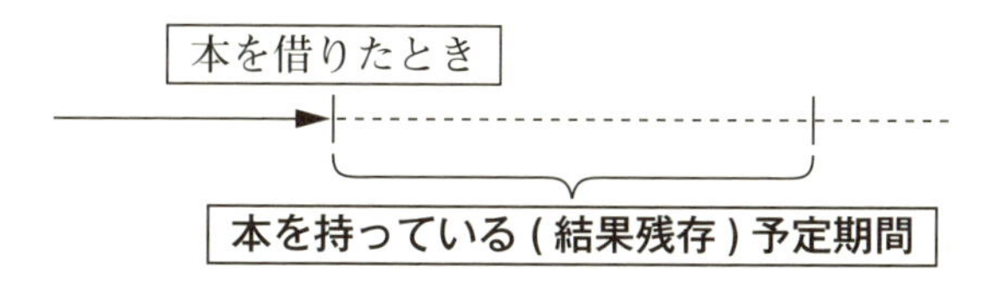

「どのくらいの予定で借りるのか」というのは、「借りた結果としてどのくらい本が手元にあるのか」、つまり、「《借りる》という行為の結果がどのくらい残存するのか」と解釈されるので、完了体が用いられるのです。

---

[3] ただし「1」の場合、оди́н を省略しないと「1」も「名詞」も対格になります。
Она́ похуде́ла на три килогра́мма за одну́ неде́лю. 彼女は1週間で3キロやせました。

練習 2 次の(　)のうち適切な体の動詞を選び、全文を日本語に訳しましょう。

1) Вчерá я (писáл / написáл) реферáт цéлый день.
2) Онá (помогáла / помоглá) емý в рабóте пять лет.
3) Моя́ бáбушка (получáет / полýчит) пéнсию раз в мéсяц.
4) Кáждый вéчер я (звоню́ / позвоню́) роди́телям.
5) Я (решáл / реши́л) все упражнéния за два часá.
6) Он (выполня́л / вы́полнил) всю рабóту за три недéли.
7) Он (уезжáл / уéхал) за грани́цу[4] на цéлый год.
8) Мы (останáвливались / останови́лись) в Москвé на дéсять дней.

3 理由の表現

理由を尋ねるときの疑問詞は почемý? (なぜ) で、それに対して答えるときは потомý что... (なぜなら) を使います。

– Почемý вас вчерá нé было на рабóте?　「なぜ昨日職場にいなかったのですか？」
– Потомý что я заболéл.　「病気になったからです」

これに対して、поэ́тому は「だから、そのため」を意味する順接の接続詞です。потомý что との使い方の違いに注意しましょう。

У негó боли́т гóрло, поэ́тому он сейчáс не кýрит.
彼はのどが痛いので、今はタバコを吸っていません。
Он сейчáс не кýрит, потомý что у негó боли́т гóрло.
彼は今タバコを吸っていません。なぜならのどが痛いからです。

ほかにも理由を表す接続詞として、так как (なぜなら、というのも) や、やや口語的な ведь (だって) などもあります。

Он сейчáс не кýрит, так как у негó боли́т гóрло.
彼は今タバコを吸いません。というのものどが痛いからです。
Он знáет всё, ведь он ýмный человéк.
彼は何でも知っているんだ、だって彼は頭のいい人だからね。

[4] за грани́цу: 外国へ

次の(　)に почему́, потому́ что, поэ́тому のうち適切なものを入れましょう。

1) Он не отвеча́л, (　　　) не знал ру́сского языка́.
2) Ва́ня уже сде́лал дома́шнее зада́ние, (　　　) сейча́с он смо́трит телеви́зор.
3) – (　　　) вы опозда́ли? – (　　　) была́ ужа́сная про́бка.
4) Он сдал экза́мен, (　　　) мно́го занима́лся.
5) Он мно́го занима́лся, (　　　) сдал экза́мен.

第17課

Уро́к 17 (семна́дцать)

1 体と時制
Он позвони́т жене́ за́втра.

2 命令形
Да́йте мне, пожа́луйста, чай с молоко́м.

3 不定形補語の体
Он обы́чно начина́ет рабо́тать в де́вять часо́в.

4 接続詞いろいろ
Он не говори́т по-япо́нски, хотя́ он япо́нец.

1 体と時制

不完了体と完了体では時制のあり方が違います。「読む」(чита́ть〔不完〕/ прочита́ть〔完〕)を例に整理してみましょう。

	不完了体：**чита́ть**		完了体：**прочита́ть**	
過去	〔男〕чита́л 〔女〕чита́ла 〔中〕чита́ло 〔複〕чита́ли	読んだ、読んでいた、 読み続けた、 読んだことがある、 (繰り返し) 読んだ etc.	〔男〕прочита́л 〔女〕прочита́ла 〔中〕прочита́ло 〔複〕прочита́ли	読んでしまった
現在	я чита́ю ты чита́ешь он чита́ет мы чита́ем вы чита́ете они́ чита́ют	読む、読んでいる、 読み続ける、 (繰り返し) 読む etc.		
未来	я бу́ду ты бу́дешь он бу́дет мы бу́дем вы бу́дете они́ бу́дут } чита́ть	読むだろう、 読んでいるだろう、 読み続けるだろう、 (繰り返し) 読むだろう etc.	я прочита́ю ты прочита́ешь он прочита́ет мы прочита́ем вы прочита́ете они́ прочита́ют	読んでしまうだろう

注意！

1) **完了体には現在時制がない**

完了体の基本的な意味は「動作の完了」（～してしまう）です。その場合、「すでに完了してしまった」か、「これから完了させる」かのいずれかしかありえません。完了体によって今現在のことを表現するのは不可能なので、現在時制が存在しません。

2) **不完了体と完了体は未来形の作り方が違う**

p.111 で学んだ未来形の作り方（быть の未来形＋動詞不定形）は、厳密に言うと不完了体動詞の未来形です。**完了体は、人称変化した形がそのまま未来時制を表します。**完了体動詞に быть の未来形を付して «Я бу́ду прочита́ть.» と言うことはできません。

Сейча́с я де́лаю дома́шнее зада́ние.　私は今宿題をやっています。（不完・現在）
За́втра я бу́ду де́лать дома́шнее зада́ние.　明日宿題をするでしょう。（不完・未来）
Я сде́лаю дома́шнее зада́ние за час.　私は1時間以内に宿題をすませます。（完・未来）
Он ка́ждый день звони́т жене́.　彼は毎日妻に電話します。（不完・現在）
Он позвони́т жене́ за́втра.　彼は明日妻に電話します。（完・未来）

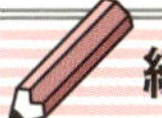

練習 1　動詞の体と時制に注意しながら、次の文を日本語に訳しましょう。

1) Сего́дня я обяза́тельно куплю́ хлеб.
2) Где вы обы́чно покупа́ете о́вощи?
3) Я позвоню́ ему́, когда́ поза́втракаю.
4) Когда́ я за́втракал, мне позвони́л Ива́н.
5) Когда́ начнётся э́та ле́кция?
6) Ле́тние кани́кулы начина́ются в ию́ле.
7) Ве́чером я встре́чусь с ним.
8) В после́днее вре́мя он ча́сто встреча́ется с ней.

2 命令形

命令形は、動詞を人称変化させたときの語幹末尾の文字によって作り方が異なります。相手が вы のときは、ты に対する命令形の語尾に -те を加えます。

		ты に対する形 / вы に対する形
語幹末尾が母音		語幹 + -й / -йте
語幹末尾が子音	アクセントが語尾	語幹 + -и́ / -и́те
	アクセントが語幹	語幹 + -ь / -ьте

* й と и́ はまぎらわしいので気をつけましょう。

рабо́тать: я рабо́таю, ... они́ рабо́тают → рабо́тай / рабо́тайте
говори́ть: я говорю́, ... они́ говоря́т → говори́ / говори́те
гото́вить: я гото́влю, ... они́ гото́вят → гото́вь / гото́вьте

子音交替 (→ p.98) が起こる場合、命令形の語幹は3人称複数に合わせます。
сиде́ть: я сижу́, ... они́ сидя́т → сиди́ / сиди́те
прости́ть: я прощу́, ... они́ простя́т → прости́ / прости́те

アクセントが移動する場合は、1人称単数のアクセントに準じます。
купи́ть: я куплю́, ... они́ ку́пят → купи́ / купи́те
сказа́ть: я скажу́, ... они́ ска́жут → скажи́ / скажи́те

補足 すでに習った Извини́те! (ごめんなさい) や Прости́те! (すみません) は、それぞれ извини́ть と прости́ть (いずれも「許す」を意味します) の命令形です。また、Здра́вствуйте! (こんにちは) も、もともとは здра́вствовать (健康である) という動詞の命令形です。相手が ты の場合は、それぞれ -те をとって、Извини́! / Прости́! / Здра́вствуй! と言いましょう。

Слу́шайте внима́тельно! 注意深く聞いてください。
Не кури́те в аудито́рии! 教室でタバコを吸わないでください。
Чита́й мно́го! たくさん読書しなさい。

より丁寧に言いたい場合は、英語の please にあたる пожа́луйста を添えましょう。

Скажи́те, пожа́луйста, где вы́ход? 出口はどこだか教えていただけますか？
Да́йте мне, пожа́луйста, чай с молоко́м. ミルクティーをください。
Пове́рь мне, пожа́луйста! どうか私を信じて！

Помоги́те мне, пожа́луйста!　　どうか私を助けてください。

注意！

命令形の作り方には例外が多く、また個別に覚えなければならないものもあります。

1) -овать 動詞と -авать 動詞（→ p.116）の命令形の作り方に注意しましょう。
   -овать 動詞は規則通りに命令形を作ります。
   〔例〕организова́ть: я организу́ю, ... они́ организу́ют → организу́й(те)
   一方、-авать 動詞は、たとえば дава́ть（与える）なら я даю́, ... они́ даю́т のように人称変化しますが、命令形は дай(те) ではなく дава́й(те) になります。встава́ть（起きる）、преподава́ть（教える）なども、命令形はそれぞれ встава́й(те), преподава́й(те) です。
2) пить（飲む）は я пью, ... они́ пьют と変化しますが、命令形は пе́й(те)。бить（打つ、叩く）の命令形も同様に бе́й(те) になります。
3) быть は未来形 я бу́ду, ... они́ бу́дут から命令形を作り、бу́дь(те) という形になります。
   Будь со мной!　　私と一緒にいて！

-ся 動詞の命令形は、まず -ся を取った形で命令形を作り、最後が子音で終わっていれば -ся を、母音で終わっていれば -сь を加えます（й と ь は子音扱いになるので注意しましょう）。整理すると、以下のようになります。

語幹末尾が母音		語幹 + -йся / -йтесь
語幹末尾が子音	アクセントが語尾	語幹 + -и́сь / -и́тесь
	アクセントが語幹	語幹 + -ься / -ьтесь

занима́ться: я занима́юсь, ... они́ занима́ются → занима́йся / занима́йтесь
учи́ться: я учу́сь, ... они́ у́чатся → учи́сь / учи́тесь
познако́миться: я познако́млюсь, ... они́ познако́мятся
→ познако́мься / познако́мьтесь

Познако́мьтесь, пожа́луйста![1]　　ご紹介します（知り合いになってください）。
Не стесня́йтесь!　　どうぞ遠慮なさらないで！

練習 2　次の動詞を命令形に直しましょう（ты に対する形と вы に対する形の両方を作ること）。

1) смотре́ть　2) звони́ть　3) де́лать　4) отве́тить
5) стара́ться　6) улыба́ться　7) сади́ться　8) беспоко́иться

[1] 知らない同士の 2 人を、その両方の人を知っている第三者が引き合わせるときの決まり文句です。

練習 3 次の( )内の動詞を вы に対する命令形に直し、全文を日本語に訳しましょう。

1) Не (встреча́ться) с ни́ми.
2) (Позвони́ть) мне за́втра ве́чером.
3) (Одева́ться) тепло́.
4) (Переда́ть) приве́т ва́шей ма́тери.
5) (Взять[2]) хлеб.
6) Не (говори́ть) глу́постей!

3 不定形補語の体

以下の動詞は不定形の補語を伴うとき、用いることのできる体が限られています。代表的なものを以下に挙げておきます。

A) 不完了体のみのもの

начина́ть / нача́ть	「〜し始める」
конча́ть / ко́нчить	「〜し終える」
стать[3]	「〜し始める、するようになる」
перестава́ть / переста́ть	「〜するのをやめる」
броса́ть / бро́сить	「(習慣など)〜するのをやめる」
продолжа́ть / продо́лжить	「〜し続ける」
устава́ть / уста́ть	「〜するのに疲れる」
запреща́ть / запрети́ть	「〜するのを禁ずる」

Он обы́чно начина́ет рабо́тать в де́вять часо́в.	彼はふつう 9 時に仕事を始めます。
Он ко́нчил чита́ть э́ту кни́гу.	彼はその本を読み終えました。
Компью́тер стал рабо́тать ме́дленно.	パソコンの動作が遅くなった。
Она́ переста́ла говори́ть.	彼女は話すのをやめました。
Он бро́сил кури́ть.	彼はタバコをやめました。
Он продолжа́л встреча́ться с А́ней.	彼はアーニャと会い続けました。
Я уста́л говори́ть об э́том.	私はこの話をするのに疲れました。
Врач запрети́л ему́ кури́ть.	医師は彼に喫煙を禁じました。

---

[2] взять (取る) は不規則変化の完了体動詞です。人称変化は、я возьму́, ты возьмёшь, он возьмёт, мы возьмём, вы возьмёте, они́ возьму́т です。

[3] стать は不規則変化の完了体動詞です。人称変化は、я ста́ну, ты ста́нешь, он ста́нет, мы ста́нем, вы ста́нете, они́ ста́нут となります。なお、переста́ть の人称変化は、стать の変化形に接頭辞 пере- を付けます。

В) 完了体のみのもの[4]

забы́ть　「～するのを忘れる」
успе́ть　「～するのに間に合う」

Я забы́л купи́ть ма́ме пода́рок.　お母さんにプレゼントを買うのを忘れました。
Сего́дня он не успе́л поза́втракать.　今日彼は朝食を取る暇がありませんでした。

練習 4　次の(　)内のうち適切な体の動詞を選び、全文を日本語に訳しましょう。

1) Я забы́л (выключа́ть / вы́ключить) газ.
2) Почему́ вы на́чали (изуча́ть / изучи́ть) ру́сский язы́к?
3) Переста́нь (говори́ть / сказа́ть) глу́пости!
4) Ты успе́л (смотре́ть / посмотре́ть) э́тот фильм?
5) Ба́бушка ста́ла (говори́ть / сказа́ть) ме́дленно.
6) Он продолжа́ет (выполня́ть / вы́полнить) свой план.

4　接続詞いろいろ

①逆接の接続詞 (но, одна́ко, хотя́)

このうち но (しかし) と одна́ко (だが、それでもやはり) は等位 (並列) 接続詞、хотя́ (～とはいえ、～だが) は従属接続詞です。
等位接続詞は必ず、接続する 2 つの項目の間に入ります。

Он япо́нец, но он не говори́т по-япо́нски.　彼は日本人ですが、日本語を話しません。
Он япо́нец, одна́ко он не говори́т по-япо́нски.　〃

一方、従属接続詞は先頭に立つことも可能です。

Он не говори́т по-япо́нски, хотя́ он япо́нец.
彼は日本語を話しません、日本人なのですが。
Хотя́ он япо́нец, он не говори́т по-япо́нски.
彼は日本人ですが、日本語を話しません。

[4] ここに挙げた 2 つの動詞はいずれも完了体で、それぞれペアを組む不完了体 (забыва́ть, успева́ть) を持ちますが、補語が必ず完了体でなければいけないのは、забы́ть, успе́ть のときだけです。

等位接続詞 a は対比・対照を表します (→ p.36)。

Ма́ша рабо́тает, a Са́ша у́чится.　マーシャは社会人だが、サーシャは学生だ。

この例文では、a は逆接の接続詞のように見えます。実際、この場合は a を но や одна́ко に置き換えることも可能です。ただ、a はあくまでも「対比」なので、a を使った文では Ма́ша と Са́ша が対比されているのだと考えてください。一方、先ほど出てきた例文 «Он япо́нец, но [одна́ко] он не говори́т по-япо́нски.» の場合、но や одна́ко を a で置き換えることはできません。a を使うと、он と он を対比することになってしまうからです。

② что と как

いずれも疑問詞の「何」や「どのように」ではなく接続詞として用いられることがあり、似たような使い方をします。

[1] Она́ зна́ет, что я хорошо́ танцу́ю.　彼女は私がダンスを上手だと知っています。
[2] Она́ ви́дела, как я танцева́л.　彼女は私が踊るのを見ていました。

[2] の例文は、「どのように踊ったか」ではないことに注意しましょう。
接続詞 что は英語の接続詞 that に相当し、что に続く従属節の中で述べられている「内容や事実」を認識・伝達・思考するときに使います。
一方、как は「見る」や「聞く」などの動詞とともに用い、その「様子」を知覚・認識している場合に用いられます。
つまり、[1] は「私がダンスが上手だという事実」を彼女が知っていることを意味し、[2] は「私が踊っている様子」を彼女が見ていたことを表します。以下の例も同様です[5]。

Он сказа́л, что Ма́ша бро́сила рабо́ту.　マーシャが仕事をやめた、と彼は言った。
Я по́нял, что он сказа́л мне пра́вду.　彼は私に真実を語ったのだと私は理解した。
Я слу́шал, как она́ поёт.　私は彼女が歌っているのを聞いた。
Я смотре́л, как восхо́дит со́лнце.　私は太陽が昇るのを見ていた。

[5] ただし、知覚を表すのではない動詞と結びつくときは、「どのように〜か」という間接疑問文を導きます。
Я не по́мню, как я верну́лся домо́й.　私はどうやって自分が家に帰ったか覚えていない。

練習 5 接続詞に注意しながら、次の文を日本語に訳しましょう。

1) Ты зна́ешь, что он расста́лся с Ма́шей?
2) Я слы́шал, что он бро́сил кури́ть.
3) Де́ти наблюда́ли, как котёнок пьёт молоко́.
4) Я не зна́ю, как он сде́лал все упражне́ния за час.

ロシアのことわざ（3）

命令形を使ったことわざを読んでみましょう。

Куй желе́зо, пока́ горячо́.	鉄は熱いうちに打て。
Век живи́, век учи́сь.	長く生き、長く学べ。（＝生きている限り学び続けよ）
Бей мо́лотом – не бу́дешь жить го́лодом.	ハンマーをふるえば飢えることはない。（＝労働すれば食べるのに困らない）
Не име́й сто рубле́й, а име́й сто друзе́й.	100 ルーブルでなく、100 人の友を持て。
Не спеши́ языко́м, спеши́ де́лом.	言葉ではなく行動で急げ（＝不言実行）。

意外なようですが、勤勉を奨励することわざがロシア語には多くあります。しっかり働いてたっぷり休むのがロシア流？

第18課

Уро́к 18 (восемна́дцать)

1 仮定法

Е́сли бы у меня́ бы́ло вре́мя, то я бы изуча́л како́й-нибу́дь иностра́нный язы́к.

2 願望の仮定法

Я хоте́л бы объясни́ть вам.

3 可能の表現

Сего́дня я могу́ встре́титься с ним. / Я уме́ю игра́ть на гита́ре.

4 義務の表現

Я до́лжен рабо́тать ка́ждый день.

5 順序数詞を使った時刻表現

Сейча́с де́сять мину́т тре́тьего.

6 時間を示す副詞的表現

Сле́дующий по́езд бу́дет через два часа́.

1 仮定法

現実と反することを仮想する仮定法は、ロシア語では **бы ＋過去形**によって表します。仮定法を用いる典型的な構文には次のようなものがあります。

Е́сли бы ＋過去形 , (то) бы ＋過去形 ＝「もしも〜だったら…だったろうに」

Е́сли бы у меня́ бы́ло вре́мя, (то) я бы изуча́л како́й-нибу́дь иностра́нный язы́к.
もし私に時間があったなら、何か外国語を勉強するのに。
(＝実際には時間がないので勉強できない)

Е́сли бы у меня́ бы́ли де́ньги, (то) я отдыха́л бы в Крыму́[1].
もし私にお金があったら、私はクリミアで休暇を過ごすんだけどな。
(＝実際にはお金がないのでクリミアには行けない)

бы の置かれる位置は、**条件節では е́сли（もし）の直後、帰結の節では主語の直後などの 2 番目の位置か動詞の直後**が一般的です。то は帰結文を導く助詞ですが、あってもなくてもかまいません。以下の点に注意しましょう。

[1] Крым（クリミア）は 第 2 前置格（→ p.69）の名詞です。

1) **仮定法の動詞は必ず過去形**ですが、形式上は過去形でも、必ずしも過去のことを表しているとは限りません。

Éсли бы зáвтра я получи́л дéньги, я бы купи́л кни́гу.
もし明日お金がもらえたなら、私は本を買うんだけどな。
(=実際にはもらえそうにないので、きっと買えないだろう)

2) 現実に起こっている事実や起こる可能性のあることについて述べる「直説法」との違いに注意しましょう。同じように éсли（もし）で始まっていても、бы が使われていなければ、「もしこういうことが起きたら、このようになる」という単なる条件を表す直説法の文です。直説法の場合は、動詞の時制は実際の時制と一致します。

Éсли бы Мáша позвони́ла, я бы ей сказáл об э́том.
もしマーシャが電話してきたら、私は彼女にこのことを話すのだけれど。〔仮定法〕
(=実際には電話してこないので、話すことができない)
Éсли Мáша позвони́т, я ей скажý об э́том.
もしマーシャが電話してきたら、私は彼女にこのことを話そう。〔直説法・完了未来〕
(=実際に電話してくる可能性は十分にある)

3) 条件節が存在しないこともあります。その場合、「条件」の意味は、さまざまな方法を使って帰結文の中で表現されます。

Онá бы не купи́ла такóй кни́ги. 彼女ならこんな本は買わなかったでしょう。
Без вáшей пóмощи я бы поги́б. あなたの助けがなければ私は死んでいたでしょう。
На твоём мéсте я не дéлал бы так. 僕が君の立場ならそんなふうにはしなかっただろう。

4) 条件節のみで、帰結文がない場合もあります。

Éсли бы ты знáла об э́том! 君がこのことを知っていてくれたなら！
Éсли бы я былá пти́цей! もしも私が鳥だったなら！

練習 1 仮定法と直説法の違いに注意しながら、以下の文を日本語に訳しましょう。

1) Éсли бы погóда былá хорóшая, мы гуля́ли бы по гóроду.
2) Éсли зáвтра бýдет хорóшая погóда, мы бýдем гуля́ть по гóроду.
3) На вáшем мéсте я брóсил бы рабóту.
4) Я брóшу кури́ть, éсли онá так хóчет.
5) Éсли бы онá былá здесь!

2 願望の仮定法

仮定法は、願望・希望を控え目・丁寧に述べる表現としても使われます。

Я хотéл бы объясни́ть вам.	私はあなたにご説明したいのですが。
Онá хотéла бы жить в Амéрике.	彼女はアメリカに住みたがっている。

仮定法を使うことによって、「もしできることなら～したいのですが」というニュアンスが加わり、直接 «Я хочý ~.» «Онá хóчет ~.» と言うより婉曲で丁寧な表現になります。
хотéть などの具体的に願望を示す言葉を使わなくても、仮定法によって願望が表現されることもあります。

Я бы с удовóльствием поéхал с вáми.	喜んであなたとご一緒させていただきます。
Тóлько бы ты был со мной!	君が一緒にいてくれさえしたらなあ。
Бы́ло бы у меня́ врéмя!	私に時間があればなあ！

前ページ（→ p.159）の 4）条件節のみの文も願望を表す仮定法の一種です。

練習 2　仮定法を使って次の文を書き換えましょう。

1) Я хочý поговори́ть с вáми.
2) Мы хоти́м пригласи́ть вас.
3) Он хóчет познакóмиться с тобóй.
4) Я хочý чай с варéньем.
5) Они́ хотя́т рабóтать у вас.

練習 3　願望を表す仮定法に注意しながら、以下の文を日本語に訳しましょう。

1) Тóлько бы нé было войны́!
2) Бы́ли бы у меня́ дéньги!
3) Я бы отдохнýл ещё немнóго.
4) Тóлько бы ты былá ря́дом!

3 可能の表現

可能（～できる）を表す動詞は2種類あります。

мочь
уме́ть
} ＋不定形

мочь は不規則変化です[2]。

мочь		
現在		過去
я могу́	мы мо́жем	он мог
ты мо́жешь	вы мо́жете	она́ могла́
он мо́жет	они́ мо́гут	оно́ могло́
		они́ могли́

Сего́дня я могу́ встре́титься с ним. 今日私は彼に会えます。
Вчера́ мы не могли́ игра́ть в футбо́л. 昨日僕たちはサッカーができませんでした。
Я уме́ю игра́ть на гита́ре. 私はギターが弾けます。
Он не уме́ет писа́ть. 彼は書くことができません。

補足 「（球技・ゲームなどを）プレイする」「（楽器を）演奏する」は、どちらも動詞 игра́ть を使いますが、使う前置詞と格のとり方が異なります。

「（球技・ゲームなどを）プレイする」→ игра́ть в＋〔対〕
「（楽器を）演奏する」 → игра́ть на＋〔前〕

игра́ть в те́ннис [волейбо́л / баскетбо́л / хокке́й / ша́хматы]
テニス［バレーボール／バスケットボール／ホッケー／チェス］をする
игра́ть на скри́пке [фле́йте / кларне́те / балала́йке / пиани́но*]
ヴァイオリン［フルート／クラリネット／バラライカ／ピアノ］を弾く
* пиани́но（ピアノ）は不変化名詞です。

мочь は「（状況・事情が許すので）できる」、уме́ть は「～する能力がある」という違いがあります。

Я не могу́ пла́вать. 私は泳げません。（天気や体調が悪いなどの理由で）
Я не уме́ю пла́вать. 私は泳げません。（そもそも泳ぐ能力がない、カナヅチである）

また、мочь は許可（～してもよい）や、可能性（～かもしれない、し得る）の意味になることもあります。

---

[2] мочь に接頭辞が付いてできた動詞も、同じように変化します。例えば完了体動詞 помо́чь（助ける、手伝う）は、人称変化が я помогу́, ты помо́жешь, он помо́жет, мы помо́жем, вы помо́жете, они́ помо́гут、過去形が он помо́г, она́ помогла́, оно́ помогло́, они́ помогли́ のように変化します。
Я тебе́ помогу́. 私は君を手伝ってあげよう。
Он мне помо́г. 彼は私を助けてくれた。

Вы мо́жете сесть. 座ってもいいですよ。
Он мо́жет стать президе́нтом. 彼は大統領になるかもしれません。

以下の違いにも注意しましょう。

Вы не мо́жете рабо́тать. あなたは働けません（働いてはいけません）。
Вы мо́жете не рабо́тать. あなたは働かなくてもいいです。

なお、仮定法を使って Вы не могли́ бы ~? / Ты не мог [могла́] бы ~? と言うと、丁寧な依頼の表現になります。

Вы не могли́ бы позвони́ть мне за́втра? 明日お電話していただけませんか？
Ты не мог бы нам помо́чь? 僕たちを手伝ってくれない？

練習 4　次の（　）内の動詞を適切な形に現在人称変化させましょう。

1) Вы (мочь) игра́ть в те́ннис?
2) Ты (мочь) пое́хать со мной?
3) Мы (мочь) отдыха́ть сего́дня.
4) Они́ не (мочь) написа́ть рефера́т.
5) Он (уме́ть) писа́ть по-ру́сски.
6) Вы (уме́ть) ката́ться на велосипе́де?

4　義務の表現

「～しなくてはならない」は、до́лжен ＋**動詞不定形**です。до́лжен は短語尾の述語で、変化は以下の通りです。

он до́лжен / она́ должна́ / оно́ должно́ / они́ должны́

主語が я と ты のときは、実際の性別に合わせます。また、вы の場合は必ず複数形で受けます。

Я до́лжен рабо́тать ка́ждый день. 私は毎日働かなければなりません。
Ты должна́ слу́шать его́. 君は彼の言うことを聞かないといけないよ。
Вы должны́ встава́ть ра́но у́тром. あなた（たち）は早起きしなければなりません。

過去形は до́лжен **の後ろに** быть **の過去形**を付けます。

Я до́лжен был отве́тить. 私は答えなければなりませんでした。
Они́ должны́ бы́ли помога́ть ма́тери. 彼らは母親を手伝わねばなりませんでした。

未来形は до́лжен **の後ろに** быть **の未来形**を付けます。

За́втра ты до́лжен бу́дешь встать ра́но. 明日おまえは早起きしなければいけないよ。
Она́ должна́ бу́дет рассказа́ть об э́том. 彼女はそれについて話さなければなりません。

また、до́лжен は「～に違いない、はずだ」という意味でも用いられます。

Она́ должна́ ско́ро верну́ться. 彼女はもうすぐ戻ってくるはずです。
Экза́мен до́лжен быть сего́дня. 試験は今日あるはずです。

なお、не до́лжен は、伴う動詞の体によって意味が変わってくるので注意しましょう。

не до́лжен ＋不完了体＝「～してはいけない、～しなくていい」
не до́лжен ＋完了体＝「～するはずがない」

Студе́нты не должны́ опа́здывать. 学生は遅刻してはいけません。〔不完〕
Он не до́лжен опозда́ть. 彼は遅刻するはずがありません。〔完〕

練習5　次の（　）内に до́лжен を適切な形に変化させて入れましょう。

1) Мы (　　) встре́тить его́ в аэропорту́.
2) Он (　　) верну́ться сего́дня.
3) Она́ (　　) была́ помога́ть отцу́.
4) Вы не (　　) спать.
5) Они́ не (　　) умере́ть.

5 順序数詞を使った時刻表現

個数詞を使った時刻の表現はp.90 と p.115 で学びましたが、順序数詞を使って表すこともできます。その場合、時間の区切り方は以下のようになります。

12時から1時までの60分間が пе́рвый час（1番目の時間）、1時から2時までが второ́й час（2番目の時間）、11時から12時までが двена́дцатый час（12番目の時間）です。「～時～分」と言う場合、順序数詞を生格にして次のように表されます。

де́сять мину́т тре́тьего　　2時10分（3番目の時間の10分）
два́дцать пять мину́т пя́того　　4時25分（5番目の時間の25分）

第9課で習った言い方だと、それぞれ «два часа́ де́сять мину́т» «четы́ре часа́ два́дцать пять мину́т» になりますが、順序数詞を使うと「～時」の部分で一つ多い数を使わなければならないので注意しましょう。また、час の生格はふつう省略します。

15分の場合は че́тверть（4分の1）、30分の場合は полови́на（半分）を使うこともあります。また、30分のときは順序数詞の前に пол- をつけた言い方も可能です。

три́дцать мину́т восьмо́го / полови́на восьмо́го / полвосьмо́го　　7時30分
пятна́дцать мину́т оди́ннадцатого / че́тверть оди́ннадцатого　　10時15分

なお、次のように言うときは、「～過ぎ」という意味になります。

Сейча́с шесто́й [девя́тый] час.　　今5時過ぎ［8時過ぎ］です。

時間を尋ねるときは、p.90とp.115で習った ско́лько を使った聞き方のほかに、疑問詞 кото́рый（何番目の）を使って言うこともできます。

Кото́рый сейча́с час? (＝Ско́лько сейча́с вре́мени?)
今何時ですか？
В кото́ром часу́[3] вы обы́чно встаёте? (＝Во ско́лько вы обы́чно встаёте?)
あなたはいつも何時に起きるのですか？

練習6　順序数詞を使って、次の時間をロシア語で言いましょう。

1) 1時10分　　2) 5時20分　　3) 6時30分
4) 8時15分　　5) 11時10分　　6) 9時30分

[3] часу́ は час の第2前置格です。

補足 順序数詞を使って「～時に」と副詞的に言う場合は、以下のようになります。

1)「～時～分に」＝ в ＋〔対〕

в три́дцать мину́т деся́того	9 時 30 分に
в одну́ мину́ту пе́рвого	0 時 1 分に
в че́тверть седьмо́го	6 時 15 分に

2)（полови́на を使って）「～時半に」＝ в ＋〔前〕

в полови́не восьмо́го	7 時半に

※ただし пол- を使う場合、в полвосьмо́го（7 時半に）、в полдеся́того（9 時半に）のようになります。

3)「～時過ぎに」＝ в ＋〔前〕

в пе́рвом часу́	12 時過ぎに

6 時間を示す副詞的表現

через ＋〔対〕　「～後に」

通常、数詞の「1」は省略されます。また、по́сле＋〔生〕を加えると「～から～後に」という意味になります。

Сле́дующий по́езд бу́дет через два часа́ [через час].
次の列車は 2 時間後［1 時間後］です。

Через три неде́ли [Через неде́лю] по́сле моего́ дня рожде́ния роди́лся мой сын.
私の誕生日から 3 週間後［1 週間後］に私の息子が生まれました。

〔対〕＋ наза́д　「～前に」

こちらも通常、数詞の「1」は省略されます。また、наза́д の前に тому́ を入れることもあります。

Два ме́сяца наза́д он око́нчил университе́т.	2 か月前に彼は大学を卒業しました。
Он роди́лся неде́лю наза́д.	彼は 1 週間前に生まれました。
Два го́да тому́ наза́д она́ ста́ла врачо́м.	2 年前、彼女は医師になりました。

練習 7　次の表現をロシア語で言いましょう。

1) 5 時間後に　　2) 10 日後に　　3) 3 日前に　　4) 7 か月前に

第19課

Урóк 19 (девятнáдцать)

1 名詞の複数与格・造格・前置格
Мáша рéдко помогáет родúтелям.

2 一致定語の複数与格・造格・前置格
Какúми вопрóсами он занимáется?

3 無人称文
Вам трýдно говорúть по-рýсски?

4 助動詞的な無人称述語
Нам не нýжно покупáть билéты.

5 無人称動詞
Мне хóчется спать.

1 名詞の複数与格・造格・前置格

名詞の変化はこれで最後です。複数の与格、造格、前置格の3つはロシア語の中では例外的に変化が単純でしかも互いに似通っていますので、まとめて覚えましょう。

①男性名詞

語末	-子音	-й	-ь
単・主	журнáл	музé**й**	портфé**ль**
複・与	журнáл**ам**	музé**ям**	портфéл**ям**
造	журнáл**ами**	музé**ями**	портфéл**ями**
前	журнáл**ах**	музé**ях**	портфéл**ях**

②中性名詞

語末	-о	-е	-мя
単・主	слóв**о**	мóр**е**	врé**мя**
複・与	слов**áм**	мор**ям**	вре**менáм**
造	слов**áми**	мор**ями**	вре**менáми**
前	слов**áх**	мор**ях**	вре**менáх**

③女性名詞			
語末	-а	-я	-ь
単・主	газе́та	неде́ля	тетра́дь
複・与	газе́там	неде́лям	тетра́дям
造	газе́тами	неде́лями	тетра́дями
前	газе́тах	неде́лях	тетра́дях

注意！

1) 男・中・女性名詞のいずれも、**複数与格は** -ам / -ям、**複数造格は** -ами / -ями、**複数前置格は** -ах / -ях という語尾になります。

2) ただし右のように複数造格だけ例外的な形になるものもあります。

単・主	челове́к（人）	ребёнок（子ども）
複・主	лю́ди	де́ти
与	лю́дям	де́тям
造	людьми́	детьми́
前	лю́дях	де́тях

Он объясня́ет студе́нтам грамма́тику. 彼は学生たちに文法を説明します。
Ма́ша ре́дко помога́ет роди́телям. マーシャはめったに両親を手伝いません。

Я не интересу́юсь деньга́ми. 私はお金に興味がありません。
А́втор обща́ется с чита́телями. 作者は読者たちと交流しています。

На заво́дах рабо́тают иностра́нцы. 工場では外国人たちが働いています。
Роди́тели беспоко́ятся о де́тях. 両親は子どもたちのことを心配しています。

練習 1　次の(　)内の語を適切な形に直しましょう(すべて複数にすること)。

1) Он расска́зывал (журнали́ст / чита́тель / де́ти) о свое́й жи́зни.
2) Я познако́мился с (арти́ст / актри́са / писа́тель).
3) Э́то кни́га о (ге́ний / компози́тор / матема́тик).
4) В (журна́л / газе́та / статья́) мно́го пи́шут о нём.

2 一致定語の複数与格・造格・前置格

名詞以外についても複数与格・造格・前置格はまとめて覚えましょう。一致定語はいずれも複数前置格と複数生格（→ p.92）が同じ形です。

所有代名詞と指示代名詞の複数与格・造格・前置格						
単・主	мой	твой	наш	ваш	свой	э́тот
複・主	мои́	твои́	на́ши	ва́ши	свои́	э́ти
与	мои́м	твои́м	на́шим	ва́шим	свои́м	э́тим
造	мои́ми	твои́ми	на́шими	ва́шими	свои́ми	э́тими
前	мои́х	твои́х	на́ших	ва́ших	свои́х	э́тих

* его́, её, их は不変化なので省略します。

形容詞の複数与格・造格・前置格			
タイプ	硬変化 I	硬変化 II	軟変化
単・主	кра́сный	голубо́й	си́ний
複・主	кра́сные	голубы́е	си́ние
与	кра́сным	голубы́м	си́ним
造	кра́сными	голубы́ми	си́ними
前	кра́сных	голубы́х	си́них

Он подари́л свои́м вну́кам игру́шки. 彼は自分の孫たちにおもちゃを贈りました。
Не говори́ глу́постей на́шим де́тям. うちの子たちにばかなことを言わないで。

Мы обща́емся с э́тими ма́льчиками. 僕らはこの少年たちと交流しています。
Каки́ми вопро́сами он занима́ется? 彼はどういう問題に取り組んでいるの？

Они́ у́чатся в госуда́рственных университе́тах.
彼らは国立大学で学んでいます。
Его́ кни́га продаётся в кни́жных магази́нах.
彼の本が本屋さんで売られています。

これで12の変化形をすべて学びました。巻末の文法表（p.246）で、全体像を確認しておきましょう。

練習2 次の(　)内の語を適切な形に直しましょう。

1) Я посла́л пода́рки (наш) ро́дственникам.
2) Восьмо́го ма́рта он подари́л цветы́ (э́тот) (знако́мый) де́вушкам.
3) За (э́тот) (высо́кий) гора́ми есть ма́ленькая дере́вня.
4) Вчера́ я разгова́ривал по[1] телефо́ну с (твой) роди́телями.
5) Расскажи́те, пожа́луйста, о (ваш) друзья́х[2].
6) Экскурсово́д расска́зывал нам об (э́тот) (изве́стный) худо́жниках.

◆アクセント移動のパターン

名詞の変化に際してのアクセントの移動はいろいろなパターンがありますが、最も多いのは以下の3種類です。

(a) 一切移動しない　(b) 単数生格から移動する　(c) 複数主格から移動する

		(a)	(b)	(c)
単	主	кни́га	оте́ц	учи́тель
	生	кни́ги	отца́	учи́теля
	与	кни́ге	отцу́	учи́телю
	対	кни́гу	отца́	учи́теля
	造	кни́гой	отцо́м	учи́телем
	前	кни́ге	отце́	учи́теле
複	主	кни́ги	отцы́	учителя́
	生	кни́г	отцо́в	учителе́й
	与	кни́гам	отца́м	учителя́м
	対	кни́ги	отцо́в	учителе́й
	造	кни́гами	отца́ми	учителя́ми
	前	кни́гах	отца́х	учителя́х

(b)と(c)では、アクセントは一旦移動したら戻ることはありませんが、単数対格が単数主格と同じ場合や、複数生格に語尾がない場合は元の位置に戻ります。

сто́л, стола́, столу́, [сто́л], столо́м... ←(b)

сло́во, сло́ва...〔複〕слова́, [сло́в], слова́м... ←(c)

[1] この場合、по＋〔与〕で伝達手段を表します（～で）。
[2] другの複数形は、друзья́, друзе́й, друзья́м, друзе́й, друзья́ми, друзья́хのように変化します。

3 無人称文

漠然と天気や気分、状態を表すとき、英語では «It is cold.» などのように、実態のない it を形式的に主語として置きます。ロシア語は英語と違って必ずしも主語が必要ではないため、形式的な主語は置かずに、述語のみで表現します。このような文を**無人称文**といいます[3]。

Хóлодно.	寒いです。
Жáрко.	暑いです。
Жаль.	残念です。

補足 上の例文に出てくる хóлодно, жáрко は、いずれも元は形容詞 холóдный, жáркий の短語尾中性形です（→ p.139）。第 15 課で習ったように、短語尾中性形は副詞としても使われますが、このように無人称文の述語になることもできます。

「誰にとって」そのような状態なのか、という**意味上の主語は与格**で表されます（英語では for ~ で表される部分です）。

Мне хóлодно.	私は寒いです。
Емý жáрко.	彼は暑いです。
Нам жаль.	私たちは残念です。

過去時制の場合は быть の過去中性形を、**未来時制の場合は быть の未来形 3 人称単数**を加えます。

Мне бы́ло [бýдет] хóлодно.	私は寒かったです（寒くなるでしょう）。
Емý бы́ло [бýдет] жáрко.	彼は暑かったです（暑くなるでしょう）。
Нам бы́ло [бýдет] жаль.	私たちは残念でした（残念になるでしょう）。

3 p.123 で習った「不定人称文」とまぎらわしいので注意しましょう。

補足

よく使われる無人称述語いろいろ

【気候】

хо́лодно	寒い	(← холо́дный)
прохла́дно	涼しい	(← прохла́дный)
тепло́	暖かい	(← тёплый)
жа́рко	暑い	(← жа́ркий)
ду́шно	蒸し暑い	(← ду́шный)

【時間・距離】

далеко́	遠い	(← далёкий)
бли́зко	近い	(← бли́зкий)
ра́но	早い	(← ра́нний)
по́здно	遅い	(← по́здний)

【心理状態】

интере́сно	おもしろい	(← интере́сный)
ску́чно	退屈だ	(← ску́чный)
ве́село	楽しい	(← весёлый)
хорошо́	よい、快適だ	(← хоро́ший)
тру́дно	難しい	(← тру́дный)
легко́	楽だ、簡単だ	(← лёгкий)[4]
гру́стно	悲しい	(← гру́стный)

また、英語には «It is [A] for [B] to [C]»（「B にとって C をするのは A だ」）という構文がありますが、ロシア語の無人称文の場合、後ろに動詞の不定形を付けると「～するのは～だ」という意味になります。このタイプの構文も意味上の主語は与格で表現されます。

Вам тру́дно говори́ть по-ру́сски?
あなたはロシア語を話すのは難しいですか？

Ей бы́ло легко́ чита́ть тако́й текст.
こういうテキストを読むのは彼女にとっては簡単でした。

О́чень прия́тно познако́миться с ва́ми[5].
あなたと知り合えて大変うれしいです。

練習 3　次の文をロシア語で書きましょう。

1) 彼らは楽しかったです。
2) あなたはロシア語を勉強するのがおもしろいですか？
3) イワンは退屈になるでしょう。
4) ロシア語を読むのは君には難しかったかい？

[4] легко́, лёгкий の г は [x] と発音します。
[5] «О́чень прия́тно.» だけで、「はじめまして（お近づきになれてうれしいです）」という初対面のときのあいさつとしても使われます。

4 助動詞的な無人称述語

いくつかの無人称述語は助動詞的に用います。無人称文なので、やはり**意味上の主語は与格**で表し、**過去時制の場合は бы́ло（быть の過去中性形）**を、**未来時制の場合はбу́дет（быть の未来形 3 人称単数）**を加えます。

на́до / ну́жно ＋不定形　「〜する必要がある」

Мне на́до чита́ть э́ту кни́гу.	私はこの本を読まなくてはなりません。
Ему́ на́до бы́ло написа́ть письмо́.	彼は手紙を書かなければなりませんでした。
Нам не ну́жно покупа́ть биле́ты.	私たちは切符を買う必要はありません。

мо́жно ＋不定形　「〜できる、してもいい」

Где мо́жно купи́ть сигаре́ты?	タバコはどこで買えますか？
Мо́жно вас сфотографи́ровать?	あなたの写真を撮ってもいいですか？
Всё мо́жно бу́дет покупа́ть через[6] интерне́т.	何でもインターネットで買えるようになるでしょう。

нельзя́ ＋不定形　「〜できない、してはいけない」

Вам нельзя́ кури́ть.	あなたはタバコを吸ってはいけません。
Без де́нег нельзя́ жить.	お金がなければ生きられません。
Нельзя́ бы́ло закры́ть э́то окно́.	この窓は閉まりませんでした。

練習 4　次の文を日本語に訳しましょう。

1) Студе́нтам ну́жно сдать все экза́мены.
2) Мне на́до бы́ло занима́ться мно́го.
3) Вам уже́ мо́жно отдыха́ть.
4) Мо́жно зада́ть вам вопро́сы?
5) Нельзя́ ложи́ться спать так по́здно.
6) Ключ слома́лся. Нельзя́ откры́ть дверь.

[6] この場合の через は、「〜後に」（→ p.165）ではなく、「〜を通じて」（= through）という意味です。

5 無人称動詞

ロシア語の無人称文は、「無人称動詞」によっても作ることができます。無人称動詞は、**人称変化する場合は3人称単数形、過去時制であれば中性形**になり、やはり**意味上の主語は与格**で表されます。よく使われる無人称動詞には以下のようなものがあります。

1) 助動詞的なもの

Мне хо́чется[7] спать.	私は眠りたいです。
Мне хоте́лось немно́го отдохну́ть.	私は少し休みたかったです。
Рабо́ту сле́дует зако́нчить до за́втра.	仕事は明日までに終えなければなりません。
Мне удало́сь встре́титься с ней.	私は彼女と会うことができました。

2) 天候関係

В го́роде темне́ет.	町は暗くなっていきます。
Вечере́ло.	日が暮れていきました。
В Москве́ тепле́ет [холода́ет].	モスクワは暖かく［寒く］なっています。

3) 体調・気分など（※これらの動詞は本来「目に見えない何かの力が誰それを～させる」ということを意味するため、**意味上の主語は対格**になります）

Меня́ тошни́т.	私は吐き気がします。
Ива́на си́льно зноби́т.	イワンはひどく寒気がします。

4) 自然の力によるもの（※「自然の力」は造格で表されます。これらの動詞は「自然の力」を主格主語にする表現も可能ですが、その場合は「無人称文」ではなくなります）

Его́ уби́ло мо́лнией.	彼は落雷で死んだ。（≒ Мо́лния уби́ла его́.）
Подва́л зали́ло водо́й.	地下室が浸水した。（≒ Вода́ залила́ подва́л.）
Де́рево свали́ло ве́тром.	風で木が倒れた。（≒ Ве́тер свали́л де́рево.）

練習5 次の1)～4)を хоте́ть を使って書き換え、5)～6)は「自然の力」を主格主語にした文に書き換えましょう。

1) Им хо́чется гуля́ть.
2) Мне хо́чется поговори́ть с ней.
3) Де́тям не хоте́лось спать.
4) Вам не хо́чется пить чай?
5) Москву́ зали́ло дождём.
6) Доро́гу завали́ло сне́гом.

7 хоте́ть が直接的に「～したい」というのに対して、хоте́ться は「～したい気がする」というくらいの意味になります。

第20課

Урóк 20 (Двáдцать)

1 移動動詞（1）「歩いて行く」と「乗り物で行く」

Онá идёт на плóщадь пешкóм. / Они́ сейчáс éдут в Москвý на пóезде.

2 移動動詞（2）定向動詞と不定向動詞

Когдá я шёл по ýлице, я уви́дел знакóмого человéка.

Цéлый день он хóдит по гóроду.

Кáждое воскресéнье они́ éздят на дáчу.

Вчерá я ходи́л на спектáкль.

3 数詞 оди́н の変化

Я прочитáл тóлько однý кни́гу.

1 移動動詞（1）「歩いて行く」と「乗り物で行く」

ロシア語は「行く、来る」などの**移動を表すための動詞**が特別な体系を成しています。この課と次の第21課で、移動動詞の体系について学びましょう。

①「歩いて行く」と「乗り物で行く」

移動動詞は、歩いて行くのか、乗り物に乗って行くのか、泳いで行くのか、空を飛んで行くのか等々、移動の仕方によって単語が細かく細分化されています。ここではまず、「歩いて行く」「乗り物で行く」の2種類を覚えましょう。

идти́	歩いて行く
éхать	乗り物で行く

この2つは不規則な変化をするので注意しましょう。

不定形：**идти́**			不定形：**éхать**		
現在形		過去形	現在形		過去形
я иду́ ты идёшь он идёт	мы идём вы идёте они́ иду́т	〔男〕шёл 〔女〕шла 〔中〕шло 〔複〕шли	я éду ты éдешь он éдет	мы éдем вы éдете они́ éдут	〔男〕éхал 〔女〕éхала 〔中〕éхало 〔複〕éхали

– Куда́ вы идёте?　「どこへ（歩いて）行くところですか？」
– Мы идём домо́й.　「私たちは家へ（歩いて）帰るところです」

– Куда́ ты е́дешь?　「どこへ（乗り物で）行くところなの？」
– Я е́ду за грани́цу.　「外国へ（乗り物で）行くんだ」

Иди́ сюда́ [отсю́да]!　こっちへおいでよ［あっちへ行ってよ］！

日本語では「歩いて行く」か「乗り物で行く」かを特に区別しない場合でも、ロシア語では明確に区別されます。逆に、日本語では「行く」「来る」が区別されますが、ロシア語の移動動詞では「こちらから向こうへ」移動しても、「向こうからこちらへ」移動しても、同じ動詞で表すことができます。

②方向・目的地の表現

「〜へ（行く）」という場合、**方向・目的地はв / на ＋〔対〕**で表します。

Мы идём в университе́т.　私たちは大学へ（歩いて）行くところです。
Я иду́ на по́чту.　私は郵便局へ（歩いて）行くところです。
Он е́дет на рабо́ту.　彼は仕事へ（乗り物で）行くところです。
Они́ е́дут в Москву́.　彼らはモスクワへ（乗り物で）行くところです。

в と на の使い分けは、場所を表す際の в / на＋〔前〕（→ p.67）の場合と同じです。

場所「〜で（働く）」		方向・目的地「〜へ（行く）」	
Я рабо́таю	в шко́ле. в университе́те. на заво́де. на ры́нке.	Я иду́	в шко́лу. в университе́т. на заво́д. на ры́нок.

場所を表す際に в を使う名詞は、方向・目的地を表す場合でも в を使い、場所を表す際に на を使う名詞は、方向・目的地を表す場合でも на を使います。

場所を表す副詞的表現・疑問詞と、方向・目的地を表す副詞的表現・疑問詞の対応関係も整理しておきましょう。

場所		方向・目的地	
где?	どこで	куда́?	どこへ
здесь	ここで	сюда́	ここへ
там	あそこで	туда́	あそこへ
до́ма	家で	домо́й	家へ
за грани́цей	外国で	за грани́цу[1]	外国へ

練習 1　次の（　）内の動詞を現在人称変化させ、［　］内の名詞を適切な形に格変化させましょう。

1) Куда́ ты (идти́)?
2) Я (идти́) в [теа́тр].
3) Студе́нты (идти́) на [экза́мен].
4) Она́ (идти́) на [вы́ставка].
5) Куда́ вы (е́хать)?
6) Мы (е́хать) на [мо́ре].
7) Вы (е́хать) в [центр]?
8) Он (е́хать) в [Герма́ния].

③乗り物・交通手段の表現

「〜に乗って」は на ＋〔前〕で表します。

Я е́ду	на авто́бусе. на тролле́йбусе. на трамва́е. на по́езде. на электри́чке. на метро́. на такси́. на маши́не. на велосипе́де.

<

авто́бус	バス
тролле́йбус	トロリーバス
трамва́й	路面電車
по́езд	列車
электри́чка	通勤電車
метро́	地下鉄（不変化）
такси́	タクシー（不変化）
маши́на	車
велосипе́д	自転車

Они́ сейча́с е́дут в Москву́ **на по́езде**.　彼らは今モスクワに列車で行くところです。
Мы е́дем в центр **на метро́**.　私たちは地下鉄で都心に行くところです。
Она́ идёт на пло́щадь **пешко́м**[2].　彼女は歩いて広場に行くところです。

---

[1] за+〔造〕は「〜の向こう側で」、за+〔対〕は「〜の向こう側へ」。за грани́цей は直訳すると「国境の向こう側で」、за грани́цу は「国境の向こう側へ」という意味になります。

[2] пешко́м は、「徒歩で」という意味の副詞です。これがなくても идти́ は徒歩ですが、идти́ пешко́м という言い方をすることもあります。

練習2 次の文をロシア語に直しましょう。

1) あなたはどこに（乗り物で）行くところですか？
2) 彼は車でモスクワへ行くところです。
3) 私たちは列車でペテルブルクへ行くところです。
4) 彼らはバスでキーウ（Ки́ев）へ行くところです。
5) 私はタクシーで病院（больни́ца）へ行くところです。
6) 君は自転車であそこへ行くところなのかい？

2 移動動詞（2）定向動詞と不定向動詞

移動動詞は定向動詞と不定向動詞のペアとして存在しています。本課①で学んだ идти́ と е́хать はいずれも定向動詞で、ペアを組む不定向動詞は、それぞれ ходи́ть と е́здить です。

	定向動詞	不定向動詞
歩いて行く 乗り物で行く	идти́ е́хать	ходи́ть е́здить

ходи́ть と е́здить は、どちらも現在形は第2変化で、子音交替（→ p.98）が起こります。ходи́ть はアクセント移動もあるので注意しましょう。過去形はいずれも規則通りに作られます。

ходи́ть: я хожу́, ты хо́дишь, он хо́дит, мы хо́дим, вы хо́дите, они́ хо́дят
е́здить: я е́зжу, ты е́здишь, он е́здит, мы е́здим, вы е́здите, они́ е́здят

定向動詞と不定向動詞の使い分けの概略は以下の通りです。

①定向動詞

定向動詞は、**1つの方向への移動（～へ行くところだ、向かう途中だ）**を表します。

– Куда́ вы идёте? 「どちらへお出かけですか？」
– Я иду́ в библиоте́ку. 「図書館へ行くところです」

Она́ сейча́с е́дет в шко́лу на мотоци́кле. 彼女はバイクで学校に行くところです。
Мы е́дем к сы́ну[3]. 私たちは息子を訪ねていくところです。

過去形は、「行った」ではなく、「行くところだった、向かう途中だった」という意味になります。

Когда́ я шёл по[4] у́лице, я уви́дел знако́мого челове́ка.
通りを歩いているとき、私は知り合いに気づきました。
Когда́ мы е́хали на экску́рсию, мы ве́село пе́ли пе́сни.
遠足に行く途中、私たちは楽しく歌を歌いました。

②不定向動詞

不定向動詞は、**1つの方向に定まらない移動**を表します。文脈によってさまざまな意味になるので注意しましょう。

(a) 方向・目的地が定まらず、あちこちへ移動する場合

Це́лый день он хо́дит по го́роду. 一日中、彼は町を歩き回っています。
Он е́здил по всей стране́ на мотоци́кле. 彼は国中をバイクで旅しました。

(b) 何度も繰り返し行く場合

Он хо́дит в университе́т. 彼は大学に通っています。
Ка́ждое воскресе́нье они́ е́здят на да́чу. 毎週日曜、彼らは別荘に行きます。
Ра́ньше мы ча́сто е́здили на мо́ре. 以前私たちはよく海へ行きました。

(c) 1回往復する場合（行ってきた） ※過去形のみ

Вчера́ я ходи́л на спекта́кль. 昨日私はお芝居に行ってきました。
Мы неда́вно е́здили в Но́вгород. 私たちは最近ノヴゴロドに行ってきました。

(d) 経験（行ったことがある） ※過去形のみ

Я уже́ ходи́л туда́ с семьёй. 私はすでに家族とそこへ行ったことがあります。
До э́того он не е́здил в Москву́. それまで彼はモスクワに行ったことがなかった。

(e) 能力、恒常的な行為

Наш ребёнок уже́ хо́дит. うちの子はもう歩けます。
Он лю́бит е́здить на маши́не. 彼は車に乗るのが好きです。

---

[3] к＋〔与〕で、「～のところへ、～の方に」を表します。誰か人のところへ行く場合はвやнаは使えず、必ずк＋〔与〕になります。場所の場合、その方向・目的地へ直接的に向かうときはв / на＋〔対〕、そちらの方面や、目的地の近くまで向かうときはк＋〔与〕を使います。
[4] この場合のпо＋〔与〕は移動の領域・範囲を表します（～に沿って、～中を、～のあちこちを）。

練習 3 日本語訳に合うように、次の(　)内の動詞のうち適切なものを選びましょう。

1) Мой племя́нник уже́ (хо́дит / идёт) в шко́лу. 私の甥はもう学校に通っています。
2) Он (ходи́л / шёл) по всему́ го́роду. 彼は町中を歩き回りました。
3) Они́ (ходи́ли / шли) на вы́ставку. 彼らは展覧会へ行くところでした。
4) Вчера́ мы (е́здили / е́хали) на экску́рсию. 昨日私たちは遠足へ行ってきました。
5) Она́ всегда́ о́чень бы́стро (хо́дит / идёт). 彼女はいつもとても早足で歩きます。
6) Они́ иногда́ (е́здят / е́дут) за грани́цу. 彼らは時々外国へ行きます。

以下の点に注意しましょう。

①定向動詞も不定向動詞も、**移動動詞はすべて不完了体**です。ロシア語の動詞の大多数は不完了体と完了体がペアを組みますが（→ p.142）、不完了体の移動動詞とペアを組む完了体動詞は存在しません。

②往復を表す不定向動詞による表現は、быть を用いた「行ってきた」の表現（→ p.111）とほぼ同じ意味を表します。ただし、移動動詞を用いる場合、目的地は в / на＋〔対〕で表しますが、быть の場合は в / на＋〔前〕なので注意しましょう。

B-22

Ле́том мы е́здили в Москву́. = Ле́том мы бы́ли в Москве́.
夏に私たちはモスクワに行ってきました。
Вчера́ я ходи́л на вы́ставку. = Вчера́ я был на вы́ставке.
昨日私は展覧会に行ってきました。

なお、以下のように2つの構文が混在したやりとりも可能です。

– Куда́ вы ходи́ли? 「どこに行ってきたのですか？」
– Я был в магази́не. 「店です」

– Где ты был? 「どこに行ってきたの？」
– Я е́здил в Москву́. 「モスクワだよ」

③定向動詞の現在形によって、近くて確実な未来を表すことがあります。

Сего́дня ве́чером мы идём в кино́. 今晩私たちは映画に行きます。
За́втра я е́ду на да́чу. 明日私は別荘に行きます。

④ идти́ は「歩いて行く」以外に、「(催し物・事態が）進行中である」「(雨などが）降る」という意味もあります。

Сейча́с идёт дождь. 今、雨が降っています。
Вчера́ шёл снег. 昨日は雪が降っていました。
Сейча́с в кинотеа́тре идёт но́вый америка́нский фильм.
今、映画館では新しいアメリカ映画が上映されています。
В аудито́рии идёт уро́к по[5] эконо́мике.
教室では経済学の授業が行われています。

練習 4 次の(　)内の語を適切な形に格変化させましょう。

1) Вчера́ мы с подру́гой бы́ли на (спекта́кль).
2) Сего́дня ве́чером он е́дет в (Нахо́дка).
3) Ты был на (заня́тие) по физкульту́ре?
4) За́втра у́тром я иду́ в (це́рковь).
5) Сего́дня в (Большо́й теа́тр) идёт бале́т П.И.Чайко́вского «Лебеди́ное о́зеро».
6) Вы ча́сто е́здите в (Сиби́рь)?
7) Ка́ждую суббо́ту он хо́дит в (бассе́йн).

3 数詞 оди́н の変化

数詞も格によって変化します。とりあえずここでは оди́н の変化を確認しておきましょう（2以降の格変化は、p.243-244 と巻末の文法表 p.249-250 を参照してください）。

	男	中	女	複
主	оди́н	одно́	одна́	одни́
生	одного́		одно́й	одни́х
与	одному́		одно́й	одни́м
対	＝主／生	одно́	одну́	＝主／生
造	одни́м		одно́й	одни́ми
前	одно́м		одно́й	одни́х

5 この場合の по＋〔与〕は分野・専門領域を表します（〜に関する）。

Я прочита́л то́лько одну́ кни́гу.
私は1冊しか読み終えていません。（女・対）
Ско́лько студе́нтов в одно́й гру́ппе?
1つのグループに何人の学生がいるのですか？（女・前）

なお、оди́н は「1つの」だけではなく、「同じ～」、「ある～」や「～だけ」など他にもいろいろな使い方があります。

Они́ рабо́тают на одно́м заво́де.
彼らは同じ工場で働いています。（男・前）
У одного́ челове́ка был кот.
ある人がネコを飼っていました。（男・生）
В на́шем кла́ссе у́чатся одни́ ма́льчики.
うちのクラスには男の子しかいません。（複・主）

また、このような意味の場合の他、複数形 одни́ は複数形しかない名詞を修飾する場合にも用いられます。

Он купи́л одни́ часы́.　彼は1つの時計を買った。

練習5 次の(　)内にоди́нを適切な形に変化させて入れましょう。

1) Я ви́дел ещё (　　) челове́ка.
2) Мы познако́мились с (　　) де́вушкой.
3) Я говорю́ только на (　　) языке́.
4) Она́ рассказа́ла об (　　) слу́чае.

第21課

Урóк 21 (двáдцать оди́н)

1 その他の移動動詞

Теплохóд плывёт по рекé. / Онá чáсто плáвает в бассéйне.

2 場所・目的地・出発点を表す前置詞

Он идёт из шкóлы. / Онá éдет домóй с рабóты. / Он éдет сюдá от отцá.

3 否定の強調

Никтó об э́том не знáет.

1 その他の移動動詞

移動動詞のうち、比較的よく使う 14 組を下に挙げておきます。赤字の 8 組は、これら 14 組の中でも特によく用いられるものなので、しっかり覚えておきましょう。

	定向動詞	不定向動詞	意味
自動詞	**идти́**	**ходи́ть**	歩いて行く
	éхать	**éздить**	乗り物で行く
	бежáть	**бéгать**	走って行く
	плыть	**плáвать**	泳いで行く、航行する
	летéть	**летáть**	飛んで行く
	брести́	броди́ть	のろのろ・ぶらぶらと行く
	ползти́	пóлзать	這って行く
	лезть	лáзить	よじ登って行く
他動詞	**нести́**	**носи́ть**	～を手に持って行く
	везти́	**вози́ть**	～を乗り物などで運んで行く
	вести́	**води́ть**	～を連れて行く
	тащи́ть	таскáть	～を引いて行く
	кати́ть	катáть	～を転がして行く
	гнать	гоня́ть	～を追い立てて行く

（идти́／ходи́ть、éхать／éздить：p.174-180 参照）

赤字の8組のうち、現在形で不規則変化や子音交替、アクセント移動が起こるものを下にまとめておきます（идти́, ходи́ть, е́хать, е́здить については第20課を参照してください）。

		бежа́ть	плыть	лете́ть	носи́ть	вози́ть	води́ть
現在形	я	бегу́	плыву́	лечу́	ношу́	вожу́	вожу́
	ты	бежи́шь	плывёшь	лети́шь	но́сишь	во́зишь	во́дишь
	он	бежи́т	плывёт	лети́т	но́сит	во́зит	во́дит
	мы	бежи́м	плывём	лети́м	но́сим	во́зим	во́дим
	вы	бежи́те	плывёте	лети́те	но́сите	во́зите	во́дите
	они́	бегу́т	плыву́т	летя́т	но́сят	во́зят	во́дят

現在形も過去形も不規則になるのは右の3つです。

		нести́	везти́	вести́
現在形	я	несу́	везу́	веду́
	ты	несёшь	везёшь	ведёшь
	он	несёт	везёт	ведёт
	мы	несём	везём	ведём
	вы	несёте	везёте	ведёте
	они́	несу́т	везу́т	веду́т
過去形	он	нёс	вёз	вёл
	она́	несла́	везла́	вела́
	оно́	несло́	везло́	вело́
	они́	несли́	везли́	вели́

いずれも定向と不定向の違いは、идти́ / ходи́ть と е́хать / е́здить の場合と同じです。
以下の例文がそれぞれどの用法か確認しながら見てみましょう。

① бежа́ть / бе́гать 「走って行く」

Студе́нт бежи́т на ле́кцию. 学生が講義に走って行きます。（定）
Он бе́гал в магази́н за молоко́м[1]. 彼は牛乳を買いに店へ走って行ってきた。（不定）
Я люблю́ бе́гать у́тром. 私は朝走るのが好きです。（不定）

② плыть / пла́вать 「泳いで行く、船などで水上・水中を行く」

Теплохо́д плывёт по реке́. ディーゼル船が川を進んでいます。（定）
Он плывёт к бе́регу. 彼は岸へと泳いでいます。（定）
Она́ ча́сто пла́вает в бассе́йне. 彼女はよくプールで泳いでいます。（不定）

1 за＋〔造〕で、この場合は「～を求めて、買いに」という意味になります。

③ летéть / летáть 「空を飛んで行く、飛行機で行く」

Наш самолёт сейчáс летúт в Парúж. 我々の飛行機は現在パリに向かっています。(定)
Я чáсто летáю в Москвý. 私はモスクワによく(飛行機で)行きます。(不定)
Птúцы летáют над нáшим дóмом. 鳥がうちの家の上を飛び回っています。(不定)

以下はすべて他動詞で、対格の目的語を必要とするところが①〜③とは違います。

④ нестú / носúть 「〜を手で持っていく」

Он несёт чемодáн в кóмнату.
彼は部屋にスーツケースを持って行くところです。(定)
Онá всегдá нóсит словáрь в кармáне.
彼女はいつも辞書をポケットに入れて持ち歩いています。(不定)

※ носúть は「(服などを) 着用している」という意味でも用いられます。
Я всегдá ношý очкú [гáлстук]. 私はいつも眼鏡［ネクタイ］をしています。

⑤ везтú / возúть 「(乗り物など運搬手段を使って)〜を運んで行く」

Он везёт багáж на телéжке.
彼は台車で荷物を運んで行くところです。(定)
Скóрая пóмощь везёт жéнщину в больнúцу.
救急車が女性を病院に運んで行きます。(定)
Он кáждый день вóзит пассажúров в аэропóрт.
彼は毎日空港に乗客を乗せて行きます。(不定)

⑥ вестú / водúть 「〜を連れて行く」

Зáвтра я ведý дрýга на вéчер.
明日私は友人をパーティに連れて行きます。(定)
Вчерá я водúл сы́на в кнúжный магазúн.
昨日私は息子を連れて本屋に行ってきました。(不定)
В дéтстве мáма иногдá водúла менá в музéи и теáтры.
子どものころ、お母さんは時々僕を博物館や劇場に連れて行ってくれました。(不定)

※ вестú / водúть は、「運転する、行う、導く」という意味でも用いられます。
Он вóдит машúну осторóжно. 彼は慎重に車を運転します。
Россúя ведёт переговóры с Фрáнцией. ロシアはフランスと交渉を行っています。
Позитúвное мышлéние ведёт нас к успéху.
ポジティブな考え方は私たちを成功へと導いてくれます。

練習 1 日本語訳に合うように、次の（　）内の動詞のうち適切な方を選びましょう。

1) Ка́ждое у́тро он (бежи́т / бе́гает) по па́рку. 毎朝彼は公園をジョギングします。
2) Куда́ (плыву́т / пла́вают) э́ти корабли́? これらの船はどこへ行くところですか？
3) Вы уме́ете (плыть / пла́вать)? あなたは泳げますか？
4) Пти́цы (летя́т / лета́ют) на юг. 鳥たちが南へ飛んで行くところです。
5) Ка́ждый год пти́цы (летя́т / лета́ют) на юг. 毎年鳥たちは南へ飛んで行きます。
6) Что ты (несёшь / но́сишь)? 何を運んで行くところなの？
7) Он (несёт / но́сит) чёрные очки́. 彼はサングラスをかけています。
8) Куда́ ты меня́ (ведёшь / во́дишь)? どこへ私を連れて行くつもりなんだい？
9) Вчера́ я (вёл / води́л) ученико́в в зоопа́рк.
昨日私は生徒たちを動物園に連れて行ってきました。
10) Обы́чно она́ (везёт / во́зит) дете́й в де́тский сад на маши́не.
いつも彼女は子どもたちを幼稚園へ車で送って行きます。
11) Э́та маши́на (везёт / во́зит) гру́зы на ста́нцию.
この車は駅へ荷物を運んで行くところです。

2 場所・目的地・出発点を表す前置詞

移動の出発点（～から）を表す前置詞には、**из** ＋〔生〕と **с** ＋〔生〕があります。

Он идёт из шко́лы. 彼は学校から来るところです。
Она́ е́дет домо́й с рабо́ты. 彼女は職場から家に戻るところです。

из と **с** の使い分けは **в** と **на** の使い分けに対応しており、**в** を使う名詞は **из** を使い、**на** を使う名詞は **с** を使います。

Он рабо́тает { в шко́ле. / на заво́де.	Он идёт { в шко́лу. / на заво́д.	Он идёт { из шко́лы. / с заво́да.
「～で働く」	「～へ行く」	「～から来る・行く」

これ以外に、人や地点などを示す場合に使われる前置詞もあります。整理してみましょう。

	場所「〜で・に」	方向・目的地「〜へ」	出発点「〜から」
шкóла など	в +〔前〕	в +〔対〕	из +〔生〕
завóд など	на +〔前〕	на +〔対〕	с +〔生〕
人・地点など	у +〔生〕	к +〔与〕	от +〔生〕
疑問詞	где?	кудá?	откýда?
ここ	здесь	сюдá	отсюда
そこ・あそこ	там	тудá	оттýда

「人・地点」は、中に入ったり、上に乗ったり、直接接触することのない対象物を指します。

Он вчерá был у отцá.	彼は昨日父親のところにいました。
Он идёт к отцý.	彼は父親を訪ねて行くところです。
Он éдет сюдá от отцá.	彼は父の元からここへ向かっているところです。

в は本来「〜の中」を意味し、на は何かの上に接触しているときに使われます。人に関してはこれが当てはまらないので、у（〜のそばで）、к（〜の方へ）、от（〜のそばから）が用いられます。

人間以外のものでは、近くまで接近するしかできない何らかの地点を指す場合にも、у / к / от を用います。

Онá стоит у телефóна.	彼女は電話のそばに立っています。
Онá бежит к телефóну.	彼女は電話の方へ走っていきます。
Онá идёт сюдá от телефóна.	彼女は電話のところからこちらにやって来ます。

また、動詞によっては、中に入ったり接触したりという状況を意味しえないものもあります。そのような場合にも、у / к / от が使われます。

Пóезд приближáется к стáнции.　　列車が駅に近づいてきます。

動詞 приближáться[2]（近づく）は、駅に完全に到着するのではなく、「駅の方へ」接近することを意味するため、к を用いなければなりません。このように、動詞によって使われる前置詞が決まることもあるので、詳しくは辞書の用例で確認しましょう。

[2] приближáться は、「近づく」という一種の「移動」を意味する動詞ですが、移動動詞ではありません。移動動詞というのは、単に移動を意味するだけではなく、定向動詞と不定向動詞がペアを成している特殊な動詞を指します。ほかにも гулять（散歩する）など、移動を意味していても移動動詞でないものは数多くあります。

次の( )内の前置詞のうち適切なものを選び、[ ]内の名詞を適切な形に格変化させましょう。

1) Он уже́ верну́лся (из / с / от) [Москва́].
2) По́езд отправля́ется (из / со / в) [ста́нция] в 10 часо́в ве́чера.
3) Я получи́л письмо́ (из / с / от) [мать].
4) Вчера́ я был (в / на / у) [ба́бушка].
5) Я иду́ (в / на / к) [врач].
6) Ты идёшь (в / на / к) [рабо́та] пря́мо отсю́да?

3 否定の強調

疑問詞に ни- という接頭辞を付けると「〜も（…ない）」のように否定の強調になります。«Nobody knows.» のように、nobody のみで否定文を形成できる英語と違い、原則として否定を表す не や нет などを伴うことに注意しましょう（疑問詞の変化は巻末の文法表 p.248 を参照）。

никто́ 誰も（…ない）

Никто́ об э́том не зна́ет. 誰もそのことについて知りません。
Он никого́ не лю́бит. 彼は誰のことも愛していません。
Я никому́ не помога́ю. 私は誰のことも助けてあげません。

ничто́ 何も（…ない）

Он ничего́ не де́лает. 彼は何もしません。
Они́ ничему́ не ве́рят. 彼らは何も信じていません。

никако́й どんな〜も（…ない）

У меня́ нет никако́й ро́дины. 私には故郷なんてありません。
Никаки́е тру́дности не мо́гут останови́ть нас. どんな困難も僕らを止めることはできない。

ника́к どうやっても（…ない）

Я ника́к не могу́ поня́ть. 私はどうしても理解できません。

нигде́　どこにも（…ない）

никуда́　どこへも（…ない）

ниотку́да　どこからも（…ない）

Он нигде́ не рабо́тает.　彼はどこでも働いていません。
Она́ никуда́ не идёт.　彼女はどこへも行きません。
Ниотку́да нет пи́сем.　どこからも手紙はありません。

никогда́　一度も・決して（…ない）

Я никогда́ не́ был в Япо́нии.　私は一度も日本へ行ったことがありません。

ниче́й　誰の〜も（…ない）

Э́та соба́ка ничья́.[3]　この犬は誰のものでもありません。

以下の点に注意しましょう。

1) 前置詞があるときは、接頭辞ни - と疑問詞部分を分離し、その間に入れます。
Ни у кого́ нет секре́тов.　誰にも秘密はありません。(← у＋никто́)
Он ни о чём не говори́т.　彼は何についても話しません。(← о＋ничто́)

2) ни が独立した否定助詞として使われる用法もあります。その場合、単数名詞（оди́н を伴うこともあります）と結びついて、「1つも〜ない」という意味になります。
Там не́ было ни одного́ челове́ка.　そこには1人もいませんでした。
Он не сказа́л ни сло́ва.　彼は一言も発しませんでした。

練習3　次の文を日本語に訳しましょう。

1) Никому́ не говори́ об э́том.
2) Прости́те, но я ниче́м не могу́ вам помо́чь.
3) Она́ ни о чём не ду́мает.
4) Нет никако́го сомне́ния.
5) Не́ было никако́й наде́жды.
6) Он никак не мог вспо́мнить её и́мя.
7) В э́том ми́ре нигде́ нет справедли́вости.
8) Вчера́ я никуда́ не ходи́л.
9) Она́ никогда́ не улыба́ется.

---

3 この例文のように、文脈によっては否定の助詞 не がないこともあります。
Ничего́ но́вого.　新しいことは何もありません。

略語（1）

ロシア語にはいろいろな略語があります。よく使われるものを見てみましょう。

【国と国際機関】

РФ (Росси́йская Федера́ция)	ロシア連邦
СССР (Сою́з Сове́тских Социалисти́ческих Респу́блик)	ソビエト社会主義共和国連邦
СНГ (Содру́жество Незави́симых Госуда́рств)	独立国家共同体
США (Соединённые Шта́ты Аме́рики)	アメリカ合衆国
ООН (Организа́ция Объединённых На́ций)	国際連合

【ロシア・ソ連の国家組織】

МИД (Министе́рство иностра́нных дел)	外務省
МВД (Министе́рство вну́тренних дел)	内務省
ГАИ (Госуда́рственная автомоби́льная инспе́кция)	交通警察
КГБ (Комите́т госуда́рственной безопа́сности)	国家保安委員会（KGB）

【その他】

ГУМ (Гла́вный универса́льный магази́н)	グム・デパート
ЦУМ (Центра́льный универса́льный магази́н)	中央デパート
МХАТ (Моско́вский худо́жественный академи́ческий теа́тр)	モスクワ芸術劇場
ЦСКА (Центра́льный спорти́вный клуб а́рмии)	軍中央スポーツ・クラブ
МГУ (Моско́вский госуда́рственный университе́т)	モスクワ国立大学
МГИМО (Моско́вский госуда́рственный институ́т междунаро́дных отноше́ний)	モスクワ国立国際関係大学

ГУМ と ЦУМ はモスクワにある老舗デパートです。ЦСКА は日本のメディアでは CSKA と表記されています。サッカーチームが有名ですが、バスケットボールのチームなどもある総合スポーツクラブです。

第22課 урóк 22 (двáдцать два)

1 移動動詞と接頭辞

Он вошёл в кóмнату.

Маши́на вы́ехала из гóрода.

2 接頭辞と前置詞の対応

Он вошёл в зал.

Он прошёл через парк.

3 注意すべき接頭辞＋移動動詞

Он пошёл лéсом в другу́ю дерéвню.

У́тром он немнóго походи́л по пáрку.

1 移動動詞と接頭辞

移動動詞にさまざまな接頭辞を付けると、「来る」「去る」「入る」「出る」など、付加的なニュアンスを持った新しい動詞を体系的に造ることができます。

при-（到着）＋ летéть（飛んで行く）＝ прилетéть（飛んでやって来る）
в-　（入る）＋ нести́（持って行く）＝ внести́　（持ち込む）

移動動詞は定向動詞も不定向動詞もすべて不完了体でしたが (→ p.179)、接頭辞が付くと、定向・不定向の区別がなくなり、かわりに通常の動詞と同様に完了体と不完了体でペアを組むようになります。

接頭辞が移動動詞に付く際は、以下のように体が形成されます。

接頭辞	＋	定向動詞	＝	完了体動詞
接頭辞	＋	不定向動詞	＝	不完了体動詞

летéть〔定〕/ летáть〔不定〕→ прилетéть〔完〕/ прилетáть〔不完〕
нести́〔定〕/ носи́ть〔不定〕→ внести́〔完〕/ вноси́ть〔不完〕

接頭辞のうち比較的よく用いられるものを以下に挙げておきます。

в-	中へ、入る
вы-	外へ、出る
при-	到着する、来る
у-	去る、離れる
от-	離れる、出発する
под-	接近する、近づく
про-	通る、通り抜ける、通り過ぎる
пере-	渡る、横切る、移る
до-	到達する、たどり着く
за-	立ち寄る

これらの接頭辞が移動動詞に付くと、以下のような動詞が形成されます（表の1段目は上の行が定向動詞、下の行が不定向動詞で、2段目以下は上の行が完了体、下の行が不完了体です）。

定 不定	идти́ ходи́ть 歩いて行く	е́хать е́здить 乗り物で行く	бежа́ть бе́гать 走って行く	плыть пла́вать 泳いで（船で）行く
в-	войти́ входи́ть 歩いて入る	въе́хать въезжа́ть 乗り物で入る	вбежа́ть вбега́ть 走って入る	вплыть вплыва́ть 泳いで（船で）入る
вы-	вы́йти выходи́ть 歩いて出る	вы́ехать выезжа́ть 乗り物で出る	вы́бежать выбега́ть 走って出る	вы́плыть выплыва́ть 泳いで（船で）出る
при-	прийти́ приходи́ть 歩いて来る	прие́хать приезжа́ть 乗り物で来る	прибежа́ть прибега́ть 走って来る	приплы́ть приплыва́ть 泳いで（船で）来る
у-	уйти́ уходи́ть 歩いて去る	уе́хать уезжа́ть 乗り物で去る	убежа́ть убега́ть 走り去る	уплы́ть уплыва́ть 泳ぎ去る、船で去る
от-	отойти́ отходи́ть 歩いて離れる	отъе́хать отъезжа́ть 乗り物で離れる	отбежа́ть отбега́ть 走って離れる	отплы́ть отплыва́ть 泳いで（船で）離れる
под-	подойти́ подходи́ть 歩いて近づく	подъе́хать подъезжа́ть 乗り物で近づく	подбежа́ть подбега́ть 駆け寄る	подплы́ть подплыва́ть 泳いで（船で）近づく
про-	пройти́ проходи́ть 歩いて通り過ぎる	прое́хать проезжа́ть 乗り物で通り過ぎる	пробежа́ть пробега́ть 走って通り過ぎる	проплы́ть проплыва́ть 泳いで（船で）通り過ぎる

пере-	перейти́ переходи́ть 歩いて移る	перее́хать переезжа́ть 乗り物で移る	перебежа́ть перебега́ть 走って移る	переплы́ть переплыва́ть 泳いで（船で）移る
до-	дойти́ доходи́ть 歩いて到達する	дое́хать доезжа́ть 乗り物で到達する	добежа́ть добега́ть 走って到達する	доплы́ть доплыва́ть 泳いで（船で）到達する
за-	зайти́ заходи́ть 立ち寄る	зае́хать заезжа́ть 乗り物で寄る	забежа́ть забега́ть 走って立ち寄る	заплы́ть заплыва́ть 泳いで（船で）寄る

これ以外の移動動詞も、同様に接頭辞を付けて造語することができます。
造語される際、一部の接頭辞や動詞の形が少し変形することに注意しましょう。

1) 動詞は接頭辞が付くと形が変わることがあります。

идти́ → -йти́　　　бе́гать → -бега́ть
е́здить → -езжа́ть　　　пла́вать → -плыва́ть

2) в- / от- / под- は、идти́ に付くと -о- が入ります。

в- → во- / от- → ото- / под- → подо-

3) в- / от- / под- は、е́хать, е́здить に付くと、接頭辞と動詞を区切って発音させるため、-ъ- が入ります。

в- → въ- / от- → отъ- / под- → подъ-

4) 完了体では вы́- にアクセントが置かれます。

これらの動詞の変化は、変形したもの以外は元の移動動詞の変化に従います。-йти́ の変化は以下のようになります。

		войти́	прийти́
人称変化（完了未来）	я	войду́	приду́
	ты	войдёшь	придёшь
	он	войдёт	придёт
	мы	войдём	придём
	вы	войдёте	придёте
	они́	войду́т	приду́т
過去	он	вошёл	пришёл
	она́	вошла́	пришла́
	оно́	вошло́	пришло́
	они́	вошли́	пришли́

元の移動動詞 идти́ は、я иду́, ты идёшь... と変化しますが、接頭辞がつくと и が й に交替します。прийти́ のみ例外的に й が脱落することにも注意しましょう。過去形はいずれも、идти́ の過去形（шёл, шла, шло, шли）に接頭辞を付けて作られます。

Он вошёл в ко́мнату.	彼は部屋に入りました。
Маши́на вы́ехала из го́рода.	車は町を出ました。
Он прилете́л в Москву́.	彼はモスクワに（飛行機で）やって来ました。
Он унёс де́ньги из ба́нка.	彼は銀行からお金を持ち去りました。
Преподава́тель отошёл от доски́.	先生は黒板から離れました。
По́езд подъезжа́ет к грани́це.	列車が国境に近づいていきます。
Мать зашла́ в магази́н за проду́ктами.	母は食料品を買いに店へ立ち寄りました。

練習 1 次の文を日本語に訳しましょう。

1) Наконе́ц я дошёл до университе́та.
2) Де́ти перехо́дят доро́гу.
3) Вы принесли́ ну́жный докуме́нт?
4) Я ско́ро приду́ к тебе́.
5) Пти́цы улете́ли на юг.
6) Вдруг он вбежа́л в ко́мнату.
7) Все соба́ки убежа́ли.
8) Он уже́ ушёл домо́й.
9) Ле́на, зайди́ к нам за́втра!
10) Ко мне подошёл незнако́мый мужчи́на.

◆ 注意すべき使い分け

① у- と от-

どちらも何かから離れることを表しますが、у- **はそこから去っていなくなること**を意味するのに対して、от- **はいなくなるわけではなく、単に現在の場所から移動すること**を意味します。

Уйди́те!	いなくなれ！（どこかへ行ってしまえ、消えろ）
Отойди́те!	どいてください！（例えば、通路が狭いときなど）

また、過去形で «Он ушёл.» と言った場合、完了体の「結果の残存」（→ p.143）の用法で、「彼は（去って行き、その結果）いません」という意味にもなります。

② про- と пере-

про- **は何かを突っ切るか、その近くを通過すること**を表します。例えば「公園を横切る」「店のそば・前を通る」などと言うときは про- を使います。それに対して、пере- **は「ある状態からある状態への移行」**を表します。また、線状のものを越えるときにも пере- を使います。

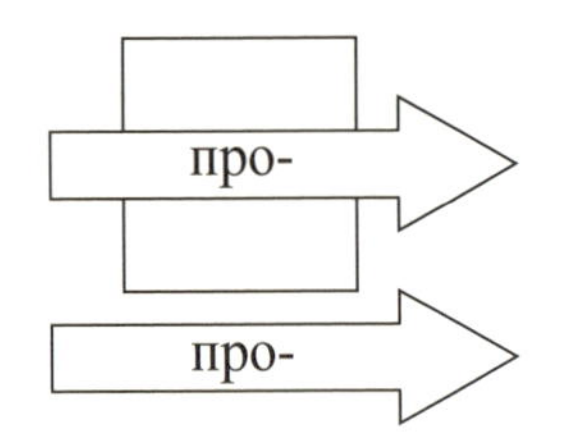

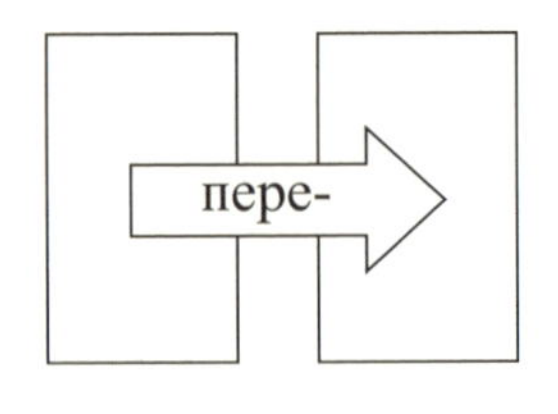

Он прое́хал через[1] го́род.	彼は町を通って行きました。
Он прошёл ми́мо[2] ста́нции.	彼は駅前を通って行きました。
Она́ перешла́ через доро́гу.	彼女は道を渡りました。

2 接頭辞と前置詞の対応

接頭辞によっては、方向・目的地や出発点、通過点などを示すための前置詞と対応関係を持つものがあります。次の表に挙げるのは、中でもよく使われるものです。

接頭辞	前置詞	例	理由
в-	в +〔対〕	Он **вошёл в** зал. 彼はホールに入った。	「中へ入る」ので в。
вы-	из +〔生〕 （в / на +〔対〕）	Он **вы́шел из** за́ла. 彼はホールから出た。 Он **вы́шел на** у́лицу [**в** сад]. 彼は通り［庭］に出た。	「中から出る」ので из（ただし、出てからの行き先は в / на で表す）。
про-	через +〔対〕 ми́мо +〔生〕	Он **прошёл через** парк. 彼は公園を通った。 Он **прошёл ми́мо** магази́на. 彼は店の前を通った。	目的地ではなく通過する場所を示すので через か ми́мо。
пере-	(через) +〔対〕	Он **перешёл** (**через**) грани́цу. 彼は国境を越えた。	同上の理由で、через。前置詞なしで直接、対格名詞を補語とするのも可。
от-	от +〔生〕	Я **отошла́ от** окна́. 私は窓から離れた。	中や上から離れるのではなく「そばから離れる」ので от。
под-	к +〔与〕	Я **подошёл к** окну́. 私は窓に近づいた。	接触するのではなく、「接近する」だけなので к。
до-	до +〔生〕	Я **дошёл до** до́ма. 私は家にたどり着いた。	目的地というより到達点を表すので до（～まで）。

[1] через +〔対〕 =「～を通って」
[2] ми́мо +〔生〕 =「～のそば・脇・前を」

練習2 (　)内に適切な前置詞を入れ、[　　]内の語を適切な形に格変化させましょう。

1) Птúца влетéла (　) [oкнó].
2) Мы вы́шли (　) [аудитóрия].
3) Пóезд отошёл (　) [вокзáл].
4) Подойдú (　) [я]!
5) Собáка подбежáла (　) [отéц].
6) Онú ужé доéхали (　) [Москвá].
7) Самолёт долетéл (　) [Парúж] благополýчно.

3 注意すべき接頭辞 + 移動動詞

①接頭辞 по-

по- は定向動詞に付けると「出発」を表す完了体動詞になります。

Он пошёл лéсом[3] в другýю дерéвню.　彼はほかの村へと森を歩き始めました。
Он поплы́л к бéрегу.　彼は岸に向かって泳ぎ出しました。

一方、по- は不定向動詞に付けても不完了体にはならず、「ちょっと」「しばらくの間」を意味する完了体動詞になります。

Ýтром он немнóго походúл по пáрку.　彼は朝、少し公園を歩きました。
Сегóдня он поплáвал[4] в бассéйне.　今日、彼はプールで少し泳ぎました。

②接頭辞 от-「しかるべきところに」

他動詞の移動動詞に от- が付いた場合、「当然持って行くべき場所・しかるべき場所」へ何かを運ぶという意味になることもあります。

Онá прочитáла кнúгу и отнеслá её в библиотéку.
彼女は本を読み終わって図書館に持って行きました。
Скóрая пóмощь отвезлá бáбушку в больнúцу.
救急車がおばあさんを病院に運んで行きました。

上の例では、「図書館」と「病院が」それぞれ「しかるべき場所」ということになります。

---

[3] この лéсом は лес（森）の単数造格です。造格にはこのような「経路」を表すという用法もあります。
Он идёт пóлем.　彼は野原を歩いています。

[4] поплáвать は、接頭辞が付いても -плывáть に変わりません。плáвать 以外の不定向動詞に接頭辞 по- を付けても、ほかの接頭辞と違って移動動詞の形が変わることはありません（поéздить, побéгать）。このことから考えても、定向動詞に付く по- と不定向動詞に付く по- は別のものと捉えるべきでしょう。

③移動の意味がない例

переводи́ть / перевести́

本来は「連れて移す、移動させる」という意味ですが、「通訳・翻訳する」という意味でも用いられます。「ある言語から別の言語へ移す」というイメージで理解しましょう。

Он перево́дит э́тот текст с япо́нского языка́ на ру́сский.
彼はこのテキストを日本語からロシア語に翻訳しています。

Я переведу́ для вас э́ти докуме́нты.
私はあなたのためにこの書類を訳してあげますよ。

находи́ть / найти́

接頭辞 на- は上の一覧にはありませんが、「～の表面に及ぶ、接触する、行き当たる」という意味を持ちます。находи́ть / найти́ は、そこから転じて「(探している何かに) 行き当たる」→「見つける」という意味で頻繁に用いられます。

Я нашёл свою́ тетра́дь. 私は自分のノートを見つけました。
Я не нахожу́ отве́та. 私は答えが見つかりません。

また、これに -ся がついた находи́ться / найти́сь は「見つかる」という意味になりますが、不完了体の находи́ться は、「ある、いる」という存在を表す動詞としても用いられます。

Наш университе́т нахо́дится в це́нтре го́рода. うちの大学は都心にあります。
Я сейча́с нахожу́сь в Москве́. 私は今モスクワにいます。

補足

「行く」という行為について、日本語として最も自然な表現、つまり「(今) ～に行くところだ」(現在)、「～に行った、行ってきた」(過去)、「(これから) ～に行く」(未来) という場合、最も普通の言い方はそれぞれ以下のようになります。

現在：Я сейча́с иду́ в шко́лу.
私は今学校に行くところです。〔定向動詞・現在形〕

過去：Я вчера́ ходи́л в шко́лу.
私は昨日学校に行きました。〔不定向動詞・過去形〕

未来：Я за́втра пойду́ в шко́лу.
私は明日学校に行きます。〔по＋ 定向動詞 ＝ 完了体・未来形〕

例えば未来のこととして Я бу́ду идти́ ～. と言えないわけではありませんが、その場合、「(未来のある時点で) 私は～へ行く途中であろう」というかなり特殊なケースに限られます。

練習 3　次の文を日本語に訳しましょう。

1) Де́ти пошли́ в шко́лу.
2) На́ша соба́ка вдруг побежа́ла.
3) Мы походи́ли по ле́су.
4) Ма́льчики немно́го побе́гали по па́рку.
5) Она́ отвела́ ребёнка в де́тский сад.
6) Мне ну́жно отнести́ э́ту посы́лку на по́чту.
7) Кто перевёл «А́нну Каре́нину» на япо́нский язы́к?
8) – Я не понима́ю, что говори́т экскурсово́д.
   – Не беспоко́йся, я бу́ду тебе́ переводи́ть.
9) Я ника́к не могу́ найти́ русско-япо́нский слова́рь.
10) Где нахо́дится Эрмита́ж?

第23課 Урóк 23 (двáдцать три)

1 助詞 ли を用いた疑問文
Знáет ли Натáша об э́том?

2 間接疑問文
Я не знáю, пóмнит ли онá Ми́шу.

Интерéсно, когó онá лю́бит.

3 関係代名詞 котóрый
Э́то мой друг, котóрый рабóтает в Ки́еве.

4 関係代名詞 кто と что
Онá лю́бит тогó, кто лю́бит Мáшу.

5 関係副詞
Я хорошó пóмню тот день, когдá родилáсь моя́ дочь.

6 目的を表す чтобы
Мы рабóтаем, чтобы жить.

7 譲歩の表現
Что бы ни случи́лось, я бу́ду с тобóй.

1 助詞 ли を用いた疑問文

すでに学んだように、ロシア語の да / нет で答える疑問文はイントネーションのみで表現され(→ p.27)、疑問のイントネーションの置かれる位置によって、何が聞きたいかを示します(→ p.72「補足」)。しかし、これだと書き言葉のときにどこが聞きたいポイントなのか明確にわかりません。そこで、疑問の助詞 ли が用いられます。

Натáша ли знáет об э́том?	ナターシャがこのことを知っているのですか？
Знáет ли Натáша об э́том?	ナターシャはこのことを知っているのですか？
Об э́том ли знáет Натáша?	ナターシャが知っているのはこのことですか？

ли を用いる場合、疑問のポイントを文頭に移動させ、その直後に ли を置きます。イントネーションは、疑問のポイントである文頭の要素のアクセント音節で高く上がります。

練習 1 次の文を、ли を使った疑問文に書き換えましょう。なお、疑問のポイントは下線部です。

1) Он живёт в Москве́.
2) Он прие́дет в Но́вгород сего́дня ве́чером.
3) Она́ уме́ет води́ть маши́ну.
4) Они́ уе́хали на ро́дину.
5) Он принёс кни́гу.

2 間接疑問文

да / нет で答える疑問文を間接疑問文にする際にも助詞 ли が用いられます。その場合、疑問のポイントとなる要素を間接疑問文の部分の先頭に置き、その直後に ли を入れます。

Я не зна́ю, по́мнит ли она́ Ми́шу.
彼女がミーシャのことを覚えているかどうか、私は知りません。
Я её спроси́л, Ми́шу ли она́ лю́бит.
私は彼女に、ミーシャのことを愛しているのかと尋ねました。

疑問詞を使った疑問文を間接疑問文にする場合は、疑問文をそのまま用います。特に語順を変える必要はありません。

Кого́ она́ лю́бит? 彼女は誰を愛しているのですか？
Интере́сно, кого́ она́ лю́бит. 彼女が誰を好きか興味があります。

Когда́ роди́лся Пу́шкин? プーシキンはいつ生まれたのですか？
Я не по́мню, когда́ роди́лся Пу́шкин.
私はプーシキンがいつ生まれたか覚えていません。

С кем он живёт? 彼は誰と住んでいるのですか？
Я хочу́ знать, с кем он живёт. 私は彼が誰と住んでいるのか知りたいです。

練習 2　次の文を日本語に訳しましょう。

1) Он меня́ спроси́л, бу́дет ли она́ в университе́те сего́дня.
2) Я не зна́ю, по́нял ли он меня́.
3) Он хорошо́ понима́ет, почему́ она́ не хо́чет рабо́тать.
4) Мы не понима́ем, как рабо́тает компью́тер.
5) Вы зна́ете, ско́лько э́то сто́ит?
6) Я не по́мню, кто где рабо́тает.

3 関係代名詞 кото́рый

ロシア語の関係代名詞として最もよく用いられるのが кото́рый です。英語の who, which とは違い、先行詞が人と物のどちらでも使うことができます。кото́рый は形容詞と同じ変化（硬変化 I → p.247）をし、**従属文中の格に応じて変化**します。

Э́то мой друг.　　これは私の友人です。
Он рабо́тает в Ки́еве.　　彼はキエフで働いています。
〔主〕

⇒ Э́то мой друг, кото́рый рабо́тает в Ки́еве.
〔男・主〕
これはキエフで働いている私の友人です。

Где кни́га?　　本はどこですか？
Ты прочита́л её.　　君はそれ（＝本）を読んでしまいました。
〔対〕

⇒ Где кни́га, кото́рую ты прочита́л?　　君が読み終えた本はどこにあるの？
〔女・対〕

Сего́дня к нам прие́хал сын.　　今日うちに息子が来ました。
Я неда́вно посла́л ему́ письмо́.　　私は最近、彼に手紙を出しました。
〔与〕

⇒ Сего́дня к нам прие́хал сын, кото́рому я неда́вно посла́л письмо́.
〔男・与〕
最近私が手紙を送った息子が、今日うちに来ました。

Она́ ду́мает об одно́м америка́нце. 彼女はあるアメリカ人のことを考えています。
Она́ его́ люби́ла. 彼女は彼を愛していました。
〔対〕

⇒ Она́ ду́мает об одно́м америка́нце, кото́рого она́ люби́ла.
〔男［活動体］・対〕

彼女は、自分が愛していたあるアメリカ人のことを考えています。

кото́рый が前置詞を伴う場合は、кото́рый の前に前置詞が置かれます。

Там стои́т ма́льчик. あそこに男の子が立っています。
Я тебе́ говори́л о нём. 私は彼について君に話しました。
〔前〕

⇒ Там стои́т ма́льчик, о кото́ром я тебе́ говори́л.
〔男・前〕 私が君に話した男の子があそこに立っています。

また、кото́рый が生格として名詞を修飾する場合も、修飾される名詞は кото́рый の前に置かれます。

Я пойду́ к сосе́ду. 私は隣人のところへ出かけます。
Дочь сосе́да неда́вно вы́шла за́муж[1]. 隣人の娘は最近結婚しました。
〔生〕

⇒ Я пойду́ к сосе́ду, дочь кото́рого неда́вно вы́шла за́муж.
〔男・生〕 最近娘が結婚した隣人のところへ私は行きます。

練習 3 次の（ ）内に、кото́рый を適切な形に変化させて入れましょう。

1) Студе́нты, ( ) изуча́ют ру́сский язы́к, вчера́ пое́хали в Росси́ю.
2) Студе́нты, ( ) я преподаю́ ру́сский язы́к, вчера́ пое́хали в Росси́ю.
3) Я познако́мился с де́вушкой, ( ) лю́бит Ива́н.
4) Я познако́мился с де́вушкой, ( ) лю́бит Ива́на.
5) Вчера́ он ходи́л в музе́й, в ( ) рабо́тает его́ оте́ц.
6) Там сиди́т па́рень, с ( ) я рабо́таю вме́сте.

[1] вы́йти за́муж за +〔対〕=「（女性が）～と結婚する」。男性が結婚する場合は、жени́ться на +〔前〕と言います。

4 関係代名詞 кто と что

кто と что も関係代名詞として用いることができます。кто は活動体を先行詞とし、что は不活動体を先行詞としますが、весь（すべての）の中性もしくは複数形[2]、および тот（その、それ）を先行詞とすることが最も多いです。関係代名詞 что も кто も、котóрый と同様、従属文中の格に応じて変化します。

тот [та / те], кто ～「～である人」

Он тот, кто нам нýжен.
〔男・主〕〔主〕
彼は私たちにとって必要な人です。

Он тот, когó онá лю́бит.
〔男・主〕〔対〕
彼は彼女が愛している人です。

Онá лю́бит тогó, кто лю́бит Мáшу.
〔男・対〕〔主〕
彼女はマーシャを好きな人のことを愛しています。

Онá и́менно та, о ком я говори́л.
〔女・主〕〔前〕
彼女はまさに私が話していた人です。

以下のような場合に注意しましょう。

Те, кто учи́лся [учи́лись] рýсскому языкý, вчерá поéхали в Росси́ю.
〔複・主〕〔主〕
ロシア語を勉強していた人たちは、昨日ロシアに出発しました。

従属節中の動詞 учи́лся が過去男性形になっていることに注目してください。кто は男性単数扱いなので（→ p.76）、従属節中の動詞は通常これに合わせた形になります（ただ、実際には複数の人を指す場合、口語では動詞が複数形になるなど、必ずしも男性単数形にならないこともあります）。

то, что ～「～であること」

Емý не нрáвится то, что я сказáл.
〔中・主〕〔対〕
彼は私が言ったことが気に入らないのです。

Он расскáзывал о том, чем интересýется.
〔中・前〕〔造〕
彼は自分が興味を持っていることについて語りました。

что は中性単数扱いなので（→ p.76）、従属文中で что を受ける動詞はこれに合わせます。

Я никáк не могý забы́ть то, что случи́лось вчерá.
〔中・対〕〔主〕
私は昨日起きたことをどうしても忘れられません。

---

[2] весь, тот の変化は巻末の文法表（→ p.249）を参照してください。なお、весь の中性形 всё は「すべてのもの・こと」、複数形 все は「すべての人々、全員」を表します（→ p.125）。

все, кто ～「～である人々すべて」

Все, кто зна́ет [зна́ют] Са́шу, лю́бят и уважа́ют его́.
〔複・主〕〔主〕
サーシャを知っている人は皆、彼を愛し、尊敬しています。

Я позвони́л всем, с кем вме́сте рабо́таю.
〔複・与〕〔造〕
私は一緒に働いている人みんなに電話をしました。

всё, что ～「～であるすべてのもの・こと」

Я сде́лаю всё, что ну́жно.
〔中・対〕〔主〕
私は必要なことすべてをやります。

У них есть всё, о чём я мечта́ю.
〔中・主〕〔前〕
彼らは私が憧れるすべてのものを持っています。

先行する文全体を先行詞とする что

関係代名詞 что は、先行する文全体を受けることもできます。

Он вдруг пришёл к ней, что её удиви́ло.
彼は突然彼女のところにやって来て、そのことが彼女を驚かせました。

Он у́мер, о чём я узна́л по телеви́зору.
彼が亡くなりましたが、それについて私はテレビで知りました。

練習 4 次の文を日本語に訳しましょう。

1) Тот, кто жил в э́той кварти́ре, неда́вно уе́хал в друго́й го́род.
2) Те, с кем он познако́мился в Москве́, ско́ро прие́дут в Япо́нию.
3) Все, кто у́чится в на́шем университе́те, мо́гут пое́хать на стажиро́вку в Москву́.
4) Он расска́зывает о том, что случи́лось вчера́ ве́чером.
5) Я написа́л всё, что я зна́ю.
6) Он наконе́ц сдал экза́мен, что обра́довало его́ роди́телей.

5 関係副詞

где, куда́, когда́ は、英語の where, when と同じく関係副詞としても用いられ、場所や時間を示す名詞を先行詞とします。

Э́то дере́вня, где он роди́лся.　　　これは彼が生まれた村です。
В го́роде, куда́ он перее́хал, не́ было ни одного́ ру́сского.
彼が引っ越した町には、ロシア人は1人もいませんでした。
Я хорошо́ по́мню тот[3] день, когда́ родила́сь моя́ дочь.
私は娘が生まれた日をよく覚えています。

練習 5　次の（　）内に適切な関係副詞を入れ、全文を日本語に訳しましょう。

1) В то вре́мя, (　　) он учи́лся в шко́ле, его́ оте́ц рабо́тал инжене́ром на заво́де.
2) Дом, (　　) жил изве́стный худо́жник, стал музе́ем в про́шлом году́.
3) В ко́мнате, (　　) он вошёл, не́ было никого́.
4) В те го́ды, (　　) я рабо́тал перево́дчиком, я ча́сто е́здил за грани́цу.
5) Я хочу́ посети́ть те места́, (　　) я был в де́тстве.

6 目的を表す чтобы

「～するために、するように」という目的を表すときには、接続詞 чтобы を用います。

主節と従属節の主語が一致　→　чтобы ＋ 不定形
主節と従属節の主語が別　　→　чтобы ＋ 主格主語 ＋ 過去形

Мы рабо́таем, чтобы жить.
私たちは生きるために働いています。
Я на́чал изуча́ть ру́сский язы́к, чтобы стать перево́дчиком.
私は通訳になるためにロシア語の勉強を始めました。
В го́роде постро́или спорти́вный зал, чтобы де́ти могли́ занима́ться спо́ртом.
子どもたちがスポーツをできるようにと町に体育館が建設されました。

移動を意味する動詞の場合は、動詞の不定形をそのままつなげることで目的を表すこともできます。

Он пришёл поговори́ть.　　　彼はちょっと話をするためにやって来ました。
Он прие́хал рабо́тать в То́кио.　　　彼は東京へ働きにやって来ました。

---

[3] この場合の тот は、関係代名詞、関係副詞の先行詞を示すためのもので、必ずしも「その」と訳す必要はありません。
Там сиди́т тот челове́к, о кото́ром я говори́л.　私が話した人があそこに座っています。

練習 6 次の文を日本語に訳しましょう。

1) Мне на́до пойти́ на по́чту, чтобы отпра́вить посы́лку.
2) Он у́чится кита́йскому языку́, чтобы рабо́тать в Кита́е.
3) Они́ де́лали всё, чтобы де́ти бы́ли сча́стливы.
4) Де́душка подари́л мне пиани́но, чтобы я могла́ игра́ть.
5) Я прие́хал сюда́ встре́титься со ста́рыми друзья́ми.
6) Мы пошли́ гуля́ть.

7 譲歩の表現

「疑問詞 + бы + ни + 過去形」は譲歩を表す構文(〜であろうとも)です。この構文は仮定法(→p.158)の一種なので、実際に過去のことではなくても必ず過去形になります。

Что бы ни случи́лось, я бу́ду с тобо́й. 何が起ころうとも僕は君と一緒にいる。
Э́то пра́вда, кто бы э́то ни сказа́л. 誰がそれを言ったにせよ、それは真実です。
Я приду́ к ней, где бы она́ ни была́. 彼女がどこにいようと、僕は彼女のところへ行く。
Я обяза́тельно куплю́ биле́т на э́тот конце́рт, ско́лько бы он ни сто́ил.
いくらしようと、私は絶対にこのコンサートのチケットを買います。

なお、疑問詞の部分は必要に応じて格変化します。

О чём бы он ни говори́л, слу́шать его́ всегда́ интере́сно.
彼が何について話そうと、彼の話を聞くのはいつもおもしろいです。
С кем бы ты ни была́, я люблю́ и бу́ду люби́ть тебя́.
君が誰と一緒にいようとも、僕は君を愛しているし、愛し続ける。

練習 7 次の文を日本語に訳しましょう。

1) Что бы ты ни сказа́л, я тебе́ не пове́рю.
2) Куда́ бы он ни ходи́л, он всегда́ опа́здывает.
3) Он всегда́ был сча́стлив, где бы он ни́ был.
4) Я хочу́ овладе́ть ру́сским языко́м, как бы э́то ни́ было тру́дно.

第24課

Уро́к 24 (два́дцать четы́ре)

1 то, что... 「～ということ」

Я горжу́сь тем, что у меня́ хоро́шая дочь.

2 願望・欲求を表す чтобы

Ива́н хо́чет, чтобы Мари́я чита́ла э́ту кни́гу.

3 不定代名詞

Он что́-то чита́ет. / Покажи́ что́-нибудь интере́сное. / Я тебе́ кое-что́ купи́л.

4 「ある」と「置く」

Я поста́вил ла́мпу на́ пол.

5 「～しましょう」

Дава́йте чита́ть по-ру́сски. / Дава́й посмо́трим э́тот фильм!

6 不定形文

Что мне де́лать?

7 не́- ＋疑問詞＋不定形

Мне не́куда идти́.

1 то, что... 「～ということ」

すでに学んだように、「～ということ」を表す接続詞(英語の that に相当) は что です(→ p.156)。

[1] Она́ сказа́ла, что мне не помо́жет.

私を手伝うつもりはないと彼女は言いました。

この接続詞 что の前に指示代名詞 то を付けることも可能です。

[2] Она́ сказа́ла то, что мне не помо́жет.

私を手伝うつもりはないと彼女は言いました。

この то の役割は、**文全体の中での従属節の役割＝格を示す**ことにあります。主格と対格の場合は то を省略するのがふつうですが (上の例[2] では сказа́ла の目的語を表す対格なので、[1] のように省略することが可能です)、ほかの格の場合は省略できません。

[3] Я горжу́сь тем, что у меня́ хоро́шая дочь.
私は良い娘がいることを誇りに思っています。
[4] Я беспоко́юсь о том, что у него́ сли́шком ма́ло друзе́й.
彼には友達があまりにも少ないということについて私は心配しています。

[3] は горди́ться が造格を補語に要求するため то が造格 тем に、[4] は前置詞 о が前置格を要求するため前置格 том に変化しています。

ちなみに、この場合の что は接続詞です。関係代名詞 что を用いた «то, что ~» (→ p.202) との違いに注意しましょう。

Я удиви́лся[1] тому́, что он сказа́л таку́ю глу́пость.
私は彼がそんな馬鹿げたことを言ったのに驚いた。(接続詞)
Я удиви́лся тому́, что он сказа́л.
私は彼が言ったことに驚いた。(関係代名詞)

練習 1　接続詞 что と関係代名詞 что の違いに注意しながら、次の文を日本語に訳しましょう。

1) Он говори́л о том, что ду́мает.
2) Он говори́л о том, что рабо́тал перево́дчиком в Япо́нии.
3) Ба́бушка обра́довалась тому́, что сказа́ла вну́чка.
4) Ба́бушка обра́довалась тому́, что вну́чка прие́хала к ней.
5) Меня́ огорчи́ло то, что он сде́лал.
6) Меня́ огорчи́ло то, что он сде́лал таку́ю оши́бку.

2 願望・欲求を表す чтобы

すでに学んだように、願望や欲求を表す場合には以下のように言います (→ p.106)。

Ива́н хо́чет чита́ть э́ту кни́гу.　　イワンはこの本を読みたがっています。

この場合、「～したい」と欲求を抱くのも本を読むのもイワンです。この両者が異なる場合は **чтобы+ 主格主語 + 過去形**を使います。

[1] удиви́ться + 〔与〕 = 「～に驚く」〔完〕

Ива́н хо́чет, чтобы Мари́я чита́ла э́ту кни́гу.
イワンはマリヤにこの本を読んで欲しいと思っています。

この文では、欲求を抱くのがイワンであるのに対して、読むのはマリヤです。同様のタイプのчтобы節は、хоте́ть以外にもさまざまな述語とともに用いられます。

Она́ проси́ла его́, чтобы он им помо́г.
彼らを手伝ってほしいと彼女は彼に頼みました。

Я ему́ сказа́л, чтобы он не беспоко́ился.
私は彼に心配しないよう言いました。

На́до, чтобы он отве́тил на э́тот вопро́с.
彼がこの質問に答えることが必要です。

Необходи́мо, чтобы они́ реши́ли э́ти зада́чи.
彼らがこの問題を解くことが必要不可欠です。

練習 2　例にならって文を完成させましょう。

〔例〕Я хочу́... (ты рабо́таешь вме́сте со мной).
→ Я хочу́, чтобы ты рабо́тал (рабо́тала) вме́сте со мной.

1) Мне хо́чется... (он придёт ко мне).
2) Он мне сказа́л... (я бро́шу кури́ть).
3) Скажи́те ему́... (он мне позвони́т).
4) Они́ тре́буют... (она́ уйдёт с рабо́ты).
5) Ну́жно... (мы ему́ помо́жем).
6) Жела́тельно... (они́ пое́дут сра́зу).

3 不定代名詞

「何か」「誰か」「どこか」など不特定のものを示す表現を不定代名詞と呼びます。ロシア語では疑問詞に接頭辞や接尾辞を付けて不定代名詞を作り、疑問詞の部分は必要に応じて格変化します。ロシア語の不定代名詞はいくつか種類があり、それぞれ使い方が少しずつ違います。

疑問詞 + -то

存在は確かだが具体的にはわからない、もしくは明言を避ける場合。

Он что́-то чита́ет.　彼は何か読んでいます。
Кто́-то пришёл.　誰か来ました。
Она́ с ке́м-то разгова́ривает.　彼女は誰かと話をしています。
Он живёт где́-то в Япо́нии.　彼は日本のどこかに住んでいます。

Она́ почему́-то не хо́чет отдыха́ть.　　彼女はなぜか休みたがりません。

疑問詞 + -нибудь / -либо

存在自体が現時点では不確かな場合（そのため、疑問文や条件文、命令文などで用いることが多くなります）。-либо の方が文語的です。

Кто́-нибудь приходи́л вчера́?　　昨日誰か来ましたか？
Покажи́ что́-нибудь интере́сное.　　何かおもしろい物を見せてよ。
О чём-нибудь хо́чешь спроси́ть?　　何か質問したいことはある？
Мо́жет быть, бу́дет кака́я-нибудь оши́бка.
　　もしかとすると何かミスがあるかもしれない。
Е́сли когда́-нибудь вы бу́дете в Москве́, вам, наве́рное, понра́вится[2] наш го́род.
　　もしいつかあなたがモスクワにいらしたら、たぶん私たちの町が気に入るでしょう。

кое- + 疑問詞

話し手は知っているが具体的に言わずに曖昧にする場合。前置詞を伴うときは、кое と疑問詞の間に置きます。

Кое-кто́ хо́чет с ва́ми поговори́ть.　　ある人があなたとちょっと話したがっています。
У меня́ есть кое-каки́е но́вости.　　私にはちょっとしたニュースがあります。
Я тебе́ кое-что́ купи́л.　　君にある物を買ってあげたよ。
Я хоте́л бы кое о чём спроси́ть.　　私はあることについてお尋ねしたいのですが。

練習 3　次の文を日本語に訳しましょう。

1) Он что́-то подари́л свое́й де́вушке.
2) Ты уже́ купи́л что́-нибудь на её день рожде́ния?
3) Когда́-то здесь был храм.
4) Я хочу́ рабо́тать где́-нибудь в Росси́и.
5) Я где́-то потеря́л зонт.
6) Вы не хоти́те пойти́ в како́й-нибудь япо́нский рестора́н?
7) Он рабо́тает в како́й-то фи́рме.
8) Я ка́к-нибудь решу́ э́ту зада́чу.

[2] нра́виться（不完了体）/понра́виться（完了体）は体のペアを組みますが、不完了体 нра́виться が「気に入っている、好きだ」という状態を示すのに対して、完了体の понра́виться は「気に入る、好きになる」という状態の変化を示します。このように完了体と不完了体で意味に若干のズレが生じるものがあるので注意しましょう。

4 「ある」と「置く」

すでに学んだように、さまざまな存在の仕方を表す動詞 стоя́ть (立っている)、лежа́ть (横たわっている)、висе́ть (掛かっている) は、日本語に訳すとき、「ある、いる」とした方がいい場合もあります (→ p.97)。

Ла́мпа стои́т на полу́.	照明が床にあります (立てて置かれている)。
Тетра́дь лежи́т в столе́.	ノートが机の中にあります (横たえられている)。
Пальто́ виси́т в шкафу́.	コートが戸棚の中にあります (吊る下がっている)。

「(どこかへ) 置く、しまう」という表現は、これら 3 つの動詞に対応する動詞が 3 組あります。

ста́вить〔不完〕/ поста́вить〔完〕	「立てて置く」
класть[3]〔不完〕/ положи́ть〔完〕	「横たえて置く」
ве́шать〔不完〕/ пове́сить〔完〕	「ぶら下げる、掛ける」

Я поста́вил ла́мпу на́ пол.	私は照明を床に置きました。
Я положи́л тетра́дь в я́щик стола́.	私は机の引き出しにノートをしまいました。
Я пове́сил пальто́ в шкаф.	私は戸棚にコートを掛けました。

これらの動詞の場合、置く場所は в / на ＋〔対〕で表します。「~へ置く、しまう」ので、方向・目的地を表す表現が使われるのです。

練習 4　例にならって次の文を書き換えましょう。

〔例〕Ва́за стои́т на столе́. (она́, поста́вить) → Она́ поста́вила ва́зу на стол.

1) Кни́ги стоя́т в шкафу́. (де́ти, поста́вить)
2) Кошелёк лежи́т на сту́ле. (муж, положи́ть)
3) Ко́шка лежи́т на дива́не. (жена́, положи́ть)
4) Карти́на виси́т на стене́. (худо́жник, пове́сить)
5) Ку́ртка виси́т в гардеро́бе. (дежу́рная, пове́сить)

[3] класть は現在も過去も不規則変化します (кладу́, кладёшь, кладёт, кладём, кладёте, кладу́т; клал, кла́ла, кла́ло, кла́ли)。なお、ここで出てきたその他の動詞は、ве́шать が第 1 変化で、それ以外は第 2 変化です。ただし、第 2 変化のものは子音交替 (→ p.98) などが起こりますので注意しましょう。

5 「～しましょう」

勧誘の表現（～しよう、しましょう）は、不完了体と完了体で表し方が異なり、またそれぞれいくつか表現法があります。

不完了体

① Дава́й / Дава́йте + 不定形

ты に対しては дава́й、вы に対しては дава́йте を使います。

Дава́й жить вме́сте! 一緒に暮らそうよ！
Дава́йте чита́ть по-ру́сски. ロシア語を読みましょう。

② Дава́й / Дава́йте + 1 人称複数未来形

Дава́й бу́дем жить вме́сте! 一緒に暮らそうよ！
Дава́йте бу́дем дружи́ть друг с дру́гом. お互い仲良くしましょう。
Дава́йте бу́дем счастли́выми. 幸せになりましょう。

完了体

① Дава́й / Дава́йте + 1 人称複数形

Дава́й посмо́трим э́тот фильм! この映画を見ようよ！
Дава́йте почита́ем стихи́. 詩を読みましょう。

② 1 人称複数形 / 1 人称複数形 + -те

дава́й / дава́йте を使わず、1 人称複数形で勧誘を表すこともできます。相手が вы の場合は、-те を後ろに付けます。

Пойдём [Пойдёмте] домо́й! 家に帰ろう［帰りましょう］！
Споём [Споёмте] вме́сте! 一緒に歌おう［歌いましょう］！

なお、接頭辞のない移動動詞はすべて不完了体ですが（→ p.179）、これと同じ形で勧誘表現を作ることもできます。

Идём [Идёмте] голосова́ть! 投票しに行こう［行きましょう］！
Е́дем [Е́демте] на маши́не! 車で行こう［行きましょう］！

練習 5　次の文を日本語に訳しましょう。

1) Поéдем зáвтра на экскýрсию!
2) Давáйте пить пи́во!
3) Давáй пообéдаем!
4) Уйдёмте отсю́да.
5) Давáй отдохнём сегóдня!
6) Давáйте бýдем помогáть друг дрýгу.

 6 不定形文

動詞の不定形をそのまま述語として使うと、義務、必然、命令、可能などを表す文になります。これは無人称文 (→ p.170) の一種で、**意味上の主語は与格**で表されます。

Нам не реши́ть э́ту проблéму.　私たちにはこの問題は解決できません。
Не кури́ть!　禁煙！

疑問詞を伴う不定形文は、「～すべきか、～したらよいか？」という意味になります。

Что мне дéлать?　私は何をすべきなのでしょうか？
Когó слýшать?　誰の話を聞いたらいいのでしょう？
Где изучáть рýсский язы́к?　どこでロシア語を勉強すればいいのでしょう？
Кудá идти́?　どこへ行くべきなのでしょう？

過去形にする場合は быть の過去中性形を添えます。

Что бы́ло дéлать?　何をすべきだったのでしょうか？
Когó бы́ло слýшать?　誰の話を聞いたらよかったのでしょう？

また、これらを間接疑問文 (→ p.199) にすることも可能です。

Я не знáю, где жить.　どこに住んだらいいのか私はわかりません。
Он спроси́л, кудá éхать.　どこに行ったらいいのかと彼は尋ねました。
Нáдо договори́ться, во скóлько нам встрéтиться.　私たちは何時に会うか決めなくてはなりません。

練習6　例にならって不定形文に書き換えましょう。

〔例〕Что я де́лаю? → Что мне де́лать?
1) Что я куплю́?
2) Как мы реши́м э́тот вопро́с?
3) Кого́ я спрошу́?
4) Во ско́лько они́ встаю́т?
5) Когда́ мы отдыха́ем?
6) О чём мы поговори́м?

7　не́- ＋ 疑問詞 ＋ 不定形

не́- を疑問詞に付けてさらに動詞の不定形を加えると、「～すべき…がない」という意味の文になります。これも無人称文の一種で、意味上の主語は与格で表されます。

Мне не́куда идти́.	私は行くところがありません。
Ему́ не́где жить.	彼は住む場所がありません。
Им не́когда отдыха́ть.	彼らは休む暇がありません。
Нам не́кого спроси́ть.	私たちは質問する相手がいません。
Не́чего[4] чита́ть.	読むものがありません。

前置詞を伴う場合、не́ と疑問詞が分離し、その間に前置詞が入ります。

Не́ с кем говори́ть.	話をする相手がいません。
Не́ о чем говори́ть.	話すことがありません。

練習7　次の文を日本語に訳しましょう。

1) Нам не́чего пить.
2) Мне не́ к кому идти́.
3) Тебе́ не́чем писа́ть?
4) Ей не́когда спать.
5) Вам не́где ночева́ть?
6) Ему́ не́когда учи́ться.

[4] この не́чего は否定生格です。対格目的語は否定文で必ずしも否定生格にならなくてもよいのですが（→p.134）、не́чего ＋不定形の構文では必ず否定生格形になります。ちなみに、не́кто と не́что という主格形は存在しません。この形は、否定の意味を持たない不定代名詞として用いられます。
　Подошёл не́кто Смирно́в.　スミルノフとかいう人が近づいて来た。（ある人、某、～とかいう人）
　Произошло́ не́что стра́нное. 何か奇妙なことが起こった。（何か～なこと）

第25課

Урóк 25 (двáдцать пять)

1 形動詞（1）能動形動詞現在
Студéнтка, читáющая там газéту, давнó живёт здесь.

2 形動詞（2）能動形動詞過去
Футболи́ст, игрáвший рáньше в «ЦСКА», перешёл в «Барселóну».

3 形動詞（3）受動形動詞現在
Он написáл кни́ги, читáемые детьми́ во всём ми́ре.

4 形動詞（4）受動形動詞過去
Он читáет кни́гу, напи́санную извéстным писáтелем.

1 形動詞（1）能動形動詞現在

形動詞（分詞）とは動詞から作る形容詞で、英語の現在分詞・過去分詞に相当します。

走っている少年　running boy　　　書かれたテキスト　written text

上の例の「走っている」「書かれた」などの部分を、ロシア語では形動詞を使って表します。ロシア語の形動詞は英語の分詞よりも細分化され、全部で**4種類**あります。

形動詞	能動形動詞 （= 英語の現在分詞）	現在（〜している）
		過去（〜していた、した）
	受動形動詞 （= 英語の過去分詞）	現在（〜されている）
		過去（〜された）

まずは能動形動詞現在の作り方を見てみましょう。

◆ 能動形動詞現在

能動形動詞現在（〜している）は、**不完了体動詞からのみ**作られます。**3人称複数形から末尾の -т を取り去って、-щий を付けます。**

①第 1 変化（3 人称複数の語尾は -ют / -ут）
→ 現在語幹＋ -ющий (-ющийся) / -ущий (-ущийся)

②第 2 変化（3 人称複数の語尾は -ят / -ат）
→ 現在語幹＋ -ящий (-ящийся) / -ащий (-ащийся)
※（ ）内は -ся 動詞の場合

 **注意！**

1) 不規則動詞も 3 人称複数の語尾は上記 4 種類（-ют / -ут / -ят / -ат）のいずれかになるので、能動形動詞現在は同様に作られます。
2) アクセントは、原則として -ют / -ут **タイプは 3 人称複数と、**-ят / -ат **タイプは不定形と一致**します。

① чита́ть	[чита́ют]	→	чита́ющий	読んでいる
рисова́ть	[рису́ют]	→	рису́ющий	描いている
писа́ть	[пи́шут]	→	пи́шущий	書いている
занима́ться	[занима́ются]	→	занима́ющийся	勉強・従事している
② говори́ть	[говоря́т]	→	говоря́щий	話している
смотре́ть	[смо́трят]	→	смотря́щий	見ている
туши́ть	[ту́шат]	→	туша́щий	消している
учи́ться	[у́чатся]	→	уча́щийся	学んでいる

形動詞は形容詞と同じように、修飾する名詞に合わせて変化します。能動形動詞現在は、軟変化形容詞（正書法の規則が適用されるタイプ）と同じ変化です（→ 巻末の文法表 p.248）。

Студе́нтка, чита́ющая там газе́ту, давно́ живёт здесь.
あそこで新聞を読んでいる女子学生は長い間ここで暮らしています。（< чита́ть）
Я зна́ю инжене́ра, рабо́тающего на э́том заво́де.
私はこの工場で働いている技師を知っています。（< рабо́тать）
Она́ получи́ла письмо́ от сестры́, живу́щей в Петербу́рге.
彼女はペテルブルクに住んでいる姉から手紙を受け取りました。（< жить）
Поздравля́ю вас с наступа́ющим Но́вым го́дом!
どうぞよいお年を（やって来つつある新年をお祝いします）！（< наступа́ть）

なお、-ся 動詞の能動形動詞現在は、**-ий- の部分だけ変化**させます。-ся 動詞の人称変化や過去形（→ p.107）の場合と違って、**-ся の部分は母音の後でも -сь になることはありません。**

Он приéхал из мáленького гóрода, находя́щегося недалекó от[1] Москвы́.

彼はモスクワの近くにある小さな町からやって来ました。（< находи́ться）

Там идёт студéнтка, занимáющаяся рýсским языкóм.

ロシア語を勉強している女子学生があそこを歩いています。（< занимáться）

練習 1　次の（　）内の動詞を適切な形の能動形動詞現在に直しましょう。

1) Он подошёл к человéку, (кури́ть) в зáле.
2) В газéтах пи́шут о футболи́сте, (игрáть) в комáнде «ЦСКА».
3) Онá гдé-то ви́дела мужчи́ну, (проходи́ть) ми́мо неё.
4) Э́то былá пéрвая побéда нáшей комáнды в (начинáться) сезóне.
5) На конферéнцию они́ пригласи́ли учёных, (интересовáться) экологи́ческими проблéмами.

2 形動詞（2）能動形動詞過去

能動形動詞過去（～していた、した）は不完了体、完了体の両方から作られます。作り方はどちらも同じですが、不完了体の能動形動詞過去は「～していた」、完了体は「～した、してしまった」という意味になります。

①過去語幹末尾が母音	→ 過去語幹＋ -вший (-вшийся)	
②過去語幹末尾が子音	→ 過去語幹＋ -ший (-шийся)	※（　）内は -ся 動詞の場合

①читáть	[читáл]	→ читáвший	読んでいた（不完）
написáть	[написáл]	→ написáвший	書いた、書き終えた（完）
занимáться	[занимáлся]	→ занимáвшийся	勉強・従事していた（不完）
②принести́	[принёс]	→ принёсший	運んで来た（完）
помóчь	[помóг]	→ помóгший	助けた、手伝った（完）
постри́чься	[постри́гся]	→ постри́гшийся	散髪してもらった（完）

[1] далекó / недалекó от +〔生〕=「～から遠く／近くに」

注意！

1) アクセントは、過去語幹末尾が母音のものは不定形と同じで、過去語幹末尾が子音のものは、過去男性形と一致します。

нача́ть (на́чал, начала́, на́чало, на́чали) → нача́вший
лечь (лёг, легла́, легло́, легли́) → лёгший

2) идти́ および、それに接頭辞がついてできた動詞の能動形動詞過去は -ше́дший となります。

идти́ → ше́дший
прийти́ → прише́дший

3) 不定形が - сти で終わり、人称変化で -т-, -д- が現れる動詞の能動形動詞過去は -тший, -дший となります。

вести́ (веду́, ведёшь...) → ве́дший
цвести́ (цвету́, цветёшь...) → цве́тший

能動形動詞過去も、能動形動詞現在と同じく、形容詞軟変化（正書法の規則が適用されるタイプ）と同じパターンで変化をします。また、-ся 動詞の能動形動詞過去も、能動形動詞現在と同じように -ий の部分のみが変化します。

Футболи́ст, игра́вший ра́ньше в «ЦСКА», перешёл в «Барсело́ну».
以前 ЦСКА でプレーしていたサッカー選手がバルセロナへ移籍しました。（< игра́ть）
Он познако́мился с де́вушкой, неда́вно поступи́вшей в аспиранту́ру МГУ.
彼は最近モスクワ大の大学院に入学した女の子と知り合いました。（< поступи́ть）
Студе́нты, занима́вшиеся япо́нским языко́м в То́кио, уе́хали на ро́дину.
東京で日本語を学んでいた学生たちは祖国に帰って行きました。（< занима́ться）

練習 2　次の（　）内の動詞を適切な形の能動形動詞過去に直しましょう。

1) Тури́сты, (прие́хать) в Москву́, сего́дня посетя́т Кремль и Кра́сную пло́щадь.
2) На наш факульте́т поступи́ла де́вушка, (око́нчить) шко́лу в Тайва́не.
3) Он случа́йно встре́тился с бы́вшим сотру́дником, (уйти́) с рабо́ты ме́сяц наза́д.
4) От пожа́ра сгоре́л дом, (находи́ться) в сосе́днем райо́не.
5) Мы живём в го́роде, ра́ньше (называ́ться) Ленингра́д.

3 形動詞（3）受動形動詞現在

受動（被動）形動詞現在（～されている）は、不完了体の他動詞から作られます。作り方は、**1人称複数形に -ый を加えます**。変化は硬変化 I の形容詞と同じです。

читáть [читáем] → читáемый 読まれている
изучáть [изучáем] → изучáемый 学ばれている
рисовáть [рисýем] → рисýемый 描かれている

注意！

1) アクセントは不定形と一致します。

любúть [лю́бим] → любúмый ценúть [цéним] → ценúмый

2) -авать 動詞（→ p.117）は、1 人称複数形が - аём ですが - аваемый となります。

давáть [даём] → давáемый преподавáть [преподаём] → преподавáемый

3) пить（飲む）、бить（打つ）、брать（取る）、писáть（書く）、просúть（頼む）、платúть（払う）、стрóить（建てる）など、受動形動詞現在を持たない動詞もあります。

Онá симпатúчная и ýмная дéвушка, любúмая всéми.
彼女は感じがよくて賢い、みんなに愛されている女の子です。

Он написáл кнúги, читáемые детьмú во всём мúре.
彼は世界中の子どもたちに読まれている本を書きました。

下線部のように、動作の主体（～によって）は造格で表されます。

練習 3 次の（ ）内の動詞を適切な形の受動形動詞現在に直しましょう。

1) Егó исслéдование, высокó (оцéнивать) специалúстами, не интересýет ширóкую пýблику.
2) (Обсуждáть) úми тéма крáйне важнá и актуáльна.
3) Емý нýжно читáть статьú, (публиковáть) в э́том сбóрнике.
4) В э́той библиотéке мóжно читáть журнáлы, (издавáть) за гранúцей.

4 形動詞(4)受動形動詞過去

受動（被動）形動詞過去（～された）は、主として完了体の他動詞から作られます。作り方は以下の通りで、いずれも硬変化 I の形容詞と同じタイプの変化をします。

① 不定形が -ать, -ять, -еть で終わる動詞

過去形の語幹に -нный を加えて作ります。アクセントは不定形に準じますが、語幹の最後の母音にアクセントがあるものは、1 音節前に移ります。

сде́лать	[сде́лал]	→ сде́ланный	なされた
уви́деть	[уви́дел]	→ уви́денный	見られた
прочита́ть	[прочита́л]	→ прочи́танный	読まれた
написа́ть	[написа́л]	→ напи́санный	書かれた

② 不定形が -ить に終わる第 2 変化動詞

1 人称単数の語幹に -енный を加えます。アクセントは原則として 2 人称単数に準じ、語尾にアクセントがある場合は -ённый になります。

постро́ить	[постро́ю, постро́ишь]	→ постро́енный	建てられた
повтори́ть	[повторю́, повтори́шь]	→ повторённый	繰り返された
пригласи́ть	[приглашу́, пригласи́шь]	→ приглашённый	招かれた
купи́ть	[куплю́, ку́пишь]	→ ку́пленный	買われた

③ 不定形が -сти́, -зти́, -сть, -чь で終わる動詞

2 人称単数の語幹に -ённый を加えます。例外的に、-енный になるものもあります。

принести́	[принесу́, принесёшь]	→ принесённый	持って来られた
перевести́	[переведу́, переведёшь]	→ переведённый	移された、翻訳された
увле́чь	[увлеку́, увлечёшь]	→ увлечённый	魅了された、熱中した
найти́	[найду́, найдёшь]	→ на́йденный	発見された

④ 例外的なもの

-ыть, -уть, -оть で終わる動詞と、それ以外のいくつかの例外的な動詞は、不定形の -ть を取り去って -тый を加えます。アクセントも移動することが多く、個別に覚える必要があります。

забы́ть	→ забы́тый	忘れられた
откры́ть	→ откры́тый	開けられた

расколо́ть	→ раско́лотый	割られた
вы́двинуть	→ вы́двинутый	引き出された、提出された
уби́ть	→ уби́тый	殺された
взять	→ взя́тый	取られた
оде́ть	→ оде́тый	着せられた、着た

受動形動詞過去は例外が多いので、初めは単語ごとに覚えたほうが合理的です。辞書で確認しましょう。

Он чита́ет кни́гу, напи́санную изве́стным писа́телем.
彼は有名な作家によって書かれた本を読んでいます。

Брат рабо́тает на заво́де, неда́вно постро́енном в го́роде.
兄は最近町に建てられた工場で働いています。

Он уви́дел ключ, забы́тый ке́м-то на столе́.
彼は机の上に誰かが忘れた（誰かによって忘れられた）鍵に気づきました。

練習 4　次の文を日本語に訳しましょう。

1) Она́ нашла́ давно́ поте́рянный слова́рь в аудито́рии.
2) Кни́ги, запрещённые прави́тельством, мо́жно чита́ть на э́том са́йте.
3) Она́ отдала́ в мили́цию су́мку, оста́вленную ке́м-то в метро́.
4) Он зашёл в магази́н, откры́тый неда́вно в це́нтре Москвы́.
5) Нельзя́ тро́гать разби́тое стекло́.

補足

(1) 形動詞と関係代名詞の格の違い

形動詞を使った文と関係代名詞 кото́рый を使った文は、お互いに書き換え可能な場合もありますが、格のとり方が違うので注意しましょう。形動詞は形容詞と同じく、修飾する名詞に合わせて変化しますが、関係代名詞は従属文中の格に応じて変化します。

① 彼女は出版社で働く隣人に電話した。

(a) Она́ позвони́ла сосе́ду, кото́рый рабо́тает в изда́тельстве.
〔男・与〕〔男・主〕

(b) Она́ позвони́ла сосе́ду, рабо́тающему в изда́тельстве.
〔男・与〕〔男・与〕

② 私たちは出版社で働く隣人について話をした。

(a) Мы говори́ли о сосе́де, кото́рый рабо́тает в изда́тельстве.
〔男・前〕〔男・主〕

(b) Мы говори́ли о сосе́де, рабо́тающем в изда́тельстве.
〔男・前〕 〔男・前〕

①の (a) と②の (a) では、кото́рый は рабо́тает の主語の役割を果たしているので主格になっています。一方、①の (b) では、形動詞 рабо́тающий は сосе́ду を修飾しているので男性与格に、②の (b) では、сосе́де を修飾するため男性前置格になります。

③ 彼女は大嫌いな隣人に電話をした。
Она́ позвони́ла сосе́ду, кото́рого она́ ненави́дит.
〔男・与〕〔男・活対〕

④ 彼女は、あまりよく知らない隣人に電話した。
Она́ позвони́ла сосе́ду, о кото́ром она́ ма́ло зна́ет.
〔男・与〕 〔男・前〕

③では、кото́рый は ненави́дит の対格補語の役割を果たすので男性活動体対格に、④では前置格を要求する前置詞 о の補語なので男性前置格になっています。なお、③④は形動詞で書き換えることはできません。

(2) 語順について

英語では、以下のように分詞句が 1 語か 2 語以上かによって語順が変わります。

a running boy	走っている少年
a boy running very fast	とても速く走っている少年

一方ロシア語では、形動詞句が 1 語の場合は英語と同様に修飾する名詞の前に置かれるのがふつうですが、2 語以上の場合はさまざまな語順が可能です。

(a) чита́ющий студе́нт	読書している学生
(b) студе́нт, чита́ющий у окна́	窓辺で読書している学生
(c) чита́ющий у окна́ студе́нт	窓辺で読書している学生

(c) では、形動詞 чита́ющий が у окна́ を挟んで студе́нт を修飾しています。このように、修飾する形動詞と修飾される名詞が離れた位置に置かれることもあるので注意しましょう。何がどれを修飾しているのかは、格変化を手がかりに読み解いていかなくてはなりません。
なお、(b) のように形動詞句が名詞の後ろに来るときにはコンマを挟みますが、(a) のように前に来る場合にはコンマは使いません。

第26課

Уро́к 26 (два́дцать шесть)

1 副動詞（1）不完了体副動詞

Он сиди́т у окна́, чита́я но́вую кни́гу.

2 副動詞（2）完了体副動詞

Око́нчив университе́т, он стал инжене́ром.

3 一般人称文

Без труда́ не вы́нешь и ры́бку из пруда́.

4 名辞文

Ночь.

5 да と нет

– Вы не ку́рите?

– Да, я не курю́. / Нет, я курю́. / Нет, я не курю́.

1 副動詞（1）不完了体副動詞

副動詞とは、動詞から作る副詞で、英語の分詞構文に用いられる現在分詞に相当します。

Listening to the radio, he was reading a book.
ラジオを聞きながら彼は本を読んでいた。

Having read the book, he went away.
本を読んでから彼は去って行った。

これらの構文のListeningやHaving readの部分をロシア語では副動詞を用いて表現します。

副動詞	不完了体副動詞 (= 英語の～ ing)	「～しながら」
	完了体副動詞 (= 英語の having + ～ ed)	「～して、してから」

◆ 不完了体副動詞

不完了体副動詞は、主節の動詞と同時に行われる動作（～しながら）を意味します。作り方は以下の通りです。

① **3人称複数形の語幹に -я (-ся 動詞の場合は -ясь) を付ける。**

чита́ть	[чита́ют]	→ чита́я	読みながら
говори́ть	[говоря́т]	→ говоря́	話しながら
рисова́ть	[рису́ют]	→ рису́я	描きながら
идти́	[иду́т]	→ идя́	歩きながら
занима́ться	[занима́ются]	→ занима́ясь	勉強・従事しながら

② **3人称複数形の語幹が ж, ч, ш, щ で終わっている場合**は、正書法の規則 (→ p.39) のため後ろに я を綴ることができないので、-а (-ся 動詞の場合は -ась) を付ける。

спеши́ть	[спеша́т]	→ спеша́	急ぎながら
ложи́ться	[ложа́тся]	→ ложа́сь	横になりながら

Он сиди́т у окна́, чита́я но́вую газе́ту.
彼は新しい新聞を読みながら窓辺に座っています。

Игра́я в ша́хматы, де́ти у́чатся логи́ческому мышле́нию.
チェスをしながら、子どもたちは論理的な思考を学んでいきます。

Идя́ домо́й, он встре́тил своего́ учи́теля.
家へ帰る途中 (帰りながら)、彼は自分の先生に会いました。

注意！

1) アクセントが移動する場合は、原則として1人称単数のアクセントに一致します。

кури́ть	[курю́...ку́рят]	→ куря́	タバコを吸いながら
держа́ть	[держу́...де́ржат]	→ держа́	保ちながら

ただし例外も多いので、個別に覚えましょう。

стоя́ть	[стою́...стоя́т]	→ сто́я	立ちながら
сиде́ть	[сижу́...сидя́т]	→ си́дя	座りながら
лежа́ть	[лежу́...лежа́т]	→ лёжа	横たわりながら

2) -ава́ть 動詞は、3人称複数が -аю́т ですが、副動詞は -ава́я になります。

дава́ть	[даю́т]	→ дава́я	与えながら
встава́ть	[встаю́т]	→ встава́я	起きながら

3) быть の副動詞は例外的に бу́дучи となります。

4) бежа́ть (走る)、е́хать (乗って行く)、есть (食べる)、мочь (できる)、спать (眠る) など、不完了体副動詞が作れない動詞もあります。

練習 1　次の文を日本語に訳しましょう。

1) Он занима́ется ру́сским языко́м, слу́шая му́зыку.
2) За́втра, возвраща́ясь с прогу́лки, я зайду́ к нему́.
3) Сдава́я экза́мены[1], она́ вдруг почу́вствовала го́лод.
4) Покупа́я биле́ты на самолёт, он перепу́тал да́ту отправле́ния.

2 副動詞（2）完了体副動詞

完了体副動詞は、主節の動作に先だって行われる動作（〜して、してから）を意味します。作り方は以下のとおりです。能動形動詞過去（→p.216）にアクセントや不規則な形まで含めて非常によく似ていますので、関連づけて覚えましょう。

①**過去形の語幹に -в または -вши を付けます**（-вши の方がやや古めかしく、文語的です）。**-ся 動詞の場合は、語幹に -вшись を付けます**。アクセントは不定形と一致します。

прочита́ть	[прочита́л]	→ прочита́в / прочита́вши	読んでから
сказа́ть	[сказа́л]	→ сказа́в / сказа́вши	言ってから
зако́нчить	[зако́нчил]	→ зако́нчив / зако́нчивши	終えてから
верну́ться	[верну́лся]	→ верну́вшись	戻ってから

②**過去形の語幹の末尾が子音の場合は、過去語幹に -ши を付けます。-ся 動詞の場合は、語幹に -шись を付けます**。アクセントは過去男性形と一致します。

помо́чь	[помо́г, помогла́, помогло́, помогли́]	→ помо́гши	手伝ってから
испе́чь	[испёк, испекла́, испекло́, испекли́]	→ испёкши	焼いてから
обже́чься	[обжёгся, обожгла́сь, обожгло́сь, обожгли́сь]	→ обжёгшись	火傷してから

Око́нчив университе́т, он стал инжене́ром.
大学を卒業してから彼はエンジニアになりました。
Зако́нчив рабо́ту, мы бу́дем отдыха́ть.　仕事を終えたら私たちは休むつもりです。
Верну́вшись домо́й, он опя́ть пошёл на у́лицу.
家へ戻ってから、彼はまた外へ出かけました。

[1] 不完了体で сдава́ть экза́мен と言うと「試験を受ける」、完了体で сдать экза́мен と言うと「試験に合格する」という意味になります。

注意！

1) идти́ に接頭辞を付けてできた完了体動詞の副動詞は -я́ になります（カッコ内の -ше́дши は古い形です）。

уйти́	→ уйдя́ (уше́дши)	立ち去ってから
прийти́	→ придя́ (прише́дши)	やって来てから

2) -ти́ / -ти́сь で終わる動詞は、不完了体副動詞と同じく -я́ / -я́сь という語尾をとります（カッコ内は古い形です）。

принести́	→ принеся́ (принёсши)	持って来てから
перевести́	→ переведя́ (переве́дши)	移してから、翻訳してから
пронести́сь	→ пронеся́сь (пронёсшись)	さっと通り過ぎてから

3) それ以外にも、例外的に不完了体副動詞と同じように -я / -а（-ся 動詞は -ясь / -ась）という語尾をとるものがあります（いずれもカッコ内は古い形）。

уви́деть	→ уви́дя (уви́дев)	見てから
встре́титься	→ встре́тясь (встре́тившись)	会ってから
услы́шать	→ услы́ша (услы́шав)	聞いてから

練習 2　次の文を日本語に訳しましょう。

1) Вы́ключив свет, она́ легла́ спать.
2) Купи́в биле́т, он верну́лся домо́й.
3) Придя́ домо́й, он сра́зу включи́л телеви́зор.
4) Она́, улыбну́вшись, не́жно поцелова́ла меня́.
5) Он уе́хал навсегда́, не простя́сь с ней.

補足　副動詞は、文脈によっては理由、条件、逆接などを表すこともあります。

Покупа́я биле́ты через интерне́т, вы мо́жете эконо́мить вре́мя и де́ньги.
インターネットを通じてチケットを買えば、時間とお金を節約できます。（条件）

Не зна́я его́ а́дреса, я не мог посла́ть ему́ кни́гу.
彼の住所を知らなかったので、私は彼に本を送れませんでした。（理由）

Прожи́в до́лго в Япо́нии, они́ не зна́ют япо́нского языка́.
長いこと日本で暮らしてきたのに、彼らは日本語を知りません。（逆接）

補足 副動詞の主語は、原則として主節の主語と同じです。

Войдя́ в ко́мнату, он уви́дел, что жена́ пла́чет на дива́не.
部屋に入ると、彼は妻がソファの上で泣いているのに気づいた。

上の例では、「部屋に入る」のも「気づく」のも主語は彼です。
ただし、すでに慣用表現になっている副動詞句の場合、主語が一致しないこともあります。

Открове́нно говоря́, она́ вас не понима́ет.
率直に言って、彼女はあなたの言うことをわかっていません。

Он уме́ет печь пироги́, не говоря́ уже́ о блина́х.
ブリヌィは言うまでもなく、彼はピローグも作れます。

練習 3 次の文を日本語に訳しましょう。

1) Живя́ в Аме́рике, я не счита́ю себя́ америка́нцем.
2) Хорошо́ зна́я францу́зский язы́к, он мог перевести́ любо́й текст.
3) Вы́учив ру́сский язы́к, вы мо́жете обща́ться с ру́сскими студе́нтами.
4) Че́стно говоря́, она́ тебя́ не лю́бит.

3 一般人称文

主語がない文として、すでに不定人称文 (→ p.123) と無人称文 (→ p.170) を学びましたが、それ以外に**一般（普遍）人称文**と呼ばれるタイプの文もあります。一般人称文では、主語は示さずに動詞が 2 人称単数になります。これは、英語で you という主語によって人々一般を指す用法に相当します。

Без труда́ не вы́нешь и ры́бку из пруда́.
苦労をしなければ池から魚を捕ることはできない（＝まかぬ種は生えぬ）。

За двумя́ за́йцами пого́нишься – ни одного́ не пойма́ешь.
二兎を追う者は一兎をも得ず。

一般人称文は、一般的・普遍的な真理を語る場合などに用いられます。そのためことわざなどに多用されますが、必ずしもことわざに限定されるわけではありません。

На войне́ встреча́ешь ра́зных люде́й.
戦場ではさまざまな人々に出会うものだ。

練習 4　次のことわざの意味を考えましょう。

1) Ска́жешь – не воро́тишь.
2) С мёдом и долото́ проглоти́шь.
3) Чёрного кобеля́ не отмо́ешь добела́.
4) Не отве́дав го́рького, не узна́ешь и сла́дкого.

4 名辞文

不定人称文、無人称文、一般人称文は主語がない文ですが、それに対して名辞文は「主語しかない文」です。

Ночь.	夜だ。
Коне́ц декабря́.	12 月の終わりだ。
Моро́з и со́лнце; день чуде́сный![2]	寒さと太陽。素晴らしい日だ！

「主語しかない」と言っても、意味から考えるといずれも述語的です。ただ、もしこれらを過去形にすると以下のように быть の過去形は ночь や коне́ц に一致するので、あくまでこれらは文法的に主語であることがわかります。

Была́ ночь.	夜だった。
Был коне́ц декабря́.	12 月の終わりだった。

このような表現は文学作品の情景描写などでしばしば用いられます。

[2] アレクサンドル・プーシキンの有名な詩 «Зи́мнее у́тро» の冒頭の一節。ちなみに、день чуде́сный は、通常の語順であれば чуде́сный день ですが、詩などでは語順が変わることがよくあります。

練習 5 次の詩は、ロシアの詩人アレクサンドル・ブローク(1880-1921)の有名な作品です。名辞文や一般人称文に注意しながら日本語に訳してみましょう。

Ночь, у́лица, фона́рь, апте́ка,
Бессмы́сленный и ту́склый свет.
Живи́ ещё хоть че́тверть ве́ка –
Всё бу́дет так. Исхо́да нет.

Умрёшь – начнёшь опя́ть снача́ла
И повтори́тся всё, как встарь:
Ночь, ледяна́я рябь кана́ла,
Апте́ка, у́лица, фона́рь.

5 да と нет

日本語と英語では、否定の疑問文に対して答える場合、「はい」と「いいえ」、yes と no の使い方が逆になります。

– Don't you smoke?	「あなたはタバコを吸わないのですか？」
– Yes, I do.	「いいえ、吸いますよ」
– No, I don't.	「はい、吸いません」

日本語の「はい」と「いいえ」は、相手の言っていること（=「タバコを吸わない」ということ）が正しいか間違っているかを述べるのが主たる役割であるのに対して、英語の yes / no は、後ろに続くのが肯定文なのか否定文なのかを述べるのがその役割であるために、このような違いが生じるのです。
一方、ロシア語では否定疑問文に対しては次のように答えます。

– Вы не ку́рите?	「あなたはタバコを吸わないのですか？」	
– Да, я не курю́.	「はい、吸いません」	…(a)
– Нет, я курю́.	「いいえ、吸います」	…(b)
– Нет, я не курю́.	「はい、吸いません」	…(c)

(a) と (b) では、ロシア語の да / нет は日本語の「はい」「いいえ」と同じですが、(c) は英語の yes / no と同じです（ちなみに «Да, я курю́.» とは言えません）。このように、否定疑問文に対する答え方は、**да の場合は日本語と同じで、нет の場合は日本語タイプと英語タイプの両方の言い方が可能**です。そのため、«Вы не ку́рите?» という質問に対して、«Нет.»

だけで答えると、«Нет, я курю́.» という意味なのか、«Нет, я не курю́.» なのかがわかりにくくなるので気をつけましょう。

略語（2）

МГУ（モスクワ大学）や РФ（ロシア連邦）のような頭文字による略語のほかに、次のような略語もあります。

т.е.	(= то есть)	つまり
и т.д.	(= и так да́лее)	など、等々
и пр.	(= и про́чее [про́чие])	〃
и т.п.	(= и тому́ подо́бное)	〃
и др.	(= и друго́е [други́е])	〃
т.н.	(= так называ́емый)	いわゆる
н.э.	(= на́шей э́ры)	紀元後
до н.э.	(= до на́шей э́ры)	紀元前
напр.	(= наприме́р)	たとえば
см.	(= смотри́)	参照せよ

特に学術論文ではこうした略語がよく使われます。読むときは、アルファベットをそのまま読むのではなく、（　）内のもともとの形で読みましょう。

第27課

Урóк 27 (двáдцать семь)

1 受動態（1）受動形動詞過去短語尾
Президéнт был убúт.

2 受動態（2）-ся 動詞
Э́тот ромáн читáется мнóгими поколéниями.

3 比較級
У меня́ бóлее богáтый óпыт, чем у негó.

4 最上級
Фу́дзи – сáмая высóкая горá в Япóнии.

1 受動態（1）受動形動詞過去短語尾

受動形動詞過去（→ p.219）には短語尾形もあります。長語尾が -тый で終わるものは通常の形容詞短語尾（→ p.139）と同じように作られますが、-нный で終わるものは、н が 1 つ脱落します。また、長語尾が -ённый に終わる場合、短語尾ではアクセントが常に最終母音に置かれます。

長語尾		短語尾			
		男性	中性	女性	複数
сдéланный	なされた	сдéлан	сдéлано	сдéлана	сдéланы
полу́ченный	受け取られた	полу́чен	полу́чено	полу́чена	полу́чены
разрешённый	許可された	разрешён	разрешенó	разрешенá	разрешены́
откры́тый	開かれた	откры́т	откры́то	откры́та	откры́ты

普通の形容詞の場合、長語尾は修飾語および述語として、短語尾は述語としてのみ用いられますが、**受動形動詞過去は、長語尾は修飾語のみ、短語尾は述語としてのみ用いられます。**

убúтый президéнт　　殺された大統領（修飾語）
Президéнт был убúт.　　大統領は殺された。（述語）

英語の受動態が be 動詞 ＋ 過去分詞で作られるのと同様に、ロシア語でも быть＋ 受動形動詞過去短語尾で受動態を作ります。受動態と時制の関係を整理してみましょう。

①現在
быть は省略されます。過去に行われた行為の結果が現在も残っていることを意味します。

Дверь откры́та.	ドアが開いている。
Э́тот рома́н напи́сан Толсты́м.	この小説はトルストイによって書かれたものです。 （＝この小説の作者はトルストイです）

行為自体は過去に行われたものですが、「結果の残存」を表す完了体の用法（→ p.143）が受動形動詞過去でも生きてくるため、実質的には現在の状態を表すことになります。

②過去
быть の過去形を伴います。過去のある時点で行われた動作や、過去の状態を表します。

Дом был постро́ен в про́шлом году́.	家は去年建てられました。（過去の動作）
Дверь была́ откры́та.	ドアは開いていました。（過去の状態）

ただし、受動形動詞過去短語尾の現在と過去の区分は曖昧で、どちらを用いても大差ない場合もあります。

[1] Музе́й откры́т в про́шлом ме́сяце.	美術館は先月開館しました。（結果の残存）
[2] Музе́й был откры́т в про́шлом ме́сяце.	美術館は先月開館しました。（過去の動作）

先月開館して今も美術館の営業が継続中であるという「現在の状態」が意識される場合は [1]、先月に開館したという「過去の事実」が意識されると [2] のようになります。

③未来
быть の未来形を伴います。未来のある時点で行われた動作や、未来の状態を表します。

Музе́й бу́дет откры́т в сле́дующем году́.	美術館は来年開館します。（未来の動作）
За́втра музе́й бу́дет откры́т.	明日美術館は開いています。（未来の状態）

練習 1　次の文を日本語に訳しましょう。

1) Сего́дня выходно́й, поэ́тому все ка́ссы закры́ты.
2) Мно́гие ду́мают, что челове́к со́здан бо́гом.
3) В нача́ле двадца́того ве́ка алкого́льные напи́тки бы́ли запрещены́ в США.
4) Рабо́та бу́дет зако́нчена до сле́дующей пя́тницы.
5) Поте́рянный па́спорт был на́йден вчера́ ве́чером.

2 受動態（2）-ся動詞

ロシア語の受動態は、受動形動詞過去短語尾以外に、-ся 動詞によって表すことも可能です。すでに学んだように、-ся 動詞には受け身の意味もあります（→ p.108）。ただし、-ся 動詞が受け身の意味を持つのは、原則として不完了体動詞に限られます[1]。

Здесь продаётся и́мпортная ме́бель. ここでは輸入物の家具が売られています。

Э́тот рома́н чита́ется мно́гими поколе́ниями.
この小説は何世代もにわたって（多くの世代によって）読まれ続けています。

なお、受け身の意味を持つ -ся 動詞の主語になれるのは、原則として非人間・非動物名詞の 3 人称に限られます[2]。

補足

(1) 受動形動詞現在短語尾

不完了体動詞から作られる受動形動詞現在が短語尾で用いられ、受け身を表す述語となることもあります（ただし使われる動詞は限定され、また文語的な文体になります）。

Он все́ми люби́м. 彼は皆に愛されている。

Его́ жи́вопись цени́ма людьми́, понима́ющими красоту́.
彼の絵画は美を理解する人々に評価されている。

[1] ただし例外的に受け身の意味を持つ完了体 -ся 動詞もあります。

Его́ по́двиг никогда́ не забу́дется на́ми.
彼の功績が我々によって忘れられることは決してないだろう。

また、すべての不完了体他動詞が -ся を付けることによって受け身の意味を持つ動詞を形成できるわけではありません。詳しくは、辞書を見て一つ一つ確認しましょう。

[2] ただし例外的に、人や動物を表す名詞や 1、2 人称が主語になることが可能な場合もあります。

Я счита́юсь эгои́стом. 僕はエゴイストだと思われている。

Геро́и Сове́тского сою́за награжда́лись о́рденом Ле́нина.
ソ連の英雄たちはレーニン賞を授与されていた。

(2) 受動態と似た機能を果たすもの

ロシア語の受動態には例外や限定事項が多く、英語のように一貫した体系を成しているわけではなく、また、受動態では表現できない場合も多くあります。そのため、受動態の代理的な役割を果たすものとして、次のような方法があります。

①不定人称文

不定人称文（→ p.123）は、行為主体が誰であるかは重視されず、行為そのものに注意が向けられる場合に用いられます。形式的には能動態ですが、実質的には受動態に近い内容を表すこともあり（そのため日本語に訳すときは受け身で訳すと比較的近いニュアンスになります）、受動態を補う役割を果たしています。

Кошелёк укра́ли.　　財布が盗まれました。

В газе́те пи́шут, что вчера́ произошёл пожа́р.
昨日、火事が起きたと新聞には書かれています。

②語順

言語は一般的に「重要なものはなるべく後ろに置く」という傾向があり、ロシア語も例外ではありません（→ p.49「補足」）。英語のように語順に厳しく制限がある言語だと自由に単語を移せないので、語順を変えるために受動態を利用することがあります。

Mary loves John.　　メアリーはジョンが好きだ。
→ John is loved by Mary.　　ジョンを好きなのはメアリーだ。

一方、ロシア語は語順が比較的自由なので、わざわざ受動態を使う必要はありません。語順を変えるだけで、重要な情報を後ろにすることができます。

Пётр купи́л карти́ну.　　ピョートルは絵を買いました。
→ Карти́ну купи́л Пётр.　　絵を買ったのはピョートルです。

練習2　次の文を日本語に訳しましょう。

1) Я не зна́ю, как пи́шется э́то сло́во.
2) Его́ фами́лия всегда́ произно́сится непра́вильно.
3) Он счита́ется до́брым челове́ком.
4) В на́шем райо́не откры́ли магази́н музыка́льных инструме́нтов.
5) Его́ уби́ли на у́лице.

3 比較級

ロシア語の比較級には合成形と単一形の2つがあります。

合成形	бóлее ~	**бóлее** краси́вый **бóлее** дорогóй	より美しい より高価な、より大事な
単一形	-ее	краси́в**ее**	より美しい
	-е	дорóж**е**	より高価な、より大事な

英語の比較級も、more ～と -er の2種類がありますが、ロシア語の比較級は**一つの単語が2種類の比較級の両方とも可能**であるところが英語と違います。

①合成形 бóлее ～[3]

1) бóлее は変化しませんが、その後ろにつく形容詞は通常通り変化します。

бóлее краси́вое мóре	より美しい海
бóлее интерéсная кни́га	よりおもしろい本
Он помогáет бóлее молодóму учи́телю.	彼はもっと若い教師を助けています。

2) 短語尾形や副詞に бóлее を付けることも可能です。

Наш гóрод бóлее краси́в.	私たちの町の方がもっと美しいです。
Он поёт бóлее краси́во.	彼の方がもっときれいに歌います。

②単一形

語尾が -ее になるものと -е になるものがありますが、2つのタイプのどちらになるかは単語によって決まっています。-е になるものの方が少数ですが、重要なものが多いです。

-ее タイプ

1) 形容詞の語尾を取り去って、-ее を付けます。アクセントは短語尾女性形と一致します。

		短語尾女性形	比較級
краси́вый	美しい	краси́ва	краси́в**ее**
интерéсный	おもしろい	интерéсна	интерéсн**ее**
ýмный	賢い	умнá	умн**éе**
трýдный	難しい	труднá	трудн**éе**

[3] бóлее の対義語 мéнее（= less）を使うと、より程度が少ないことを表現できます。
мéнее интерéсная кни́га　よりおもしろくない本
Их гóрод мéнее краси́в.　彼らの町の方が美しくありません。

2) 変化はしません。また、そのまま副詞としても使えます。

Э́та кни́га [Э́тот журна́л] интере́снее.　この本［雑誌］の方がもっとおもしろいです。
Он расска́зывает интере́снее.　彼はもっとおもしろく話をしてくれます。

-e タイプ

1) 全部で70語程度ですが、いずれも頻度が高いので重要です。アクセントは原則として後ろから2番目の音節にありますが、子音交替が起き、不規則な作り方をするので、一つ一つ覚えていく必要があります（このタイプの比較級は辞書にも必ず明記されています）。

形容詞		比較級	形容詞		比較級
молодо́й	若い	моло́же	гро́мкий	うるさい	гро́мче
ста́рый	古い、年とった	ста́рше	ти́хий	静かな	ти́ше
бога́тый	豊かな	бога́че	далёкий	遠くの	да́льше
просто́й	単純な	про́ще	коро́ткий	短い	коро́че
дешёвый	安価な	деше́вле	ре́дкий	まれな	ре́же
дорого́й	高価な、大事な	доро́же	бли́зкий	近くの	бли́же

2) -ee タイプと同様に、変化はせず、そのまま副詞としても使えます。

Э́та маши́на [Э́тот слова́рь] доро́же.　この車［辞書］の方が高いです。
Он говори́т гро́мче.　彼の方がより大きな声で話します。

3) 形が大きく変わってしまうものもいくつかあります。これらは特に重要で、-e タイプの比較級だけではなく、特別に長語尾の比較級も持っています。

形容詞		比較級	比較級長語尾
хоро́ший	良い	лу́чше	лу́чший
плохо́й	悪い	ху́же	ху́дший
большо́й	大きい	бо́льше	бо́льший
мно́го	たくさん		
ма́ленький	小さい	ме́ньше	ме́ньший
ма́ло	少ない		

注意！

бо́льше と ме́ньше はそれぞれ2つの語の比較級です。

На́ша страна́ бо́льше [ме́ньше].
我が国の方が大きい［小さい］。（< большо́й / ма́ленький）

У нас бо́льше [ме́ньше] студе́нтов.
うちの方が学生が多い［少ない］。（< мно́го / ма́ло）

また、長語尾の比較級は、普通の形容詞と同じように使います。

На́до найти́ лу́чший спо́соб. もっと良い方法を見つけないといけません。
Хочу́ посмотре́ть ка́рту бо́льшего разме́ра. もっと大きいサイズの地図を見たいです。

◆ 比較の対象（～よりも）の言い方

英語の than にあたる表現はロシア語には 2 つあります。

①比較級 + «, чем»
合成形、単一形の両方で使うことができ、また名詞、副詞、前置詞句などさまざまなものを比較できます。чем の前にコンマが入るので注意しましょう。

Росси́я бо́льше, чем Япо́ния. ロシアは日本よりも大きいです。
Я бо́льше люблю́ Воло́дю, чем Са́шу. 私はサーシャよりヴォロージャの方が好きです。
У меня́ бо́лее бога́тый о́пыт, чем у него́. 私には彼よりも豊かな経験があります。

②比較級 + 生格
単一形にしか使えません。比較できるのは主語同士、または目的語同士の場合のみです。

Ви́тя гора́здо[4] умне́е Са́ши. ヴィーチャはサーシャよりずっと賢いです。
Я люблю́ литерату́ру бо́льше матема́тики. 私は数学より文学の方が好きです。

次の文を日本語に訳しましょう。

1) Он говори́т по-ру́сски лу́чше меня́.
2) Япо́нский язы́к трудне́е, чем ру́сский.
3) Са́ша гора́здо ста́рше меня́.
4) Он бо́лее бога́тый, чем его́ роди́тели.
5) Она́ серьёзнее, чем я ду́мал.
6) Же́нщины сильне́е мужчи́н.

4 最上級

最上級にも合成形（2 種）と単一形があります。

合成形	са́мый ～	**са́мый** интере́сный
	наибо́лее ～	**наибо́лее** интере́сный
単一形	-ейший / -айший	интере́сн**ейший**

[4] 比較級を強める場合に о́чень は使えません。その代わりに、гора́здо（ずっと）、намно́го（はるかに）、ещё（さらに）などを使います。

① 合成形 (1) са́мый ～

形容詞の長語尾形にしか付けられず、その長語尾形容詞と一緒に変化します。

Фу́дзи – са́мая высо́кая гора́ в Япо́нии.	富士山は日本で最も高い山です。
Я живу́ в са́мом краси́вом го́роде в ми́ре.	私は世界一美しい町に住んでいます。

② 合成形 (2) наибо́лее ～

長語尾にも短語尾にも副詞にも付けられます。変化はせず、са́мый よりも文語的です。

Э́то наибо́лее глубо́кое о́зеро.	これが最も深い湖です。
Япо́нская ку́хня наибо́лее поле́зна для здоро́вья.	日本食が一番健康に良いです。
Э́тот спо́соб испо́льзуется наибо́лее ча́сто.	この方法が一番よく用いられます。

③ 単一形 -ейший / -а́йший

形容詞に接尾辞 -ейший または -а́йший を付けて作ります。-ейший のアクセントは短語尾女性形と一致し、-а́йший は必ず -а́- にアクセントが置かれます。多くの場合、「最も」というより「非常に」「極めて」などの意味を表します。

Мы е́ли вкусне́йшие пирожки́.	私たちはとてもおいしいピロシキを食べました。
Где ближа́йшая ста́нция метро́?	最寄りの地下鉄駅はどこですか？

事実上の最上級

比較級を使って、事実上の最上級を表現することもできます。

単一比較級 (- ее / - е) ＋ { всего́ ＝「何よりも～（すべてのものより～）」 / всех ＝「誰よりも～（すべての人々より～）」 }

Я бо́льше всего́ люблю́ чита́ть.	私は何よりも読書が好きです。
Он игра́ет в футбо́л лу́чше всех.	彼は誰よりもサッカーが上手です。

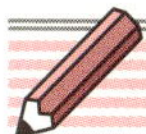

練習 4　次の文を日本語に訳しましょう。

1) Кто ваш са́мый люби́мый писа́тель?
2) Я жени́лся на са́мой краси́вой же́нщине в ми́ре.
3) Кака́я рекла́ма рабо́тает наибо́лее эффекти́вно?
4) Борщ – э́то моё люби́мейшее блю́до.
5) Он лю́бит А́ню бо́льше всех.
6) Наш сын у́чится ху́же всех.
7) Он ме́ньше всего́ ду́мает о деньга́х.

第28課

Уро́к 28 (два́дцать во́семь)

1 部分生格

Да́йте воды́.

2 第２生格

Там бы́ло мно́го наро́ду.

3 関係代名詞 чей と како́й

Э́то бы́ло собы́тие, како́го никогда́ не́ было в на́шей стране́.

У меня́ есть друг, чья дочь вы́шла за́муж за изве́стного актёра.

4 概数の表現

часа́ два / часо́в в пять / о́коло двадцати́ лет /

приме́рно в три часа́ / приблизи́тельно сто килогра́ммов

5 所有形容詞

Э́то ма́мина люби́мая пе́сня.

6 定代名詞 сам

Он сам не зна́ет, почему́ бро́сил рабо́ту.

7 数詞と形容詞・名詞の結合

Я ви́дел два́дцать два изве́стных футболи́ста.

8 命令形の特殊用法

Будь я на твоём ме́сте, я бы призна́лся ей в любви́.

1 部分生格

ロシア語では数量詞と結びつく名詞は生格になりますが（→ p.89, p.135）、**一定の数量・分量が話者の念頭に置かれている場合、数量詞と結びつかなくても名詞が生格になる**ことがあります。このような生格の用法を「**部分生格**」と呼びます。

Да́йте воды́.	水をください。
Я вы́пил молока́.	私は牛乳を飲みました。
Он купи́л мя́са.	彼は肉を買いました。

これらの場合、その場にある水や牛乳や肉のすべてではなく、コップ１杯や１瓶、数百グラムなどの限られた量が含意されています。部分生格はふつう､完了体動詞とともに用いられます。

2 第2生格

男性名詞の中には、通常の単数生格のほかに、「第 2 生格」と呼ばれる形を持つものもあります。第 2 生格は、男性名詞の単数与格と同じく、-у / -ю という語尾になります。

са́хар	砂糖	→ са́хара / са́хару	наро́д	人民	→ наро́да / наро́ду
сыр	チーズ	→ сы́ра / сы́ру	чай	お茶	→ ча́я / ча́ю
шум	騒ぎ	→ шу́ма / шу́му	лук	玉ねぎ	→ лу́ка / лу́ку

第 2 生格は数量を表す場合や部分生格、慣用表現、熟語などでよく用いられます。

Дава́йте попьём ча́ю. ちょっとお茶でも飲みましょう。
Она́ купи́ла килогра́мм са́хару. 彼女は砂糖を 1 キロ買いました。
Там бы́ло мно́го наро́ду. あそこにはたくさんの人がいました。

上の 3 つの例は、それぞれ通常の生格 ча́я, са́хара, наро́да を使うことも可能ですが、下の 2 つの例は固定した慣用表現なので必ず第 2 生格が使われます。

Он ушёл и́з дому. 彼は家を出ました。
С ви́ду обы́чная ру́чка, а на са́мом де́ле[1] э́то фотоаппара́т.
一見すると普通のペンですが、実際にはこれはカメラなのです。

3 関係代名詞 чей と како́й

како́й と чей は関係代名詞としても用いられます。како́й は кото́рый と似ていますが、кото́рый が先行詞を具体的に特定するのに対し、како́й は「～のような」を意味し、しばしば тако́й ~, како́й... という組み合わせで使われます。

Э́то бы́ло собы́тие, како́го никогда́ не́ было в на́шей стране́.
それはわが国ではいまだかつて一度もなかったような出来事だ。
⇔ Э́то бы́ло собы́тие, кото́рое потрясло́ весь мир.
それは全世界を震撼させた出来事だった。

В Япо́нии нет тако́го поэ́та, каки́м был Пу́шкин.
日本には、プーシキンのような（プーシキンがそうであったような）詩人は存在しない。

[1] на са́мом де́ле: 実際には

一方、чей は英語の関係代名詞 whose に相当し、кото́рый の生格に置き換えることができます。

У меня́ есть друг, чья дочь вы́шла за́муж за изве́стного актёра.
娘さんが有名な俳優と結婚したという友人が私にはいます。
⇔ У меня́ есть друг, дочь кото́рого вы́шла за́муж за изве́стного актёра.

А́втор благодари́т свои́х друзе́й, без чьей по́мощи э́та кни́га не была́ бы напи́сана.
作者は友人たちに感謝している。彼らの助けがなければこの本が書かれることはなかったろう。
⇔ А́втор благодари́т свои́х друзе́й, без по́мощи кото́рых э́та кни́га не была́ бы напи́сана.

4 概数の表現

「約、およそ」を表す表現はいくつかあります。

①語順の倒置
以下のように語順を倒置すると、「約、およそ～」という意味になります。

два часа́	2 時間	⇔	часа́ два	約 2 時間
де́сять киломе́тров	10 キロメートル	⇔	киломе́тров де́сять	約 10 キロメートル

前置詞を伴う場合は、次のような語順になります。前置詞の位置に気をつけましょう。

в пять часо́в	5 時に	⇔	часо́в в пять	5 時ごろに
через де́сять лет	10 年後に	⇔	лет через де́сять	約 10 年後に

②前置詞、副詞
前置詞（о́коло＋〔生〕）や副詞（приме́рно, приблизи́тельно）を用いて概数を表すこともできます。

о́коло семи́ часо́в	約 7 時間、7 時ごろに
о́коло двадцати́ лет	約 20 年（歳）
приме́рно три часа́	約 3 時間
приме́рно в три часа́	3 時ごろに
приблизи́тельно сто килогра́ммов	約 100 キログラム

о́коло を伴うと数詞も生格になるので注意しましょう。数詞の格変化は巻末の文法表 p.249-250 を参照してください。

5 所有形容詞

所有形容詞（物主形容詞）は、人や動物などを表す名詞から作られ、「～の」を表します。作り方は以下の 3 種類です[2]。

① -ий

人や動物を表すさまざまな名詞から作られ、多くの場合、子音交替を伴います。男性主格の語尾は形容詞軟変化と同じですが、変化のパターンは軟変化とは違います（→ 巻末の文法表 p.251）。

бог	神	→	бо́жий	神の	пти́ца	鳥	→	пти́чий	鳥の
соба́ка	犬	→	соба́чий	犬の	лиса́	キツネ	→	ли́сий	キツネの

② -ин / -ын

人や動物を表す名詞のうち、-а, -я で終わるものから作られます。語幹が ц で終わる場合は -ын になります。

ма́ма	お母さん	→	ма́мин	お母さんの
Ми́ша	ミーシャ	→	Ми́шин	ミーシャの
тётя	おばさん	→	тётин	おばさんの
цари́ца	女王	→	цари́цын	女王の

③ -ов / -ев

人や動物を表す男性名詞（-а, -я で終わるものを除く）から作られます。

оте́ц	父	→	отцо́в	父の
Ива́н	イワン	→	Ива́нов	イワンの
ке́сарь	（古代ローマの）皇帝	→	ке́сарев	（古代ローマの）皇帝の

なお、②と③は同じタイプの変化をします。詳しくは巻末の文法表 p.251 を参照しましょう。

Вы чита́ли «Соба́чье се́рдце» Михаи́ла Булга́кова[3]?
ミハイル・ブルガーコフの『犬の心臓』は読みましたか？

Э́то ма́мина люби́мая пе́сня. それはお母さんの好きな歌です。

Он вдруг вспо́мнил отцо́вы сове́ты. 彼は不意に父の助言を思い出した。

---

[2] 例えば -а で終わる名詞でも、①のパターンで所有形容詞を作るものもあれば、②の作り方をするものもあります。どの名詞がどのパターンで所有形容詞を形成するかは、特に決まったルールはありません。

[3] ミハイル・ブルガーコフ (1891-1940) はロシアの作家。ファンタジーと風刺精神あふれる『巨匠とマルガリータ』『犬の心臓』などで人気。

6 定代名詞 сам

定代名詞 сам は、「～自身、～自体、自分で」を表します（格変化は巻末の文法表 p.249）。са́мый と間違えやすいので注意しましょう。

Он сам не зна́ет, почему́ бро́сил рабо́ту.
なぜ仕事をやめたのか彼自身にもわからない。

Они́ са́ми реши́ли э́ту пробле́му. 彼らは自分たちでその問題を解決した。

Мы встре́тились с сами́м президе́нтом. 私たちは大統領本人と会った。

7 数詞と形容詞・名詞の結合

数詞と名詞が組み合わさる場合の名詞の変化についてはすでに学びましたが（→ p.89, 92）、形容詞が付く場合は以下のようになります。

① 1 + 形容詞単数主格 + 名詞主格

оди́н се́рый волк	1匹の灰色狼
одна́ сме́лая де́вушка	1人の勇敢な娘
одно́ ки́слое я́блоко	1つの酸っぱいリンゴ

② 2～4 + 形容詞複数生格 + 名詞単数生格

形容詞と名詞の形が一致せず、形容詞が複数生格になることに注意しましょう。ただし、女性名詞の場合、形容詞が複数主格になるのがふつうです。

два ру́сских студе́нта	2人のロシア人学生
три кра́сных я́блока	3つの赤いリンゴ
четы́ре япо́нские [япо́нских] де́вушки	4人の日本の女の子

③ 5以上 + 形容詞複数生格 + 名詞複数生格

пять совреме́нных писа́телей	5人の現代作家
де́сять незнако́мых слов	10個の知らない単語
два́дцать ди́ких птиц	20羽の野生の鳥

 注意！

ただし上のルールは、主格（および主格と等しい形の対格）の場合のみに適用されます。それ以外の格のときは、数詞と形容詞、名詞の形は以下のようになります。

① оди́н

名詞はふつうに格変化し、数詞も形容詞もそれに合わせて変化します。

	男	中	女
主	оди́н ру́сский журна́л	одно́ ру́сское сло́во	одна́ ру́сская кни́га
生	одного́ ру́сского журна́ла	одного́ ру́сского сло́ва	одно́й ру́сской кни́ги
与	одному́ ру́сскому журна́лу	одному́ ру́сскому сло́ву	одно́й ру́сской кни́ге
対	оди́н ру́сский журна́л	одно́ ру́сское сло́во	одну́ ру́сскую кни́гу
造	одни́м ру́сским журна́лом	одни́м ру́сским сло́вом	одно́й ру́сской кни́гой
前	одно́м ру́сском журна́ле	одно́м ру́сском сло́ве	одно́й ру́сской кни́ге

Он пи́шет статью́ об одно́м интере́сном писа́теле.

彼は１人のおもしろい作家について論文を書いています。

Я влюби́лся в одну́ прекра́сную де́вушку.

私は１人のすてきな女の子に恋をしました。

② два ～ четы́ре

主格と対格以外では、名詞はふつうの複数形になり、形容詞もそれに合わせて変化します。

	男 / 中	女
主	два ру́сских журна́ла / сло́ва	две ру́сские [ру́сских] кни́ги
生	двух ру́сских журна́лов / сло́в	двух ру́сских кни́г
与	двум ру́сским журна́лам / слова́м	дву́м ру́сским кни́гам
対	два ру́сских журна́ла / сло́ва	две ру́сские [ру́сских] кни́ги
造	двумя́ ру́сскими журна́лами / слова́ми	двумя́ ру́сскими кни́гами
前	двух ру́сских журна́лах / слова́х	двух ру́сских кни́гах

	男 / 中	女
主	три / четы́ре ру́сских журна́ла	три / четы́ре ру́сские [ру́сских] кни́ги
生	трёх / четырёх ру́сских журна́лов	трёх / четырёх ру́сских кни́г
与	трём / четырём ру́сским журна́лам	трём / четырём ру́сским кни́гам
対	три / четы́ре ру́сских журна́ла	три / четы́ре ру́сские [ру́сских] кни́ги
造	тремя́ / четырьмя́ ру́сскими журна́лами	тремя́ / четырьмя́ ру́сскими кни́гами
前	трёх / четырёх ру́сских журна́лах	трёх / четырёх ру́сских кни́гах

Я познакóмился с двумя́ япóнскими студéнтами.

私は 2 人の日本人学生と知り合いになりました。

Он подари́л цветы́ трём прекра́сным де́вушкам.

彼は 3 人のすてきな女の子に花をプレゼントしました。

③ пять ～

主格と対格以外では、名詞はふつうの複数変化になり、形容詞もそれに合わせて変化します。

主	пять ру́сских журна́лов
生	пяти́ ру́сских журна́лов
与	пяти́ ру́сским журна́лам
対	пять ру́сских журна́лов
造	пятью́ ру́сскими журна́лами
前	пяти́ ру́сских журна́лах

Он пи́шет статью́ о пяти́ ру́сских писа́телях.

彼は 5 人のロシアの作家について論文を書いています。

Я получи́л ме́йлы от пяти́ узбе́кских друзе́й.

私は 5 人のウズベク人の友達からメールを受け取りました。

なお、合成数詞の場合は、構成する数詞のそれぞれを格変化させます [4]。

Я получи́л ме́йлы от двадцати́ пяти́ белору́сских друзе́й.

私は 25 人のベラルーシ人の友達からメールを受け取りました。

また、上に挙げた表はいずれも不活動体名詞ですが、2 ～ 4 の場合、活動体では対格が生格と等しくなります。

Я ви́дел одного́ изве́стного футболи́ста.　私は 1 人の有名なサッカー選手を見た。

Я ви́дел двух изве́стных футболи́стов.　私は 2 人の有名なサッカー選手を見た。

5 以上の個数詞は、活動体でも対格は主格と等しい形です [5]。また、2 ～ 4 を末尾に持つ合成数詞も、活動体対格は主格と等しくなります。

---

[4] ただし口語では末尾の数詞のみ変化させることもあります。

[5] ただし ты́сяча は女性名詞と同じ、миллио́н や миллиа́рд などは男性名詞と同じ扱いになります。

Он пригласи́л ты́сячу бога́тых бизнесме́нов на бал.

彼は 1,000 人の裕福なビジネスマンをダンスパーティーに招待しました。

Он убежа́л с миллио́ном рубле́й.

彼は 100 万ルーブル持って逃げた。

Я ви́дел пять извéстных футболи́стов. 私は5人の有名なサッカー選手を見た。

Я ви́дел двáдцать два извéстных футболи́ста.
私は22人の有名なサッカー選手を見た。

8 命令形の特殊用法

2人称単数の命令形の特殊用法として、仮定を表すことがあります。主語は2人称以外でも可能です。

Будь я на твоём мéсте, я бы признáлся ей в любви́.
もしも僕が君の立場だったら、彼女に愛を告白しただろう。

Не приди́ он сюдá вóвремя, мы бы поги́бли.
彼がタイミングよくここへ来てくれなかったら、私たちは死んでいただろう。

また、「疑問詞 ＋ни＋ 2人称単数命令形」は、譲歩の意味になります。

Что ни говори́, всё напрáсно.
何を言っても、すべては無駄だ。

Когó ни спроси́, никтó не мóжет отвéтить на э́тот вопрóс.
誰に聞こうと、誰もその質問には答えられない。

文法表

重要な語形変化や単語の一覧を表にしてまとめました。適宜参照して、確認しながら学習を進めるようにしてください。なお、単語によっては例外的な変化をすることもありますので、注意してください。

◆ 動詞の現在形

	第1変化		第2変化	
	不定形：-ть	чита́ть 読む	不定形：-ить, -еть, -ять	говори́ть 話す
	単数	複数	単数	複数
1	чита́ю	чита́ем	говорю́	говори́м
2	чита́ешь	чита́ете	говори́шь	говори́те
3	чита́ет	чита́ют	говори́т	говоря́т

	-авать 動詞		-овать 動詞	
	不定形：-авать	дава́ть 与える	不定形：-овать	рисова́ть 描く
	単数	複数	単数	複数
1	даю́	даём	рису́ю	рису́ем
2	даёшь	даёте	рису́ешь	рису́ете
3	даёт	даю́т	рису́ет	рису́ют

・過去形は дава́л, рисова́л と通常通りに作る。

◆ 名詞

			男性名詞					
			机	学生	路面電車	英雄	書類かばん	作家
単数	主格		стол	студе́нт	трамва́й	геро́й	портфе́ль	писа́тель
	生格		стола́	студе́нта	трамва́я	геро́я	портфе́ля	писа́теля
	与格		столу́	студе́нту	трамва́ю	геро́ю	портфе́лю	писа́телю
	対格	不活動体	стол		трамва́й		портфе́ль	
		活動体		студе́нта		геро́я		писа́теля
	造格		столо́м	студе́нтом	трамва́ем	геро́ем	портфе́лем	писа́телем
	前置格		столе́	студе́нте	трамва́е	геро́е	портфе́ле	писа́теле
複数	主格		столы́	студе́нты	трамва́и	геро́и	портфе́ли	писа́тели
	生格		столо́в	студе́нтов	трамва́ев	геро́ев	портфе́лей	писа́телей
	与格		стола́м	студе́нтам	трамва́ям	геро́ям	портфе́лям	писа́телям
	対格	不活動体	столы́		трамва́и		портфе́ли	
		活動体		студе́нтов		геро́ев		писа́телей
	造格		стола́ми	студе́нтами	трамва́ями	геро́ями	портфе́лями	писа́телями
	前置格		стола́х	студе́нтах	трамва́ях	геро́ях	портфе́лях	писа́телях

		中性名詞		
		場所	海	名前
単数	主格	ме́сто	мо́ре	и́мя
	生格	ме́ста	мо́ря	и́мени
	与格	ме́сту	мо́рю	и́мени
	対格	ме́сто	мо́ре	и́мя
	造格	ме́стом	мо́рем	и́менем
	前置格	ме́сте	мо́ре	и́мени
複数	主格	места́	моря́	имена́
	生格	мест	море́й	имён
	与格	места́м	моря́м	имена́м
	対格	места́	моря́	имена́
	造格	места́ми	моря́ми	имена́ми
	前置格	места́х	моря́х	имена́х

・対格の変化形に「主/生」とある場合、不活動体で主格と同形、活動体で生格と同形であることを意味する。
・人称代名詞、女性名詞、形容詞、所有代名詞、指示代名詞、定代名詞、個数詞「1」、所有形容詞の単数（女性）造格形に見られる語尾 -ой/-ей の代わりに古い形として -ою/-ею が用いられる場合もある。（例：мной→мно́ю, ей→е́ю, газе́той→газе́тою, си́ней→си́нею, ва́шей→ва́шею, э́той→э́тою, всей→все́ю, одно́й→одно́ю, ры́бьей→ры́бьею ...）

			女性名詞					
			新聞	女性	週	保母	ノート	ヤマネコ
単数	主格		газе́та	же́нщина	неде́ля	ня́ня	тетра́дь	рысь
	生格		газе́ты	же́нщины	неде́ли	ня́ни	тетра́ди	ры́си
	与格		газе́те	же́нщине	неде́ле	ня́не	тетра́ди	ры́си
	対格		газе́ту	же́нщину	неде́лю	ня́ню	тетра́дь	рысь
	造格		газе́той	же́нщиной	неде́лей	ня́ней	тетра́дью	ры́сью
	前置格		газе́те	же́нщине	неде́ле	ня́не	тетра́ди	ры́си
複数	主格		газе́ты	же́нщины	неде́ли	ня́ни	тетра́ди	ры́си
	生格		газе́т	же́нщин	неде́ль	ня́нь	тетра́дей	рысе́й
	与格		газе́там	же́нщинам	неде́лям	ня́ням	тетра́дям	рыся́м
	対格	不活動体	газе́ты		неде́ли		тетра́ди	
		活動体		же́нщин		ня́нь		рысе́й
	造格		газе́тами	же́нщинами	неде́лями	ня́нями	тетра́дями	рыся́ми
	前置格		газе́тах	же́нщинах	неде́лях	ня́нях	тетра́дях	рыся́х

		-ий 型男性名詞	-ие 型中性名詞	-ия 型女性名詞
		サナトリウム	建物	講義
単数	主格	санато́рий	зда́ние	ле́кция
	生格	санато́рия	зда́ния	ле́кции
	与格	санато́рию	зда́нию	ле́кции
	対格	санато́рий	зда́ние	ле́кцию
	造格	санато́рием	зда́нием	ле́кцией
	前置格	санато́рии	зда́нии	ле́кции
複数	主格	санато́рии	зда́ния	ле́кции
	生格	санато́риев	зда́ний	ле́кций
	与格	санато́риям	зда́ниям	ле́кциям
	対格	санато́рии	зда́ния	ле́кции
	造格	санато́риями	зда́ниями	ле́кциями
	前置格	санато́риях	зда́ниях	ле́кциях

◆ 形容詞

		硬変化Ⅰ			硬変化Ⅱ（必ず語尾にアクセント）			軟変化		
		赤い			水色の			青い		
		男性	中性	女性	男性	中性	女性	男性	中性	女性
単数	主格	кра́сный	кра́сное	кра́сная	голубо́й	голубо́е	голуба́я	си́ний	си́нее	си́няя
	生格	кра́сного		кра́сной	голубо́го		голубо́й	си́него		си́ней
	与格	кра́сному		кра́сной	голубо́му		голубо́й	си́нему		си́ней
	対格	主 / 生		кра́сную	主 / 生		голубу́ю	主 / 生		си́нюю
	造格	кра́сным		кра́сной	голубы́м		голубо́й	си́ним		си́ней
	前置格	кра́сном		кра́сной	голубо́м		голубо́й	си́нем		си́ней
複数	主格	кра́сные			голубы́е			си́ние		
	生格	кра́сных			голубы́х			си́них		
	与格	кра́сным			голубы́м			си́ним		
	対格	主 / 生			主 / 生			主 / 生		
	造格	кра́сными			голубы́ми			си́ними		
	前置格	кра́сных			голубы́х			си́них		

◆ 正書法の規則「г, к, х, ж, ч, ш, щ の後で ы→и, я→а, ю→у」を適用した形容詞

		硬変化Iのうち、語幹が г, к, х で終わりアクセントが語幹に（混合変化I）			硬変化IIのうち､語幹が г, к, х, ж, ч, ш, щ で終わりアクセントが語尾に（混合変化II）			軟変化のうち、語幹が ж, ч, ш, щ で終わりアクセントが語幹に（混合変化III）		
		ロシアの			悪い			良い		
		男性	中性	女性	男性	中性	女性	男性	中性	女性
単数	主格	ру́сск**ий**	ру́сск**ое**	ру́сск**ая**	плох**о́й**	плох**о́е**	плох**а́я**	хоро́ш**ий**	хоро́ш**ее**	хоро́ш**ая**
	生格	ру́сск**ого**		ру́сск**ой**	плох**о́го**		плох**о́й**	хоро́ш**его**		хоро́ш**ей**
	与格	ру́сск**ому**		ру́сск**ой**	плох**о́му**		плох**о́й**	хоро́ш**ему**		хоро́ш**ей**
	対格	主／生		ру́сск**ую**	主／生		плох**у́ю**	主／生		хоро́ш**ую**
	造格	ру́сск**им**		ру́сск**ой**	плох**и́м**		плох**о́й**	хоро́ш**им**		хоро́ш**ей**
	前置格	ру́сск**ом**		ру́сск**ой**	плох**о́м**		плох**о́й**	хоро́ш**ем**		хоро́ш**ей**
複数	主格	ру́сск**ие**			плох**и́е**			хоро́ш**ие**		
	生格	ру́сск**их**			плох**и́х**			хоро́ш**их**		
	与格	ру́сск**им**			плох**и́м**			хоро́ш**им**		
	対格	主／生			主／生			主／生		
	造格	ру́сск**ими**			плох**и́ми**			хоро́ш**ими**		
	前置格	ру́сск**их**			плох**и́х**			хоро́ш**их**		

・語幹が г, к, х, ж, ч, ш, щ で終わるものは、これら３タイプの内のいずれかである。

◆ 人称代名詞

		１人称	２人称	３人称			疑問		再帰
単数	主格	я	ты	он	оно́	она́	кто	что	
	生格	меня́	тебя́	его́ (него́)		её (неё)	кого́	чего́	себя́
	与格	мне	тебе́	ему́ (нему́)		ей (ней)	кому́	чему́	себе́
	対格	меня́	тебя́	его́ (него́)		её (неё)	кого́	что	себя́
	造格	мной	тобо́й	им (ним)		ей (ней)	кем	чем	собо́й
	前置格	мне	тебе́	нём		ней	ком	чём	себе́
複数	主格	мы	вы	они́					
	生格	нас	вас	их (них)					
	与格	нам	вам	им (ним)					
	対格	нас	вас	их (них)					
	造格	на́ми	ва́ми	и́ми (ни́ми)					
	前置格	нас	вас	них					

・（ ）内は前置詞の補語になった際の形。

◆ 所有代名詞

		мой（твой, свой も同じ）			наш（ваш も同じ）			чей		
		男性	中性	女性	男性	中性	女性	男性	中性	女性
単数	主格	мо**й**	мо**ё**	мо**я́**	наш	на́ш**е**	на́ш**а**	ч**ей**	ч**ьё**	ч**ья**
	生格	мо**его́**		мо**е́й**	на́ш**его**		на́ш**ей**	ч**ьего́**		ч**ьей**
	与格	мо**ему́**		мо**е́й**	на́ш**ему**		на́ш**ей**	ч**ьему́**		ч**ьей**
	対格	主／生		мо**ю́**	主／生		на́ш**у**	主／生		ч**ью**
	造格	мо**и́м**		мо**е́й**	на́ш**им**		на́ш**ей**	ч**ьим**		ч**ьей**
	前置格	мо**ём**		мо**е́й**	на́ш**ем**		на́ш**ей**	ч**ьём**		ч**ьей**
複数	主格	мо**и́**			на́ш**и**			ч**ьи**		
	生格	мо**и́х**			на́ш**их**			ч**ьих**		
	与格	мо**и́м**			на́ш**им**			ч**ьим**		
	対格	主／生			主／生			主／生		
	造格	мо**и́ми**			на́ш**ими**			ч**ьи́ми**		
	前置格	мо**и́х**			на́ш**их**			ч**ьих**		

◆ 指示代名詞

	э́тот				тот			
	男性	中性	女性	複数	男性	中性	女性	複数
主格	э́тот	э́то	э́та	э́ти	тот	то	та	те
生格	э́того		э́той	э́тих	того́		той	тех
与格	э́тому		э́той	э́тим	тому́		той	тем
対格	主／生		э́ту	主／生	主／生		ту	主／生
造格	э́тим		э́той	э́тими	тем		той	те́ми
前置格	э́том		э́той	э́тих	том		той	тех

◆ 定代名詞

	весь				сам			
	男性	中性	女性	複数	男性	中性	女性	複数
主格	весь	всё	вся	все	сам	само́	сама́	са́ми
生格	всего́		всей	всех	самого́		само́й	сами́х
与格	всему́		всей	всем	самому́		само́й	сами́м
対格	主／生		всю	主／生	主／生		саму́	主／生
造格	всем		всей	все́ми	сами́м		само́й	сами́ми
前置格	всём		всей	всех	само́м		само́й	сами́х

◆ 数詞

	個数詞	順序数詞		個数詞	順序数詞
0	ноль/нуль	нолево́й/нулево́й	30	три́дцать	тридца́тый
1	оди́н	пе́рвый	40	со́рок	сороково́й
2	два	второ́й	50	пятьдеся́т	пятидеся́тый
3	три	тре́тий	60	шестьдеся́т	шестидеся́тый
4	четы́ре	четвёртый	70	се́мьдесят	семидеся́тый
5	пять	пя́тый	80	во́семьдесят	восьмидеся́тый
6	шесть	шесто́й	90	девяно́сто	девяно́стый
7	семь	седьмо́й	100	сто	со́тый
8	во́семь	восьмо́й	200	две́сти	двухсо́тый
9	де́вять	девя́тый	300	три́ста	трёхсо́тый
10	де́сять	деся́тый	400	четы́реста	четырёхсо́тый
11	оди́ннадцать	оди́ннадцатый	500	пятьсо́т	пятисо́тый
12	двена́дцать	двена́дцатый	600	шестьсо́т	шестисо́тый
13	трина́дцать	трина́дцатый	700	семьсо́т	семисо́тый
14	четы́рнадцать	четы́рнадцатый	800	восемьсо́т	восьмисо́тый
15	пятна́дцать	пятна́дцатый	900	девятьсо́т	девятисо́тый
16	шестна́дцать	шестна́дцатый	1,000	ты́сяча	ты́сячный
17	семна́дцать	семна́дцатый	2,000	две ты́сячи	двухты́сячный
18	восемна́дцать	восемна́дцатый	100万	миллио́н	миллио́нный
19	девятна́дцать	девятна́дцатый	10億	миллиа́рд	миллиа́рдный
20	два́дцать	двадца́тый	1兆	триллио́н	триллио́нный

◆ 個数詞の変化

	1				2			3	4
	男性	中性	女性	複数	男性	中性	女性		
主格	оди́н	одно́	одна́	одни́	два		две	три	четы́ре
生格	одного́		одно́й	одни́х	двух			трёх	четырёх
与格	одному́		одно́й	одни́м	двум			трём	четырём
対格	主／生		одну́	主／生	主／生			主／生	主／生
造格	одни́м		одно́й	одни́ми	двумя́			тремя́	четырьмя́
前置格	одно́м		одно́й	одни́х	двух			трёх	четырёх

・4までの数詞には活動体と不活動体の区別があるが、5以上にはない。

	5	11
主格	пять	оди́ннадцать
生格	пяти́	оди́ннадцати
与格	пяти́	оди́ннадцати
対格	пять	оди́нндацать
造格	пятью	оди́ннадцатью
前置格	пяти́	оди́ннадцати

・-ь で終わる数詞はいずれも -ь で終わる女性名詞と同じ変化。
・ただし単数・複数の区別はない。
・5 (пять) ～ 10 (де́сять) および 20 (два́дцать) と 30 (три́дцать) は変化に際して語尾にアクセントが移動し、11 (оди́ннадцать) ～ 19 (девятна́дцать) は移動しない。

	40	90	100
主格	со́рок	девяно́сто	сто
生格	сорока́	девяно́ста	ста
与格	сорока́	девяно́ста	ста
対格	со́рок	девяно́сто	сто
造格	сорока́	девяно́ста	ста
前置格	сорока́	девяно́ста	ста

	50
主格	пятьдеся́т
生格	пяти́десяти
与格	пяти́десяти
対格	пятьдеся́т
造格	пятью́десятью
前置格	пяти́десяти

・50は主格およびそれと同形の対格をのぞき пять+де́сять の変化形であると考えればよい。60、70、80 も同様。

	200	300	500
主格	две́сти	три́ста	пятьсо́т
生格	двухсо́т	трёхсо́т	пятисо́т
与格	двумста́м	трёмста́м	пятиста́м
対格	две́сти	три́ста	пятьсо́т
造格	двумяста́ми	тремяста́ми	пятьюста́ми
前置格	двухста́х	трёхста́х	пятиста́х

・200 ～ 900 の前半部分は、два, три などの一桁の数詞の変化と同じ（主格と対格をのぞく）。
・後半部分は сто という中性名詞の複数形だと考えればよい（やはり主格と対格をのぞく）。
・ты́сяча、миллио́н 以降は通常の名詞と同じ変化で、複数形もある。

◆ その他の数量詞

	о́ба		ско́лько	мно́го
	男・中	女		
主格	о́ба	о́бе	ско́лько	мно́го
生格	обо́их	обе́их	ско́льких	мно́гих
与格	обо́им	обе́им	ско́льким	мно́гим
対格	主／生	主／生	ско́лько	мно́го
造格	обо́ими	обе́ими	ско́лькими	мно́гими
前置格	обо́их	обе́их	ско́льких	мно́гих

・мно́го の主格・対格以外の形は мно́гий の複数形の流用。

◆ 順序数詞 тре́тий

	単数			複数
	男性	中性	女性	
主格	тре́тий	тре́тье	тре́тья	тре́тьи
生格	тре́тьего		тре́тьей	тре́тьих
与格	тре́тьему		тре́тьей	тре́тьим
対格	主／生		тре́тью	主／生
造格	тре́тьим		тре́тьей	тре́тьими
前置格	тре́тьем		тре́тьей	тре́тьих

・その他の順序数詞は形容詞（硬変化Ⅰと硬変化Ⅱ）と同じ変化。

◆ 所有形容詞

		-ий 型			-ин/-ын 型			-ов/-ев 型		
		魚 (ры́ба) の			お母さん (ма́ма) の			父 (оте́ц) の		
		男性	中性	女性	男性	中性	女性	男性	中性	女性
単数	主格	ры́бий	ры́бье	ры́бья	ма́мин	ма́мино	ма́мина	отцо́в	отцо́во	отцо́ва
	生格	ры́бьего		ры́бьей	ма́миного		ма́миной	отцо́вого		отцо́вой
	与格	ры́бьему		ры́бьей	ма́миному		ма́миной	отцо́вому		отцо́вой
	対格	主 / 生		ры́бью	主 / 生		ма́мину	主 / 生		отцо́ву
	造格	ры́бьим		ры́бьей	ма́миным		ма́миной	отцо́вым		отцо́вой
	前置格	ры́бьем		ры́бьей	ма́мином		ма́миной	отцо́вом		отцо́вой
複数	主格	ры́бьи			ма́мины			отцо́вы		
	生格	ры́бьих			ма́миных			отцо́вых		
	与格	ры́бьим			ма́миным			отцо́вым		
	対格	主 / 生			主 / 生			主 / 生		
	造格	ры́бьими			ма́миными			отцо́выми		
	前置格	ры́бьих			ма́миных			отцо́вых		

◆ 姓

	-ин/-ын 型		-ов/-ев/-ёв 型	
	Соро́кин		Смирно́в	
	男性	女性	男性	女性
主格	Соро́кин	Соро́кина	Смирно́в	Смирно́ва
生格	Соро́кина	Соро́киной	Смирно́ва	Смирно́вой
与格	Соро́кину	Соро́киной	Смирно́ву	Смирно́вой
対格	Соро́кина	Соро́кину	Смирно́ва	Смирно́ву
造格	Соро́киным	Соро́киной	Смирно́вым	Смирно́вой
前置格	Соро́кине	Соро́киной	Смирно́ве	Смирно́вой

・所有形容詞との微妙な違いに注意。
・複数は所有形容詞と同じ変化。

単語帳

ここには、本書で出てきた語句、および初級の学習に必要な語句を約 2150 収載しています。

1）品詞や文法的な分類は以下のような形で表記しました。

〔名〕名詞　〔動〕動詞　〔形〕形容詞　〔副〕副詞　〔代〕代名詞　〔前〕前置詞　〔接〕接続詞　〔数〕数詞

〔順数〕順序数詞　〔数量〕数量詞　〔集合〕集合数詞　〔助〕助詞　〔間〕間投詞　〔述〕述語〔挿〕挿入語

〔比〕比較級　〔短〕短語尾　〔定〕定向動詞　〔不定〕不定向動詞　〔略〕略語　〔表現〕慣用表現、成句

2）不完了体･完了体でペアになっている動詞は、不完了体を見出し語とし、「不完了体 - 完了体」とハイフンで区切って記載しました。

3）同じ綴りで違う意味を持つ語は番号を付してそれぞれ別の項目としました。

4）名詞の性は、-ь で終わるもののみ品詞の後ろに付記しました。

А

а〔接〕一方、ところで、では
авиапо́чта〔名〕航空郵便
а́вгуст〔名〕8 月
авто́бус〔名〕バス
автомоби́ль〔名・男〕自動車
автомоби́льный〔形〕自動車の
а́втор〔名〕著者、作者
аге́нтство〔名〕代理店、代理機関
администра́ция〔名〕管理、行政
а́дрес〔名〕住所
азиа́тский〔形〕アジアの
А́зия〔名〕アジア
академи́ческий〔形〕アカデミーの
актёр〔名〕俳優
акти́вный〔形〕活動的な
актри́са〔名〕女優
актуа́льный〔形〕当面の、切実な
а́кция〔名〕株
алкого́льный〔形〕アルコールの
алло́〔間〕もしもし（電話で）
Аля́ска〔名〕アラスカ
Аме́рика〔名〕アメリカ
америка́нец〔名〕（男性の）アメリカ人
америка́нка〔名〕（女性の）アメリカ人
америка́нский〔形〕アメリカの
англи́йский〔形〕英国の
англича́нин〔名〕（男性の）イギリス人
англича́нка〔名〕（女性の）イギリス人
А́нглия〔名〕イギリス
а̀нгло-ру́сский〔形〕英露の
анке́та〔名〕アンケート
антоло́гия〔名〕アンソロジー
апельси́н〔名〕オレンジ
аппети́т〔名〕食欲
апре́ль〔名・男〕4 月
апте́ка〔名〕薬局
Арме́ния〔名〕アルメニア
а́рмия〔名〕軍隊
армяни́н〔名〕（男性の）アルメニア人
армя́нка〔名〕（女性の）アルメニア人
армя́нский〔形〕アルメニアの
арти́ст〔名〕（男性の）俳優、芸能人
арти́стка〔名〕（女性の）俳優、芸能人
архите́ктор〔名〕建築家
архитекту́ра〔名〕建築
аспира́нт〔名〕（男性の）大学院生
аспира́нтка〔名〕（女性の）大学院生
аспиранту́ра〔名〕大学院
аудито́рия〔名〕教室
А́фрика〔名〕アフリカ
аэропо́рт〔名〕空港

Б

ба́бушка〔名〕祖母
бага́ж〔名〕荷物、手荷物
Байка́л〔名〕バイカル湖
бал〔名〕ダンスパーティー、舞踏会
балала́йка〔名〕バラライカ
бале́т〔名〕バレエ
бандеро́ль〔名・女〕郵便小包
банк〔名〕銀行
банке́т〔名〕宴会
бар〔名〕バー
Барсело́на〔名〕バルセロナ
бас〔名〕バス（音楽）
баскетбо́л〔名〕バスケットボール
бассе́йн〔名〕プール
бе́гать〔動・不定〕走って行く
бе́дный〔形〕貧乏な、かわいそうな
бежа́ть〔動・定〕走って行く
без/безо〔前〕［＋生］〜なしに、〜なしで
безопа́сность〔名・女〕安全
бейсбо́л〔名〕野球
белору́сский〔形〕ベラルーシの
бе́лый〔形〕白い
бе́рег〔名〕岸

берёза 〔名〕 白樺
бесплáтный 〔形〕 ただの、無料の
беспокóиться 〔動〕 心配する
бессмы́сленный 〔形〕 無意味な
библиотéка 〔名〕 図書館
би́знес 〔名〕 ビジネス
бизнесмéн 〔名〕 ビジネスマン
билéт 〔名〕 チケット、券
биогрáфия 〔名〕 伝記、履歴
биóлог 〔名〕 生物学者
биолóгия 〔名〕 生物学
бить 〔動〕 打つ、なぐる
благодари́ть - поблагодари́ть 〔動〕 感謝する
благополу́чно 〔副〕 無事に、首尾よく
ближáйший 〔形〕 最も近い、最寄りの
бли́же 〔形 / 副・比〕 より近い、より近くに
бли́зкий 〔形〕 近い、近くの
бли́зко 〔副〕 ①近くに ②近い
блин 〔名〕 ブリヌィ、ロシア風クレープ
блю́до 〔名〕 ①皿 ②料理
бог 〔名〕 神
богáтый 〔形〕 豊かな、豊富な
богáче 〔形 / 副・比〕 より豊かな、より豊かに
боевóй 〔形〕 戦闘の
бóжий 〔形〕 神の
бóлее 〔形 / 副・比〕 もっと～、より～
бóлен, больнá, больнó, больны́
〔形・短〕 病んでいる、(病気に) かかっている
болéть 1 〔動〕 ①～を患う、病む ②ファンだ
болéть 2 〔動〕 (身体のある部分が) 痛む
больни́ца 〔名〕 病院
бóльно 〔副〕 痛く
больнóй 〔形〕 病気の
бóльше 〔形 / 副・比〕 より大きい、より多い、もっと
бóльший 〔形・比〕 より大きい、より多い
большинствó 〔名〕 大多数、大部分
большóй 〔形〕 大きな
борщ 〔名〕 ボルシチ
борьбá 〔名〕 闘争、戦い
бот 〔名〕 小舟
боя́ться 〔動〕 恐れる
брат 〔名〕 兄弟
брать - взять 〔動〕 (手に) 取る、つかむ
брéмя 〔名〕 重荷
брести́ 〔動・定〕 のろのろ・ぶらぶらと行く
броди́ть 〔動・不定〕 のろのろ・ぶらぶらと行く
бросáть - брóсить
〔動〕 捨てる、投げる、(習慣など) ～するのをやめる
брю́ки 〔名〕 ズボン
буди́ть - разбуди́ть 〔動〕 起こす
бу́дущее 〔名〕 将来、未来
бу́дущий 〔形〕 将来の、未来の
бу́ква 〔名〕 文字
бу́лочная 〔名〕 パン屋
бумáга 〔名〕 紙
бутербрóд 〔名〕 (オープン) サンドイッチ
буты́лка 〔名〕 瓶
бу́хта 〔名〕 入り江、湾
бы 〔助〕 仮定法の助詞
бывáть
〔動〕 (時々・よく・たまに) ある、いる、起こる、生じる
бы́вший 〔形〕 前の、以前の
бы́стро 〔副〕 素早く
бы́стрый 〔形〕 素早い
быть 〔動〕 ある、いる

В

в 〔前〕 [＋対] ～の中へ、～へ
[＋前] ～の中で、～の中に
вагóн 〔名〕 車両
вáжно 〔副〕 ①もったいぶって、尊大に
②重要だ、大切だ
вáжный 〔形〕 重要な、大事な
вáза 〔名〕 花瓶
варéнье 〔名〕 ジャム
вари́ть - свари́ть 〔動〕 (食べ物を) 煮る
ваш 〔代〕 あなたの
вбегáть - вбежáть 〔動〕 走って入る
вверх 〔副〕 上へ、高い所へ
вдруг 〔副〕 突然、いきなり
ведь 〔接〕 だって
вездé 〔副〕 いたるところ、どこにでも
везти́ 〔動・定〕 ～を (乗り物などで) 運んで行く
век 〔名〕 世紀
велéть 〔動〕 命じる
вели́к, великá, великó, велики́
〔形・短〕 ①偉大だ ②大きい
вели́кий 〔形〕 ①偉大な ②大きい
велосипéд 〔名〕 自転車
вéрить - повéрить 〔動〕 信じる
вéсело 〔副〕 ①楽しく ②楽しい
весёлый 〔形〕 楽しい、陽気な
весéнний 〔形〕 春の
веснá 〔名〕 春
веснóй 〔副〕 春に
вести́ 〔動・定〕 ～を連れて行く
весь 〔代〕 すべての
вéтер 〔名〕 風
вéчер 〔名〕 ①夕方、晩、夜 ②パーティー
вечерéть 〔動〕 日が暮れる
вечери́нка 〔名〕 パーティー
вечéрний 〔形〕 夕方の、晩の、夜の
вéчером 〔副〕 夕方・晩・夜に
вéшать - повéсить 〔動〕 ぶら下げる、かける
вещь 〔名・女〕 もの
взя́тка 〔名〕 賄賂
вид 〔名〕 外観、姿、様子
ви́део 〔名〕 ビデオ
ви́деть - уви́деть
〔動〕 ①～を見る、～が見える ②会う
ви́за 〔名〕 ビザ
ви́лка 〔名〕 フォーク
винó 〔名〕 ワイン
ви́рус 〔名〕 ウイルス

висéть 〔動〕 ぶら下がっている、掛かっている
включáть - включи́ть
〔動〕 ①（スイッチを）つける、始動させる ②含む
вку́сно 〔副〕 ①おいしそうに ②おいしい
вку́сный 〔形〕 おいしい、うまい
Владивостóк 〔名〕 ウラジオストク
влетáть - влетéть 〔動〕 飛んで入る

влюбля́ться - влюби́ться
〔動〕 恋をする、惚れ込む
вмéсте 〔副〕 一緒に
вниз 〔副〕 下へ、下方へ
внимáние 〔名〕 注意、注目
внимáтельно 〔副〕 注意深く、注意して
внимáтельный 〔形〕 注意深い
вноси́ть - внести́ 〔動〕 持ち込む
внук 〔名〕 （男子の）孫
вну́тренний 〔形〕 内側の、国内の
вну́чка 〔名〕 （女子の）孫
во врéмя 〔表現〕 ～の時に
вóвремя 〔副〕 ちょうどいい時に
водá 〔名〕 水
води́ть 〔動・不定〕 ①～を連れて行く ②運転する
вóдка 〔名〕 ウォッカ
возвращáть - возврати́ть 〔動〕 返す、戻す
возвращáться - возврати́ться / верну́ться
〔動〕 帰る、戻る
вóздух 〔名〕 空気、大気
вози́ть 〔動・不定〕 ～を（乗り物などで）運んで行く
возмóжно
〔副〕 ①可能だ、ありうる ②できるだけ
войнá 〔名〕 戦争
вокзáл 〔名〕 駅、ターミナル駅
волейбóл 〔名〕 バレーボール
волк 〔名〕 オオカミ
волновáться 〔動〕 動揺する、そわそわする
вóлосы 〔名〕 髪
вóля 〔名〕 意志
вон 〔助〕 あそこに
вопрóс 〔名〕 質問
вороти́ть 〔動〕 取り戻す、呼び戻す
восемнáдцатый 〔順数〕 18 番目の
восемнáдцать 〔数〕 18
вóсемь 〔数〕 8
вóсемьдесят 〔数〕 80
восемьсóт 〔数〕 800
воскресéнье 〔名〕 日曜日
востóк 〔名〕 東
востóчный 〔形〕 東の
восходи́ть - взойти́ 〔動〕 昇る、登る
восьмидеся́тый 〔順数〕 80 番目の
восьмисóтый 〔順数〕 800 番目の
восьмóй 〔順数〕 8 番目の
вот 〔助〕 ほら、ここに～がある（いる）
впервы́е 〔副〕 初めて
вплывáть - вплыть 〔動〕 泳いで（船で）入る
враг 〔名〕 敵
врать 〔動〕 嘘をつく
врач 〔名〕 医師
врéмя 〔名〕 時間
всегдá 〔副〕 いつも
Всегó дóброго! 〔表現〕 お元気で！（別れの挨拶）
Всегó хорóшего! 〔表現〕 お元気で！（別れの挨拶）
вспоминáть - вспóмнить 〔動〕 思い出す
вставáть - встать 〔動〕 起きる、起床する
встарь 〔副〕 昔は、昔に
встрéча 〔名〕 出会い、会うこと
встречáть - встрéтить
〔動〕 ①会う、出会う ②迎える
встречáться - встрéтиться 〔動〕 会う、出会う
втóрник 〔名〕 火曜日
вторóй 〔順数〕 2 番目の
вход 〔名〕 入り口
входи́ть - войти́ 〔動〕 入る
вчерá 〔副〕 昨日
вчерáшний 〔形〕 昨日の
въезжáть - въéхать 〔動〕 乗り物で入る
вы 〔代〕 あなた
выбегáть -вы́бежать 〔動〕 走って出る
выбирáть - вы́брать 〔動〕 選ぶ
вы́бор 〔名〕 選択
вы́боры 〔名〕 選挙
вы́глядеть 〔動〕 ～に見える
выдвигáть - вы́двинуть
〔動〕 引き出す、引っぱり出す
выезжáть - вы́ехать 〔動〕 乗り物で出る、発つ
выключáть - вы́ключить
〔動〕 （スイッチを）切る、（機械を）止める、消す
вы́мя 〔名〕 家畜の乳房
вынимáть - вы́нуть 〔動〕 引き出す、取り出す
выплывáть - вы́плыть 〔動〕 泳いで（船で）出る
выполня́ть - вы́полнить 〔動〕 遂行する
высóкий 〔形〕 高い
высокó 〔副〕 高く
вы́ставка 〔名〕 展覧会
выступáть - вы́ступить 〔動〕 発言する、発表する
выть 〔動〕 吠える
вы́учить 〔動〕 習得する、暗記する
вы́ход 〔名〕 出口
выходи́ть - вы́йти 〔動〕 歩いて出る
выходнóй 〔名〕 休日

Г

газ 〔名〕 ガス
газéта 〔名〕 新聞
ГАИ 〔略〕 交通警察
галерéя 〔名〕 回廊、画廊、美術館
гáлстук 〔名〕 ネクタイ
гáмбургер 〔名〕 ハンバーガー
гардерóб 〔名〕 ①クローク ②衣装だんす
где 〔副〕 どこで、どこに
гдé-нибудь 〔副〕 どこかに、どこかで
гдé-то 〔副〕 どこかに、どこかで
гéний 〔名〕 天才

geóграф 〔名〕 地理学者
географи́ческий 〔形〕 地理学の、地理上の
геогра́фия 〔名〕 地理学
Герма́ния 〔名〕 ドイツ
герои́ня 〔名〕 ヒロイン
геро́й 〔名〕 ①英雄 ②主人公
гид 〔名〕 ガイド
гимн 〔名〕 国歌
гита́ра 〔名〕 ギター
гла́вный 〔形〕 主要な、主な
глаз 〔名〕 目
глу́бже 〔形 / 副・比〕 より深い、より深く
глубо́кий 〔形〕 深い
глу́пость 〔名・女〕 愚かな言行、ばかなこと
гнать 〔動・定〕 〜を追い立てて行く
говори́ть - сказа́ть 〔動〕 話す、言う
год 〔名〕 年
голова́ 〔名〕 頭
го́лод 〔名〕 飢餓、飢え
го́лос 〔名〕 声
голосова́ть - проголосова́ть 〔動〕 投票する
голубо́й 〔形〕 空色の
гоня́ть 〔動・不定〕 〜を追い立てて行く
гора́ 〔名〕 山
гора́здо 〔副〕 ずっと
горди́ться 〔動〕 誇りに思う
го́рло 〔名〕 のど
го́род 〔名〕 町
городско́й 〔形〕 市の、町の
го́рький 〔形〕 苦い
горя́чий 〔形〕 熱い
горячо́ 〔副〕 熱く
господи́н 〔名〕 （男性に対して）…様、氏
госпожа́ 〔名〕 （女性に対して）…様、氏
гости́ница 〔名〕 ホテル
гость 〔名・男〕 客
госуда́рственный 〔形〕 国の、国家の、国立の
госуда́рство 〔名〕 国家
гото́в, гото́ва, гото́во, гото́вы
〔形・短〕 準備ができている
гото́вить - пригото́вить 〔動〕 準備する、つくる
гото́виться - подгото́виться
〔動〕 準備する、用意をととのえる
гра́бить - огра́бить 〔動〕 強奪する
гра́дус 〔名〕 度
грамм 〔名〕 グラム
грамма́тика 〔名〕 文法
грани́ца 〔名〕 境、国境
графи́ть - награфи́ть 〔動〕 罫線を引く
гриб 〔名〕 きのこ
грипп 〔名〕 インフルエンザ
гро́мкий 〔形〕 うるさい、大声の
гро́мко 〔副〕 大声で、大きな音で
гро́мче
〔形 / 副・比〕 より声の大きい、より大きい声で
груз 〔名〕 荷物
грузи́н 〔名〕 （男性の）グルジア人
грузи́нка 〔名〕 （女性の）グルジア人
грузи́нский 〔形〕 グルジアの
Гру́зия 〔名〕 グルジア
гру́ппа 〔名〕 グループ
гру́стно 〔副〕 ①悲しげに ②悲しい
гру́стный 〔形〕 悲しい
гря́зный 〔形〕 きたない
гуля́ть - погуля́ть 〔動〕 散歩する
ГУМ 〔略〕 グム・デパート

Д

да 〔助〕 はい
дава́й(те) 〔表現〕 〜しよう（〜しましょう）
дава́ть - дать 〔動〕 与える
давно́ 〔副〕 だいぶ以前に、だいぶ以前から
да́же 〔助〕 〜さえ、〜すら、〜も
да́лее 〔形 / 副・比〕 より遠い、より遠くに
далёкий 〔形〕 遠い
далеко́ 〔副〕 ①遠くに ②遠い
да́льше 〔形 / 副・比〕 より遠い、より遠くに
дари́ть - подари́ть 〔動〕 贈る、プレゼントする
да́та 〔名〕 日付
да́ча 〔名〕 別荘
два, две 〔数〕 2
двадца́тый 〔順数〕 20 番目の
два́дцать 〔数〕 20
двена́дцатый 〔順数〕 12 番目の
двена́дцать 〔数〕 12
дверь 〔名・女〕 ドア
две́сти 〔数〕 200
движе́ние 〔名〕 ①動き ②運動
дво́е 〔数・集合〕 二人、二つ
двор 〔名〕 敷地、土地、中庭
дворе́ц 〔名〕 宮殿
двухсо́тый 〔順数〕 200 番目の
двухты́сячный 〔順数〕 2000 番目の
де́вочка 〔名〕 少女
де́вушка 〔名〕 （若い未婚の）女性
девяно́сто 〔数〕 90
девяно́стый 〔順数〕 90 番目の
девятисо́тый 〔順数〕 900 番目の
девятна́дцатый 〔順数〕 19 番目の
девятна́дцать 〔数〕 19
девя́тый 〔順数〕 9 番目の
де́вять 〔数〕 9
девятьсо́т 〔数〕 900
де́душка 〔名〕 おじいさん
дежу́рная 〔名〕 当直、当番
дека́брь 〔名・男〕 12 月
де́лать - сде́лать 〔動〕 する
дели́ть - раздели́ть 〔動〕 分ける
де́ло 〔名〕 事、仕事
день 〔名・男〕 ①日 ②昼
де́ньги 〔名〕 お金
депута́т 〔名〕 代議員、議員
дере́вня 〔名〕 村、田舎
де́рево 〔名〕 木

держа́ть 〔動〕 持っている、保っている
деся́тый 〔順数〕 10番目の
де́сять 〔数〕 10
де́ти 〔名〕 子どもたち
де́тка 〔名〕 子どもたち (де́тиの指小・愛称形)
де́тский 〔形〕 子どもの
де́тство 〔名〕 幼年時代、子どもの頃
деше́вле 〔形/副•比〕 より安価な、より安価に
дёшево 〔副〕 安く、安価で
дешёвый 〔形〕 安い、安価な
джем 〔名〕 ジャム
джи́нсы 〔名〕 ジーンズ
дзюдо́ 〔名〕 柔道
диало́г 〔名〕 対話
дива́н 〔名〕 ソファー
ди́кий 〔形〕 野生の
дире́ктор
〔名〕 (企業、官庁、学校などの) 最高責任者
дли́нный 〔形〕 長い
для 〔前〕 [+生]~のために
днём 〔副〕 昼に、昼間
до 〔前〕 [+生]~まで
До свида́ния! 〔表現〕 さようなら！
добега́ть - добежа́ть 〔動〕 走って到達する
добела́ 〔副〕 真っ白に
До́брое у́тро! 〔表現〕 おはよう！
до́брый 〔形〕 親切な、善良な
До́брый ве́чер! 〔表現〕 こんばんは！
До́брый день! 〔表現〕 こんにちは！
доверя́ть - дове́рить
〔動〕 ①(信用して) 預ける、任せる ②信用する
дово́лен, дово́льна, дово́льно, дово́льны
〔形•短〕 満足している
догова́риваться - договори́ться
〔動〕 合意に達する、約束する、折り合いがつく
догово́р 〔名〕 条約、契約
доезжа́ть - дое́хать 〔動〕 乗り物で到達する
дождь 〔名・男〕 雨
дока́зывать - доказа́ть 〔動〕 証明する
докла́д 〔名〕 報告
докуме́нт 〔名〕 文書、書類
до́лго 〔副〕 長い間
долета́ть - долете́ть 〔動〕 飛んで到達する
до́лжен, должна́, должно́, должны́
〔述〕 ①~しなくてはならない ②~に違いない、はずだ
до́ллар 〔名〕 ドル
долото́ 〔名〕 たがね、のみ
дом 〔名〕 家
до́ма 〔副〕 自宅で、家で、家に
дома́шний 〔形〕 家の、自宅の
домо́й 〔副〕 家へ、自宅へ
домохозя́йка 〔名〕 主婦
доплыва́ть - доплы́ть
〔動〕 泳いで (船で) 到達する
доро́га 〔名〕 道
до́рого 〔副〕 ①高価に、高く ②高い、高価だ
дорого́й 〔形〕 ①(値段が) 高い、高価な
②親愛な、愛すべき
доро́же 〔形/副•比〕 より高い、より高く、
доска́ 〔名〕 黒板、ボード
достига́ть - дости́гнуть 〔動〕 達成する
достопримеча́тельность 〔名・女〕 名所
доходи́ть - дойти́ 〔動〕 歩いて到達する
дочь 〔名・女〕 娘
дрова́ 〔名〕 薪
друг 〔名〕 友、友達
друг дру́га 〔代〕 お互いに
друго́й 〔形〕 別の、他の
дру́жба 〔名〕 友情、交友関係
дру́жески 〔副〕 友好的に
дру́жеский 〔形〕 友好的な
дружи́ть 〔動〕 親交がある
дру́жно 〔副〕 仲良く、親しく
дру́жный 〔形〕 親しい、仲のよい
ду́мать - поду́мать 〔動〕 考える、思う
дура́к 〔名〕 馬鹿
духи́ 〔名〕 香水
душ 〔名〕 シャワー
душа́ 〔名〕 魂
ду́шно 〔副〕 蒸し暑い
ду́шный 〔形〕 蒸し暑い
дыша́ть 〔動〕 呼吸する、息をする
дья́вол 〔名〕 悪魔
дя́дя 〔名〕 おじ

Е (Ё)

е́вро 〔名〕 ユーロ (ヨーロッパの通貨単位)
Евро́па 〔名〕 ヨーロッパ
европе́йский 〔形〕 ヨーロッパの
его́ 〔代〕 彼の、それの
еда́ 〔名〕 食事、食物
едини́ца 〔名〕 単位
её 〔代〕 彼女の、それの
ёжик 〔名〕 ハリネズミ
е́здить 〔動•不定〕 乗り物で行く
ёлка 〔名〕 もみの木
е́сли 〔接〕 もし~ならば
есть 1 〔動〕 ある、いる
есть 2 - съесть 〔動〕 食べる
е́хать 〔動•定〕 乗り物で行く
ещё 〔副〕 さらに、もっと、まだ

Ж

жа́ба 〔名〕 ヒキガエル
жа́лко 〔副〕 あわれっぽく、みじめに
жаль 〔述〕 残念だ、かわいそうだ
жа́ркий 〔形〕 熱い、暑い
жа́рко 〔副〕 ①暑く、熱く ②暑い
ждать - подожда́ть 〔動〕 待つ
жела́тельно 〔副〕 望ましい
жела́ть - пожела́ть 〔動〕 望む
желе́зо 〔名〕 鉄
жёлтый 〔形〕 黄色い

жена́ 〔名〕 妻
жена́т, жена́та, жена́то, жена́ты
〔形・短〕 結婚している、妻のある
жени́ться 〔動〕 結婚する
же́нский 〔形〕 女性の
же́нщина 〔名〕 女性
жив, жива́, жи́во, жи́вы 〔形・短〕 生きている
живо́й 〔形〕 生きた、生命のある
жи́вопись 〔名・女〕 絵画
живо́т 〔名〕 腹
живо́тное 〔名〕 動物
жизнь 〔名・女〕 ①生、生命 ②人生
жи́тель 〔名・男〕 住民
жить 〔動〕 ①生きる ②住む
жоке́й 〔名〕 ジョッキー
жук 〔名〕 甲虫
журна́л 〔名〕 雑誌
журнали́ст, журнали́стка
〔名〕 ジャーナリスト、記者

З

за 〔前〕 ①[＋対]〜の向こうへ
②[＋造]〜の向こう側で、裏で
забега́ть - забежа́ть 〔動〕 駆け込む
заболева́ть - заболе́ть 〔動〕 病気になる
забыва́ть - забы́ть 〔動〕 忘れる
забыва́ться - забы́ться 〔動〕 忘れられる
зава́ливать-завали́ть 〔動〕 埋める、塞ぐ
завива́ть - зави́ть
〔動〕（髪に）パーマ・ウェーブをかける
заво́д 〔名〕 工場
за́втра 〔副〕 明日
за́втрак 〔名〕 朝食
за́втракать - поза́втракать 〔動〕 朝食をとる
за́втрашний 〔形〕 明日の
задава́ть - зада́ть 〔動〕 課する、出す
зада́ние 〔名〕 課題
зада́ча 〔名〕（実行すべき）課題、問題
заезжа́ть - зае́хать 〔動〕 乗り物で寄る
зака́зывать - заказа́ть 〔動〕 注文する、申し込む
зака́нчивать - зако́нчить
〔動〕（すっかり）終える、完了する
зако́н 〔名〕 法律
закрыва́ть - закры́ть 〔動〕 閉める
закры́т, закры́та, закры́то, закры́ты
〔形・短〕 閉まっている、閉じている
зал 〔名〕 ホール
залива́ть - зали́ть 〔動〕 浸す
замеча́тельный 〔形〕 すばらしい、すてきな
замеча́ть - заме́тить 〔動〕 気づく、見てとる
за́мужем 〔副〕（女性につき）結婚している
занима́ть - заня́ть 〔動〕 占有する
занима́ться 〔動〕 勉強する、働く、従事する
за́нят, занята́, за́нято, за́няты
〔形・短〕 忙しい、ふさがっている
заня́тие 〔名〕 授業
за́нятый 〔形〕 忙しい、ふさがっている
за́пад 〔名〕 西
за́падный 〔形〕 西の
за́пах 〔名〕 香り
запира́ть - запере́ть 〔動〕 鍵をかける
заплыва́ть - заплы́ть 〔動〕 泳いで（船で）寄る
запомина́ть - запо́мнить 〔動〕 覚える、記憶する
запреща́ть - запрети́ть 〔動〕 禁ずる
заря́дка 〔名〕 体操
заседа́ние 〔名〕 会議
заходи́ть - зайти́ 〔動〕 立ち寄る
захоте́ть 〔動〕 ほしくなる、〜したくなる
заче́м 〔副〕 何のために
защи́та 〔名〕 守り
за́яц 〔名〕 うさぎ
звать 1 〔動〕 〜という名で呼ぶ
звать 2 - позва́ть 〔動〕 呼ぶ、呼び招く
звони́ть - позвони́ть 〔動〕 電話する
звоно́к 〔名〕 ベル
звук 〔名〕 音
зда́ние 〔名〕 建物
здесь 〔副〕 ここで、ここに
здоро́в, здоро́ва, здоро́во, здоро́вы
〔形・短〕 健康である
здоро́вый 〔形〕 健康な、丈夫な
здоро́вье 〔名〕 健康
здра́вствовать 〔動〕 健康である
Здра́вствуйте! 〔表現〕 こんにちは！
зелёный 〔形〕 緑色の
земля́ 〔名〕 ①土地
②（Земля́ と大文字から始めて）地球
зе́ркало 〔名〕 鏡
зима́ 〔名〕 冬
зи́мний 〔形〕 冬の
зимо́й 〔副〕 冬に
зло 〔名〕 悪
злой 〔形〕 意地悪な、悪意のある
знак 〔名〕 記号
знако́м, знако́ма, знако́мо, знако́мы
〔形・短〕 知り合いである、面識がある
знако́мить - познако́мить 〔動〕 紹介する
знако́миться - познако́миться
〔動〕 知り合いになる
знако́мый
〔形〕 前から知っている 〔名〕 知り合い、知人
зна́мя 〔名〕 旗
знать 〔動〕 知っている
значе́ние 〔名〕 意味
зна́чить 〔動〕 意味する
зноби́ть 〔動〕 寒気がする
зо́лото 〔名〕 金
золото́й 〔形〕 金の
зонт 〔名〕 傘
зо́нтик 〔名〕 傘
зоопа́рк 〔名〕 動物園
зуб 〔名〕 歯
зюйд 〔名〕 南、南風

И

и 〔接〕 そして、～と 〔助〕 ～も、～もまた
игрá 〔名〕 遊び、ゲーム
игрáть - сыгрáть
〔動〕 遊ぶ、(球技・ゲームなどを) プレイする、(楽器を) 演奏する
игрóк 〔名〕 選手
игрýшка 〔名〕 おもちゃ
идéя 〔名〕 考え、アイデア

идтѝ 〔動•定〕 ①歩いて行く
②（催し物·事態が）進行中である、(雨などが) 降る
иéна 〔名〕 円 (通貨単位)
из/изо 〔前〕 ［＋生］～から、～の中から
извéстно 〔副〕 知られている、わかっている
извéстный 〔形〕 有名な
Извинѝ (те) 〔表現〕 ごめんなさい
извинять - извинѝть 〔動〕 許す
издавáть - издáть 〔動〕 出版する、発行する
издáние 〔名〕 出版、版
издáтельство 〔名〕 出版社
изменять - изменѝть 〔動〕 変える、変更する
изучáть - изучѝть 〔動〕 勉強する、研究する
изучéние 〔名〕 学習、研究
изю́м 〔名〕 干しぶどう
ѝли 〔接〕 あるいは、それとも
ѝменно 〔助〕 まさに
имéть 〔動〕 所有している
ѝмпортный 〔形〕 輸入の
ѝмя 〔名〕 名前
инженéр 〔名〕 エンジニア
иногдá 〔副〕 ときどき
инострáнец 〔名〕 (男性の) 外国人
инострáнка 〔名〕 (女性の) 外国人
инострáнный 〔形〕 外国の
инспéкция 〔名〕 検査、検査局
инститýт 〔名〕 単科大学、高等専門学校、研究所
инструмéнт 〔名〕 器具、工具
интервью́ 〔名〕 インタビュー
интерéс 〔名〕 興味
интерéсно 〔副〕 ①おもしろく、興味深げに
②おもしろい、興味がある
интерéсный 〔形〕 おもしろい
интересовáть 〔動〕 興味を起こさせる
интересовáться 〔動〕 興味を持つ
интернéт 〔名〕 インターネット
информациóнный 〔形〕 情報の
информáция 〔名〕 情報
искáть 〔動〕 探す
искýсство 〔名〕 芸術
испáнец 〔名〕 (男性の) スペイン人
Испáния 〔名〕 スペイン
испáнка 〔名〕 (女性の) スペイン人
испáнский 〔形〕 スペインの
испóльзоваться 〔動〕 使われる、利用される
исслéдование 〔名〕 調査、研究
исслéдовать 〔動〕 調査する、研究する
истóрик 〔名〕 歴史家
историчѝески 〔副〕 歴史的に
историчѝеский 〔形〕 歴史的な
истóрия 〔名〕 歴史
исхóд 〔名〕 ①終了、結果 ②逃げ道
Итáлия 〔名〕 イタリア
италья́нец 〔名〕 (男性の) イタリア人
италья́нка 〔名〕 (女性の) イタリア人
италья́нский 〔形〕 イタリアの
их 〔代〕 彼らの、彼女らの、それらの
ию́ль 〔名・男〕 7月
ию́нь 〔名・男〕 6月

К

к 〔前〕 ［＋与］～(の方) へ、～に (向かって)
кабинéт 〔名〕 書斎、仕事部屋
Кавкáз 〔名〕 カフカス
кáждый 〔代・形〕 それぞれの、おのおのの
казáться - показáться 〔動〕 ～のように見える
как 〔副〕 どのように、どうやって
Как вáше здорóвье?
〔表現〕 体調はいかがですか？
Как делá? 〔表現〕 調子はどう？
кáк-нибудь 〔副〕 どうにかして
какóв 〔代〕 どんな～か
какóй 〔代〕 どのような
какóй-нибудь 〔代〕 なんらかの
какóй-то 〔代〕 なんらかの
кáк-то 〔副〕 どうにしかして
календáрь 〔名・男〕 カレンダー
канáл 〔名〕 ①チャンネル ②運河
каникулы 〔名〕 (長期の) 休暇
капýста 〔名〕 キャベツ
карандáш 〔名〕 鉛筆
кармáн 〔名〕 ポケット
кáрта 〔名〕 地図
картѝна 〔名〕 絵
картóфель 〔名・男〕 ジャガイモ
кáрточка 〔名〕 カード
кáсса 〔名〕 売り場、カウンター、レジ
кассéта 〔名〕 カセットテープ
катáть 〔動•不定〕 ～を転がして行く
катáться 〔動〕 乗り回る、乗る
катѝть 〔動•定〕 ～を転がして行く
кафé 〔名〕 カフェ
кáша 〔名〕 カーシャ、かゆ
квартѝра 〔名〕 (集合住宅の) 家、アパート
КГБ 〔略〕 国家保安委員会 (KGB)
кекс 〔名〕 ケーキ
кéсарев 〔形〕 (古代ローマの) 皇帝の
кéсарь 〔名・男〕 (古代ローマの) 皇帝
Кѝев 〔名〕 キエフ
килогрáмм 〔名〕 キログラム
киломéтр 〔名〕 キロメートル
кинó 〔名〕 映画

кинотеа́тр 〔名〕 映画館
кио́ск 〔名〕 キオスク
Кио́то 〔名〕 京都
ки́слый 〔形〕 酸っぱい
кита́ец 〔名〕 (男性の) 中国人
Кита́й 〔名〕 中国
кита́йский 〔形〕 中国の
китая́нка 〔名〕 (女性の) 中国人
кларне́т 〔名〕 クラリネット
класс 〔名〕 クラス、学年
класси́ческий 〔形〕 クラシックな、古典的な
класть - положи́ть 〔動〕 横たえて置く
клуб 〔名〕 クラブ
ключ 〔名〕 鍵
кни́га 〔名〕 本
кни́жный 〔形〕 本の
кобе́ль 〔名・男〕 雄犬
кова́ть 〔動〕 (金属を) 鍛造する
ковёр 〔名〕 カーペット、絨毯
когда́ 〔副〕 いつ 〔接〕 ～しているときに、している間
когда́-нибудь 〔副〕 いつか
когда́-то 〔副〕 いつか、かつてあるとき
ко̀е-како́й 〔代〕 ちょっとした、ある
ко̀е-кто́ 〔代〕 ある人
ко̀е-что́ 〔代〕 あるもの
коза́ 〔名〕 ヤギ
колбаса́ 〔名〕 ソーセージ
колле́га 〔名〕 同僚
кольцо́ 〔名〕 指輪
кома́нда 〔名〕 チーム
коме́дия 〔名〕 喜劇、コメディー
коми́ссия 〔名〕 委員会
комите́т 〔名〕 委員会
ко́мната 〔名〕 部屋
компа́ния 〔名〕 会社
компози́тор 〔名〕 作曲家
компо́т 〔名〕 コンポート
компью́тер 〔名〕 パソコン、コンピュータ
конве́рт 〔名〕 封筒
коне́ц 〔名〕 終わり
коне́чно 〔挿〕 もちろん
ко́нкурс 〔名〕 コンクール
консервато́рия 〔名〕 音楽大学、高等音楽院
конфере́нция 〔名〕 会議
конфе́та 〔名〕 (キャンディーやチョコなどの) 菓子
конце́рт 〔名〕 コンサート、演奏会
конча́ть - ко́нчить 〔動〕 終える
конча́ться - ко́нчиться 〔動〕 終わる
копе́йка 〔名〕 コペイカ
кора́бль 〔名・男〕 船
коре́ец 〔名〕 (男性の) 韓国・朝鮮人
коре́йский 〔形〕 韓国・朝鮮の
Коре́я 〔名〕 韓国・朝鮮
корея́нка 〔名〕 (女性の) 韓国・朝鮮人
коридо́р 〔名〕 廊下
кори́чневый 〔形〕 茶色の、褐色の
корми́ть - накорми́ть
〔動〕 食べさせる、餌をやる
коро́ткий 〔形〕 短い
коро́че 〔形 / 副・比〕 より短い、より短く
косми́ческий 〔形〕 宇宙の
космона́вт 〔名〕 宇宙飛行士
ко́смос 〔名〕 宇宙
костю́м 〔名〕 スーツ
кот 〔名〕 ネコ、雄ネコ
котёнок 〔名〕 子ネコ
кото́рый 〔代〕 ①(関係代名詞) ～であるところの
②何番目の
ко́фе 〔名〕 コーヒー
кошелёк 〔名〕 財布
ко́шка 〔名〕 ネコ、雌ネコ
край 〔名〕 端
кра́йне 〔副〕 極めて、極端に
краси́в, краси́ва, краси́во, краси́вы
〔形・短〕 美しい
краси́во 〔副〕 美しく
краси́вый 〔形〕 美しい
кра́сный 〔形〕 赤い
красота́ 〔名〕 美
красть - укра́сть 〔動〕 盗む
Кремль 〔名・男〕 クレムリン
кре́сло 〔名〕 ひじ掛けいす
крича́ть - кри́кнуть 〔動〕 叫ぶ
крова́ть 〔名・女〕 ベッド
кру́глый 〔形〕 丸い、円形の
кружо́к 〔名〕 サークル
Крым 〔名〕 クリミヤ
ксе́рокс 〔名〕 コピー機、コピー
кто 〔代〕 誰
кто́-нибудь 〔代〕 誰か
кто́-то 〔代〕 誰か
куда́ 〔副〕 どこへ、どちらへ
культу́ра 〔名〕 文化
купа́ние 〔名〕 泳ぐこと、水浴、入浴
кури́ть 〔動〕 タバコを吸う
ку́рица 〔名〕 めん鶏、にわとり
курс 〔名〕 学年
ку́ртка 〔名〕 ジャンパー
ку́хня 〔名〕 ①台所 ②料理、食事

Л

лаборато́рия 〔名〕 研究室、実験室
ла́зить 〔動・不定〕 よじ登って行く
лак 〔名〕 ニス
ла́мпа 〔名〕 ランプ、照明
лебеди́ный 〔形〕 白鳥の
ле́вый 〔形〕 左の
лёгкий 〔形〕 ①軽い ②簡単な
легко́ 〔副〕 ①楽に、軽々と ②楽だ、簡単だ
ле́гче 〔形 / 副・比〕 より楽な、より楽に
лёд 〔名〕 氷
ледяно́й 〔形〕 氷の
лежа́ть 〔動〕 寝ている、横たわっている

лезть 〔動•定〕 よじ登って行く
лека́рство 〔名〕 薬
ле́кция 〔名〕 講義、講演
лён 〔名〕 亜麻
Ленингра́д 〔名〕 レニングラード
лес 〔名〕 森
ле́стница 〔名〕 階段
лета́ть 〔動•不定〕 飛んで行く
лете́ть 〔動•定〕 飛んで行く
ле́тний 〔形〕 夏の
ле́то 〔名〕 夏
ле́том 〔副〕 夏に
ли 〔助〕 〜か（どうか）
ли́дер 〔名〕 リーダー
лимо́н 〔名〕 レモン
лиса́ 〔名〕 キツネ
ли́сий 〔形〕 キツネの
литерату́ра 〔名〕 文学
лифт 〔名〕 エレベーター
лицо́ 〔名〕 顔
лоб 〔名〕 額
лови́ть - пойма́ть 〔動〕 捕まえる
логи́чески 〔副〕 論理的に
логи́ческий 〔形〕 論理的な
ложи́ться - лечь 〔動〕 横たわる、横になる
ло́жка 〔名〕 スプーン
лом 〔名〕 バール
лома́ться - слома́ться 〔動〕 壊れる
ло́шадь 〔名・女〕 馬
лук 〔名〕 玉ねぎ
луна́ 〔名〕 月
луч 〔名〕 光線
лу́чше 〔形 / 副•比〕 よりよい、よりよく
лу́чший 〔形•比〕 よりよい
лы́жи 〔名〕 スキー
люби́мый 〔形〕 愛する、愛すべき
люби́ть 〔動〕 好きだ、愛する
любо́вь 〔名・女〕 愛
любо́й 〔形〕 どの〜も
лю́ди 〔名〕 人々

М

магази́н 〔名〕 店
магнитофо́н 〔名〕 テープレコーダー
май 〔名〕 5月
ма́ленький 〔形〕 小さい
ма́ло 〔副 / 数量〕 ①少ししか〜しない ②わずかの
ма́льчик 〔名〕 少年
ма́лый 〔形〕 小さな
ма́ма 〔名〕 お母さん
ма́мин 〔形〕 お母さんの
ма́рка 〔名〕 切手
март 〔名〕 3月
маршру́т 〔名〕 コース、ルート
ма́сло 〔名〕 ①バター ②油
матема́тик 〔名〕 数学者
матема́тика 〔名〕 数学
ма́тка 〔名〕 （俗）お母さん
матч 〔名〕 試合
мать 〔名・女〕 母親
маши́на 〔名〕 車
МВД 〔略〕 内務省
МГИМО 〔略〕 モスクワ国際関係大学
МГУ 〔略〕 モスクワ大学
ме́бель 〔名・女〕 家具
мёд 〔名〕 蜜
медици́на 〔名〕 医学
ме́дленно 〔副〕 ゆっくりと
ме́дленный 〔形〕 遅い
медсестра́ 〔名〕 （女性の）看護師
междунаро́дный 〔形〕 国際的な
мейл 〔名〕 メール
ме́нее 〔形 / 副•比〕 より（程度が）少ない、より少なく
ме́ньше 〔形 / 副•比〕 より少ない、より少なく
ме́ньший 〔形・比〕 より少ない、より小さい
Меня́ зову́т… 〔表現〕 私の名前は〜です
меня́ть - поменя́ть 〔動〕 交換する
ме́сто 〔名〕 場所、席
ме́сяц 〔名〕 月、1か月
метр 〔名〕 メートル
метро́ 〔名〕 地下鉄
мечта́ 〔名〕 夢
мечта́ть 〔動〕 空想する、夢想する、あこがれる
меша́ть - помеша́ть 〔動〕 邪魔をする
МИД 〔略〕 外務省
милиционе́р 〔名〕 警官
мили́ция 〔名〕 警察
миллиа́рд 〔数〕 10億
миллиа́рдный 〔順数〕 10億の
миллио́н 〔数〕 100万
миллио́нный 〔順数〕 100万番目の
ми́мо 〔前〕 ［＋生］〜のそば・脇・前を
министе́рство 〔名〕 省
ми́нус 〔名〕 マイナス
мину́та 〔名〕 分（60秒）
мир 1 〔名〕 世界
мир 2 〔名〕 平和
ми́рный 〔形〕 平和な、おだやかな
ми́тинг 〔名〕 集会
мла́дший 〔形〕 年下の
мне́ние 〔名〕 意見
мно́гие 〔名〕 多くの人
мно́го 〔副 / 数量〕 ①たくさん ②たくさんの
моби́льный 〔形〕 モバイルの、携帯用の
могу́чий 〔形〕 力強い
мо́дный 〔形〕 流行の
Моё и́мя… 〔表現〕 私のファーストネームは〜です
мо́жет быть 〔挿〕 おそらく、もしかしたら
мо́жно 〔副〕 〜できる、してもいい
мой 〔代〕 私の
моли́ться - помоли́ться 〔動〕 祈る
мо́лния 〔名〕 稲妻
мо́лод, молода́, мо́лодо, мо́лоды
〔形・短〕 若い

молодёжный 〔形〕 若者の、青年の
молодёжь 〔名・女〕 若者、青年たち
молоде́ц
〔名〕 立派な若者 〔述〕 えらいぞ、よくやった
молодо́й 〔形〕 若い
мо́лодость 〔名・女〕 若い時代、青春時代
моло́же 〔形/副・比〕 より若い、より若く
молоко́ 〔名〕 ミルク、牛乳
мо́лот 〔名〕 ハンマー
молча́ть 〔動〕 黙る
моме́нт 〔名〕 一瞬、瞬間
моне́та 〔名〕 硬貨
мо́ре 〔名〕 海
моро́женое 〔名〕 アイスクリーム
моро́з 〔名〕 寒さ
моря́к 〔名〕 船員
Москва́ 〔名〕 モスクワ
москви́ч 〔名〕 (男性の) モスクワっ子
москви́чка 〔名〕 (女性の) モスクワっ子
моско́вский 〔形〕 モスクワの
мост 〔名〕 橋
мотоци́кл 〔名〕 バイク
мох 〔名〕 苔
мочь - смочь 〔動〕 (～することが) できる
Моя́ фами́лия… 〔表現〕 私の名字は～です
муж 〔名〕 夫
мужско́й 〔形〕 男の
мужчи́на 〔名〕 男性
музе́й 〔名〕 美術館、博物館
му́зыка 〔名〕 音楽
музыка́льный 〔形〕 音楽の
музыка́нт 〔名〕 音楽家、ミュージシャン
му́ка 〔名〕 苦しみ
мука́ 〔名〕 粉
мультфи́льм 〔名〕 アニメ映画
МХАТ 〔略〕 モスクワ芸術劇場
мы 〔代〕 私たち、我々
мы́ло 〔名〕 石鹸
мыть - вы́мыть 〔動〕 ～を洗う
мы́ться - вы́мыться
〔動〕 (自分の体や手など) を洗う
мышле́ние 〔名〕 思考
мышь 〔名・女〕 ネズミ、マウス
мя́гкий 〔形〕 やわらかい
мя́гче 〔形/副・比〕 よりやわらかい、よりやわらかく
мя́со 〔名〕 肉
мяч 〔名〕 ボール

Н

на 〔前〕 ①[＋前] ～(の上) に、～(の上) で
②[＋対] ～(の上) へ、～(の上) に
наблюда́ть 〔動〕 観察する、注視する
набо́р 〔名〕 セット
наве́рное 〔挿〕 どうやら、たぶん
навсегда́ 〔副〕 永久に
награжда́ться 〔動〕 賞を授与される
над / надо 〔前〕 [＋造] ～の上で
наде́жда 〔名〕 希望
наде́яться 〔動〕 期待する
надзо́р 〔名〕 監督、監視
на́до 〔副〕 ～する必要がある
наза́д 〔副〕 ①～前に ②後へ、後に
назва́ние 〔名〕 名前
называ́ть - назва́ть 〔動〕 ～と呼ぶ
называ́ться 〔動〕 ～と呼ばれる、名付けられる
наибо́лее 〔副〕 最も～
наказа́ние 〔名〕 罰
наконе́ц 〔副〕 ついに、とうとう
нале́во 〔副〕 左へ
намно́го 〔副〕 はるかに
напи́ток 〔名〕 飲み物
напра́во 〔副〕 右へ
напра́сно 〔副〕 ①無駄に ②無駄だ
наприме́р 〔挿〕 例えば
напро́тив 〔副〕 向かいに、向こうに
наро́д 〔名〕 ①人民、国民、民衆 ②人々
наро́дный 〔形〕 国民の
наступа́ть - наступи́ть 〔動〕 来る、到来する
нау́ка 〔名〕 科学
нау́чный 〔形〕 科学の、学問の
находи́ть - найти́ 〔動〕 見つける
находи́ться 〔動〕 ある、いる、位置する
находи́ться - найти́сь 〔動〕 見つかる
Нахо́дка 〔名〕 ナホトカ
национа́льный 〔形〕 国民の、民族の、国の
на́ция 〔名〕 民族、国民
нача́ло 〔名〕 始まり
начина́ть - нача́ть 〔動〕 始める
начина́ться - нача́ться 〔動〕 始まる
наш 〔代〕 私たちの、我々の
не 〔助〕 ～でない、～しない
не́бо 〔名〕 空
нева́жно 〔副〕 ①あまりよくなく
②たいしたことはない
неве́ста 〔名〕 (女性の) 婚約者
невозмо́жно 〔副〕 不可能だ
невозмо́жный 〔形〕 不可能な
не́где 〔副〕 ～する場所がない
неда́вно 〔副〕 最近
недалеко́ 〔副〕 ①近くに ②近い
неде́ля 〔名〕 週、1 週 間
не́жно 〔副〕 優しく
незави́симый 〔形〕 独立の
незнако́мый 〔形〕 見知らぬ、知らない
неинтере́сный 〔形〕 つまらない
не́когда 〔副〕 ～する暇がない、～する時間がない
не́кого 〔代〕 ～すべき人がいない
не́который 〔代〕 いくつかの
не́кто 〔代〕 ある人、某、～とかいう人
не́куда 〔副〕 ～する場所がない
нельзя́ 〔副〕 ～できない、してはいけない
не́мец 〔名〕 (男性の) ドイツ人
неме́цкий 〔形〕 ドイツの
не́мка 〔名〕 (女性の) ドイツ人

немно́го 〔副 / 数量〕 ①少し ②少しの
ненави́деть 〔動〕 憎む
необходи́мо 〔副〕 不可欠だ
непло́хо 〔副〕 悪くない
непра́вильно 〔副〕 間違って
не́сколько
〔副 / 数量〕 ①いくらか、多少 ②いくつかの
нести́ 〔動・定〕 ～を手に持って行く
несча́стье 〔名〕 不幸、不運
нет 〔助〕 いいえ
не то́лько…, но и… 〔表現〕 ～だけでなく～も
нефть 〔名・女〕 石油
нефтяно́й 〔形〕 石油の
не́чего
〔代〕 ～すべきものがない、～すべきことがない
не́что 〔代〕 何か～なこと
ни 〔助〕 ～も (…ない)
нигде́ 〔副〕 どこにも (～ない)
никáк 〔副〕 どうやっても (～ない)
никако́й 〔代〕 どんな～も (～ない)
никогда́ 〔副〕 一度も、決して (～ない)
никто́ 〔代〕 誰も (～ない)
никуда́ 〔副〕 どこへも (～ない)
ниотку́да 〔副〕 どこからも (～ない)
ничего́ 〔副〕 かなり、まあまあよく
〔述〕 構わない、たいしたことはない
ниче́й 〔代〕 誰の～も (～ない)
ничто́ 〔代〕 何も (～ない)
но 〔接〕 でも、しかし
Но́вгород 〔名〕 ノヴゴロド
новогóдний 〔形〕 新年の
но́вость 〔名・女〕 ニュース
но́вый 〔形〕 新しい
нога́ 〔名〕 足
нож 〔名〕 ナイフ
но́жницы 〔名〕 ハサミ
ноль 〔名・男〕 ゼロ
но́мер 〔名〕 番号
норма́льно 〔副〕 正常に、順調に
нос 〔名〕 鼻
носи́ть 〔動・不定〕 ～を手に持って行く
носки́ 〔名〕 靴下
ночева́ть 〔動〕 泊まる
ночь 〔名・女〕 夜、夜中
но́чью 〔副〕 夜に、夜中に
ноя́брь 〔名・男〕 11 月
нра́виться - понра́виться
〔動〕 好きだ、気に入る
ну́жен, нужна́, ну́жно, ну́жны
〔形・短〕 必要である
ну́жно 〔副〕 ～する必要がある
ну́жный 〔形〕 必要な
нуль 〔名・男〕 ゼロ
Нью-Йо́рк 〔名〕 ニューヨーク
ня́ня 〔名〕 保母、乳母

О

о / об / обо 〔前〕 ～について、～に関して
о́ба, о́бе 〔数量〕 両方
обе́д 〔名〕 昼食
обе́дать - пообе́дать 〔動〕 昼食をとる
обеща́ть - пообеща́ть 〔動〕 約束する
обжига́ться - обже́чься 〔動〕 やけどする
о́блако 〔名〕 雲
о́бласть 〔名・女〕 地方
обнима́ть - обня́ть 〔動〕 抱きしめる
обнима́ться - обня́ться 〔動〕 抱き合う
обме́н 〔名〕 両替、交換
образова́ние 〔名〕 教育
обра́тно 〔副〕 逆に
обсужда́ть - обсуди́ть 〔動〕 討議する、議論する
о́бувь 〔名・女〕 靴
обща́ться 〔動〕 交流する、つきあう
общежи́тие 〔名〕 寮
о́бщество 〔名〕 ①社会 ②団体
о́бщий 〔形〕 全般的な、共通の
объединя́ть - объедини́ть
〔動〕 統合する、合同させる
объявле́ние 〔名〕 広報、公告、掲示
объявля́ть - объяви́ть 〔動〕 公表する、発表する
объясня́ть - объясни́ть 〔動〕 説明する
обыкнове́нный 〔形〕 ふつうの、通常の
обы́чно 〔副〕 ふつう、たいてい
обы́чный 〔形〕 ふつうの、通常の
обяза́тельно 〔副〕 必ず、絶対に
овладева́ть - овладе́ть 〔動〕 習得する、身につける
о́вощи 〔名〕 野菜
овощно́й 〔形〕 野菜の
овца́ 〔名〕 羊
огорча́ть - огорчи́ть 〔動〕 悲しませる
огро́мный 〔形〕 巨大な
одева́ть - оде́ть 〔動〕 (～に服を) 着せる
одева́ться - оде́ться 〔動〕 服を着る
оде́жда 〔名〕 服
оди́н, одна́, одно́, одни́ 〔数〕 1
одина́ковый 〔形〕 同一の、同様の
оди́ннадцать 〔数〕 11
оди́ннадцатый 〔順数〕 11 番目の
одино́кий 〔形〕 孤独な
одна́жды 〔副〕 ①一度 ②ある日、かつて
одна́ко 〔接〕 だが、それでもやはり
о́зеро 〔名〕 湖
ока́зываться - оказа́ться
〔動〕 ～であることがわかる
ока́нчивать - око́нчить 〔動〕 終える
окно́ 〔名〕 窓
о́коло 〔副〕 近くに
о́коло 〔前〕 [＋生] ①～の近くに ②約～、およそ～
октя́брь 〔名・男〕 10 月
он 〔代〕 彼、それ
она́ 〔代〕 彼女、それ
они́ 〔代〕 彼ら、それら

онó 〔代〕 それ
ООН 〔略〕 国際連合
опáздывать - опоздáть 〔動〕 遅れる
опáсно 〔副〕 ①危なく ②危険だ
óпера 〔名〕 オペラ
óпыт 〔名〕 経験
óпытный 〔形〕 経験ある、経験豊富な
опя́ть 〔副〕 また
организáция 〔名〕 組織、団体
организовáть 〔動〕 組織する
организовáться 〔動〕 組織される
óрден 〔名〕 勲章
орёл 〔名〕 ワシ
осéнний 〔形〕 秋の
óсень 〔名・女〕 秋
óсенью 〔副〕 秋に
осмáтривать - осмотрéть 〔動〕 よく見る
оснóва 〔名〕 基礎
осóбенно 〔副〕 特に、とりわけ
оставля́ть - остáвить
〔動〕 残す、置いてくる、置き忘れる
останáвливать - останови́ть
〔動〕 止める、抑える
останáвливаться - останови́ться
〔動〕 止まる、滞在する
останóвка 〔名〕 停留所
остáток 〔名〕 残り、残り物
осторóжно 〔副〕 注意深く
óстров 〔名〕 島
от/ото 〔前〕 ［＋生］～から
отбегáть - отбежáть 〔動〕 走って離れる
отвéдывать - отвéдать
〔動〕 ①味を試す ②経験する
отвéт 〔名〕 答え、返事
отвечáть - отвéтить 〔動〕 答える
отводи́ть - отвести́ 〔動〕 連れて行く
отвози́ть - отвезти́
〔動〕 乗り物で運ぶ、運び届ける
отдавáть - отдáть 〔動〕 返す、渡す
óтдых 〔名〕 休息、休養
отдыхáть - отдохнýть 〔動〕 休む
отéц 〔名〕 父親
откровéнно 〔副〕 率直に
открывáть - откры́ть 〔動〕 開ける
открывáться - откры́ться 〔動〕 開く
откры́т, откры́та, откры́то, откры́ты
〔形・短〕 開いている
откры́тие 〔名〕 発見
откры́тка 〔名〕 郵便はがき
откýда 〔副〕 どこから
отли́чно 〔副〕 立派に
отмечáть - отмéтить
〔動〕 ①印をつける ②を祝う
отмывáть - отмы́ть 〔動〕 洗い落とす
относи́ть - отнести́ 〔動〕 持って行く
отношéние 〔名〕 関係
отплывáть - отплы́ть 〔動〕 泳いで（船で）離れる
отправлéние 〔名〕 発送、出発
отправля́ть - отпрáвить 〔動〕 発送する
отправля́ться - отпрáвиться 〔動〕 出発する
отсю́да 〔副〕 ここから
оттýда 〔副〕 そこから
отходи́ть - отойти́ 〔動〕 歩いて離れる
отцóв 〔形〕 父の
óтчество 〔名〕 父称
отъезжáть - отъéхать 〔動〕 乗り物で離れる
оцéнивать - оцени́ть 〔動〕 評価する、査定する
óчень 〔副〕 たいへん、非常に
Óчень прия́тно! 〔表現〕 はじめまして！
очки́ 〔名〕 眼鏡
оши́бка 〔名〕 誤り、間違い

П

пáдать - упáсть 〔動〕 落ちる
пакéт 〔名〕 ふくろ
пал 〔名〕 火事
пáлец 〔名〕 指
пальтó 〔名〕 コート
пáмятник 〔名〕 記念碑
пáпа 〔名〕 お父さん
пáпка 〔名〕 ファイル
пáрень 〔名・男〕 青年、若者
Пари́ж 〔名〕 パリ
пар 〔名〕 蒸気
парк 〔名〕 公園
парлáмент 〔名〕 国会、議会
пáспорт 〔名〕 パスポート
пассажи́р 〔名〕 乗客
певéц 〔名〕 （男性の）歌手
певи́ца 〔名〕 （女性の）歌手
пенсионéр 〔名〕 （男性の）年金受給者
пенсионéрка 〔名〕 （女性の）年金受給者
пéнсия 〔名〕 年金
пéрвый 〔順数〕 1番目の
перебегáть - перебежáть 〔動〕 走って移る
перевóд 〔名〕 翻訳、通訳
переводи́ть - перевести́
〔動〕 ①連れて移す、移動させる
②通訳・翻訳する
перевóдчик 〔名〕 通訳、翻訳者
переговóры 〔名〕 交渉
перед 〔前〕 ［＋造］～の前に、～の前で
передавáть - передáть 〔動〕 ①渡す ②伝える
передáча 〔名〕 放送、番組
переезжáть - переéхать 〔動〕 乗り物で移る
переплывáть - переплы́ть
〔動〕 泳いで（船で）移る
перепýтывать - перепýтать 〔動〕 取り違える
переры́в 〔名〕 ①休憩 ②中断
переставáть - перестáть 〔動〕 やめる
переýлок 〔名〕 横丁
перехóд 〔名〕 移ること、渡ること
переходи́ть - перейти́ 〔動〕 歩いて移る、渡る
пéсня 〔名〕 歌

Петербу́рг 〔名〕 ペテルブルク
петербу́ржец 〔名〕 ペテルブルクの住人
петь - спеть 〔動〕 歌う
печа́ть 〔名・女〕 印刷
пече́нье 〔名〕 ビスケット、クッキー
печь 1 〔名〕 暖炉
печь 2 〔動〕 （食べ物を）焼いて作る
пешко́м 〔副〕 徒歩で
пиани́но 〔名〕 ピアノ
пиани́ст 〔名〕 ピアニスト
пи́во 〔名〕 ビール
пиро́г 〔名〕 ピローグ、ロシア風パイ
пирожо́к 〔名〕 ピロシキ
писа́тель 〔名・男〕 作家
писа́тельница 〔名〕 （女性の）作家
писа́ть - написа́ть 〔動〕 書く
писа́ться 〔動〕 書かれる
письмо́ 〔名〕 手紙
пить - вы́пить 〔動〕 飲む
пи́ща 〔名〕 食べ物
пла́вать 〔動・不定〕 泳ぐ、泳いで行く、航行する
пла́кать 〔動〕 泣く
пла́мя 〔名〕 炎
план 〔名〕 計画
плати́ть - заплати́ть 〔動〕 払う
пла́тье 〔名〕 衣服
плащ 〔名〕 レインコート
пле́йер 〔名〕 プレーヤー
пле́мя 〔名〕 種族
племя́нник 〔名〕 甥
пло́хо 〔副〕 ①悪く、下手に
②だめだ、（気分や調子が）悪い
плохо́й 〔形〕 悪い
пло́щадь 〔名・女〕 広場
плыть 〔動・定〕 泳いで行く、航行する
плюс 〔名〕 プラス
по 〔前〕 ［＋与］①〜に沿って ②（伝達手段）〜で
③（分野）〜に関する
по-америка́нски 〔副〕 アメリカ風に
по-англи́йски 〔副〕 英語で
побе́гать 〔動〕 しばらく走る
побе́да 〔名〕 勝利
побежа́ть 〔動〕 走り出す
побежда́ть - победи́ть 〔動〕 勝つ
побыва́ть
〔動〕 ①あちこち行く ②しばらく時をすごす
повезти́ 〔動〕 〜を（乗り物などで）運んで出かける
повести́ 〔動〕 〜を連れて出かける
по́весть 〔名・女〕 中篇小説
повторя́ть - повтори́ть 〔動〕 繰り返す
повторя́ться - повтори́ться 〔動〕 繰り返される
погиба́ть - поги́бнуть
〔動〕 死ぬ（非業の死を遂げる）、滅亡する
погна́ться 〔動〕 追いかける
поговори́ть 〔動〕 ちょっと話す
пого́да 〔名〕 天気
по-голливу́дски 〔副〕 ハリウッド風に
под 〔前〕 ［＋造］〜の下で
пода́рок 〔名〕 プレゼント
подбега́ть - подбежа́ть 〔動〕 駆け寄る
подва́л 〔名〕 地下室
по́двиг 〔名〕 功績、偉業
подде́рживать - поддержа́ть
〔動〕 支持する、支える
подо́бный 〔形〕 類似の
подплыва́ть - подплы́ть
〔動〕 泳いで（船で）近づく
подру́га 〔名〕 女友達
подходи́ть - подойти́ 〔動〕 歩いて近づく
подъезжа́ть - подъе́хать 〔動〕 乗り物で近づく
по́езд 〔名〕 列車
пое́здить 〔動〕 しばらく旅をする
пое́здка 〔名〕 旅行
пое́хать 〔動〕 乗り物で出かける
пожа́луйста 〔助〕 ①どうぞ ②どういたしまして
пожа́р 〔名〕 火事
позавчера́ 〔副〕 一昨日
по́здний 〔形〕 遅い
по́здно 〔副〕 ①遅く ②遅い
поздравля́ть - поздра́вить 〔動〕 祝う
по́зже 〔形／副・比〕 より遅い、より遅く
позити́вный 〔形〕 肯定的な、ポジティブな
позо́р 〔名〕 不名誉
по-испа́нски 〔副〕 スペイン語で
пойти́ 〔動〕 歩き出す、歩いて出かける
Пока́! 〔表現〕 じゃあね！
пока́ 〔副〕 今のところ
пока́зывать - показа́ть 〔動〕 見せる
по-кита́йски 〔副〕 中国語で
покло́нник 〔名〕 ファン
поколе́ние 〔名〕 世代
по-коре́йски 〔副〕 韓国語で
покупа́ть - купи́ть 〔動〕 買う
пол 〔名〕 床
по́ле 〔名〕 野原
поле́зный 〔形〕 有益な
полёт 〔名〕 飛行
полете́ть 〔動〕 飛び立つ
по́лзать 〔動・不定〕 這って行く
ползти́ 〔動・定〕 這って行く
поликли́ника 〔名〕 診療所
поли́тика 〔名〕 政治
полити́ческий 〔形〕 政治の
политоло́гия 〔名〕 政治学
по́лка 〔名〕 棚
полови́на 〔名〕 半分
полоте́нце 〔名〕 タオル
полтора́ 〔数〕 一つ半、① 5
получа́ть - получи́ть 〔動〕 受け取る
по́льза 〔名〕 利益
по́льзоваться - воспо́льзоваться
〔動〕 利用する、使用する
по́лька 〔名〕 （女性の）ポーランド人
по́льский 〔形〕 ポーランドの

По́льша 〔名〕 ポーランド
полюби́ть 〔動〕 好きになる
поля́к 〔名〕 （男性の）ポーランド人
по́мнить 〔動〕 覚えている
помога́ть - помо́чь 〔動〕 助ける、手伝う
по-мо́ему 〔挿〕 私の考えでは
по́мощь 〔名・女〕 助け
понеде́льник 〔名〕 月曜日
по-неме́цки 〔副〕 ドイツ語で
понима́ть - поня́ть 〔動〕 理解する
поня́тно 〔副〕 わかるように、わかりやすく
〔助〕 わかった
попи́ть 〔動〕 ちょっと飲む
попла́вать 〔動〕 少し泳ぐ
поплы́ть 〔動〕 泳ぎ出す、泳ぎ始める
популя́рный 〔形〕 人気の
портре́т 〔名〕 肖像画
портфе́ль 〔名・男〕 書類かばん
по-ру́сски 〔副〕 ロシア語で
посеща́ть - посети́ть 〔動〕 訪れる
посиде́ть 〔動〕 （しばらく）座っている、いる
по́сле
〔副〕 あとで 〔前〕 ［＋生］～の後で、～の後に
после́дний 〔形〕 ①最後の ②最新の、最近の
по̀слезáвтра 〔副〕 明後日
посо́льство 〔名〕 大使館
постри́гаться - постри́чься
〔動〕 散髪してもらう
поступа́ть - поступи́ть
〔動〕 ①ふるまう、行動する ②（学校などに）入る
посу́да 〔名〕 食器
посыла́ть - посла́ть 〔動〕 送る
посы́лка 〔名〕 小包
поте́ря 〔名〕 失うこと、損失
пото́м 〔副〕 あとで
потому́ что 〔表現〕 なぜなら
потряса́ть - потрясти́
〔動〕 ①揺り動かす ②震撼させる
по-украи́нски 〔副〕 ウクライナ語で
по-францу́зски 〔副〕 フランス語で
походи́ть 〔動〕 しばらく歩く
почему́ 〔副〕 なぜ
почему́-то 〔副〕 なぜか
почита́ть 〔動〕 少し読む
по́чта 〔名〕 郵便局
почти́ 〔副〕 ほとんど
поэ́зия 〔名〕 詩
поэ́т 〔名〕 詩人
поэ́тому 〔副〕 だから、それゆえ、そのため
появля́ться - появи́ться 〔動〕 現れる
по-япо́нски 〔副〕 日本語で
прав, права́, пра́во, пра́вы 〔形・短〕 正しい
пра́вда 〔名〕 真実
пра́вильно 〔副〕 正しく
прави́тельство 〔名〕 政府
пра́вый 〔形〕 右の
пра́здник 〔名〕 祭日、祝日
практи́чески 〔副〕 実際、事実上
практи́ческий 〔形〕 実際的な
предлага́ть - предложи́ть
〔動〕 提供する、勧める
предме́т 〔名〕 ①物、物体 ②科目
президе́нт 〔名〕 大統領
прекра́сно 〔副〕 上手に、すばらしく
прекра́сный 〔形〕 すばらしい
пре́мия 〔名〕 賞、賞金
преподава́тель 〔名・男〕 （男性の）先生
преподава́тельница 〔名〕 （女性の）先生
преподава́ть 〔動〕 教える
преступле́ние 〔名〕 違反、犯罪、罪
прибега́ть - прибежа́ть 〔動〕 走って来る
приближа́ться - прибли́зиться 〔動〕 近づく
приблизи́тельно 〔副〕 ほぼ、約
приве́т 〔名〕 あいさつ
Приве́т! 〔表現〕 やあ！（会ったときのあいさつ）
привози́ть - привезти́ 〔動〕 運んで来る
привыка́ть - привы́кнуть 〔動〕 慣れる
приглаша́ть - пригласи́ть 〔動〕 招く、招待する
прие́зд 〔名〕 （乗り物で）到着すること
приезжа́ть - прие́хать 〔動〕 （乗り物で）着く、来る
признава́ться - призна́ться 〔動〕 告白する
прилета́ть - прилете́ть 〔動〕 飛んで来る
приме́р 〔名〕 例
приме́рно 〔副〕 約、およそ
приноси́ть - принести́ 〔動〕 持って来る
приплыва́ть - приплы́ть
〔動〕 泳いで（船で）来る
приро́да 〔名〕 自然
прису́тствовать 〔動〕 出席する
приходи́ть - прийти́ 〔動〕 歩いて来る
причи́на 〔名〕 理由
прия́тно 〔副〕 ①心地よく、気持ちよく ②うれしい
про 〔前〕 ～について
пробега́ть - пробежа́ть 〔動〕 走って通り過ぎる
про́бка 〔名〕 渋滞
пробле́ма 〔名〕 問題
прогла́тывать - проглоти́ть 〔動〕 飲み込む
програ́мма 〔名〕 プログラム、番組
прогу́лка 〔名〕 散歩
продава́ть - прода́ть 〔動〕 売る
продава́ться 〔動〕 売られる
продаве́ц 〔名〕 店員、売り子
прода́жа 〔名〕 販売
продолжа́ть - продо́лжить
〔動〕 続ける、～し続ける
продолжа́ться - продо́лжиться 〔動〕 続く
проду́кт 〔名〕 ①生産品 ②食料品
проезжа́ть - прое́хать 〔動〕 乗り物で通り過ぎる
прожи́ть 〔動〕 （ある期間）暮らす
произведе́ние 〔名〕 作品、創作物
производи́ть - произвести́
〔動〕 ①行う ②生産する
произноси́ться 〔動〕 発音される
происходи́ть - произойти́ 〔動〕 生じる、起こる

проноси́ться - пронести́сь
〔動〕 さっと通り過ぎる
проплыва́ть - проплы́ть
〔動〕 泳いで（船で）通り過ぎる
проси́ть - попроси́ть 〔動〕 頼む
проспе́кт 〔名〕 大通り
Прости́(те)! 〔表現〕 すみません！
про́сто 〔助〕（強意）まったく、ほんとうに
〔副〕 ①簡単に、単純に ②単純だ
просто́й 〔形〕 単純な、簡単な
про́сьба 〔名〕 頼み、お願い
протестова́ть 〔動〕 反対する、抗議する
про́тив 〔前〕［＋生］①～に面して、～の向かいに
②～に反対して
проти́вник 〔名〕 敵対者、敵
профе́ссия 〔名〕 職業
профе́ссор 〔名〕 教授
прохла́дно 〔副〕 ①冷ややかに ②涼しい
прохла́дный 〔形〕 涼しい
проходи́ть - пройти́ 〔動〕 通り過ぎる、通過する
проце́нт 〔名〕 パーセント
про́чий 〔形〕 ほかの、別の
про́шлый 〔形〕 過去の、この前の
проща́ть - прости́ть 〔動〕 許す、勘弁する
проща́ться - прости́ться 〔動〕 別れを告げる
про́ще 〔形／副・比〕 より単純な、より単純に
проще́ние 〔名〕 許し
пруд 〔名〕 池
пря́мо 〔副〕 ①まっすぐ ②はっきり、単刀直入に
психо́лог 〔名〕 心理学者
психоло́гия 〔名〕 心理学
пти́ца 〔名〕 鳥
пти́чий 〔形〕 鳥の
пу́блика 〔名〕 公衆、聴衆、観客
публикова́ть - опубликова́ть
〔動〕 発表する、公表する
пусты́ня 〔名〕 砂漠
путеше́ствовать 〔動〕 旅行する
пье́са 〔名〕 戯曲
пятидеся́тый 〔順数〕 50 番目の
пятисо́тый 〔順数〕 500 番目の
пятна́дцатый 〔順数〕 15 番目の
пятна́дцать 〔数〕 15
пя́тница 〔名〕 金曜日
пя́тый 〔順数〕 5 番目の
пять 〔数〕 5
пятьдеся́т 〔数〕 50
пятьсо́т 〔数〕 500

Р

рабо́та 〔名〕 仕事、職場
рабо́тать 〔動〕 働く、仕事をする
рабо́чий 〔名〕 労働者 〔形〕 労働者の
рад, ра́да, ра́до, ра́ды 〔形・短〕 うれしい
ра́дио 〔名〕 ラジオ
ра́довать - обра́довать 〔動〕 喜ばせる
ра́доваться - обра́доваться 〔動〕 喜ぶ
ра́дость 〔名・女〕 喜び
раз 〔名〕 ～回、～度
разбива́ть - разби́ть 〔動〕 割る、粉々にする
разгова́ривать 〔動〕 会話する
разли́чие 〔名〕 違い、相違
разме́р 〔名〕 大きさ、サイズ
ра́зный 〔形〕 ①異なる、別々の ②さまざまな
разреша́ть - разреши́ть 〔動〕 許す、許可する
разруша́ть - разру́шить 〔動〕 壊す、破壊する
райо́н 〔名〕 地区、地域
рак 〔名〕 癌
ра́нний 〔形〕 早い
ра́но 〔副〕 ①早く、朝早く ②早い
ра́ньше 〔副〕 以前
раска́лывать - расколо́ть 〔動〕 割る
расска́з 〔名〕 話、物語、短編小説
расска́зывать - рассказа́ть 〔動〕 語る、話す
расстава́ться - расста́ться 〔動〕 別れる
расти́ - вы́расти 〔動〕 育つ、成長する
ребёнок 〔名〕 子ども、幼児
револю́ция 〔名〕 革命
ре́дкий 〔形〕 まれな
ре́дко 〔副〕 まれに
ре́дька 〔名〕 ダイコン
ре́же 〔形／副・比〕 よりまれな、よりまれに
режиссёр 〔名〕 舞台監督、映画監督
ре́зать 〔動〕 切る
результа́т 〔名〕 結果
река́ 〔名〕 川
рекла́ма 〔名〕 宣伝、広告
ре́ктор 〔名〕 学長
рели́гия 〔名〕 宗教
ремонти́ровать 〔動〕 修理する
респу́блика 〔名〕 共和国
реставра́ция 〔名〕（芸術作品などの）修復
рестора́н 〔名〕 レストラン
рефера́т 〔名〕 レポート、報告
речь 〔名・女〕 話、話し言葉、スピーチ
реша́ть - реши́ть
〔動〕 ①決める ②解決する、解く
реше́ние 〔名〕 決定
Рим 〔名〕 ローマ
рис 〔名〕 米
рисова́ть - нарисова́ть 〔動〕 描く
ро́дина 〔名〕 故郷
роди́тели 〔名〕 両親
роди́ться 〔動〕 生まれる
родно́й 〔形〕 肉親の、血のつながっている
ро́дственник 〔名〕 親類、親戚
рожде́ние 〔名〕 誕生
Рождество́ 〔名〕 クリスマス
ро́за 〔名〕 バラ
роль 〔名・女〕 役、役割
ром 〔名〕 ラム酒
рома́н 〔名〕 長編小説
росси́йский 〔形〕 ロシアの
Росси́я 〔名〕 ロシア

рот 〔名〕 口
руба́шка 〔名〕 シャツ
рубль 〔名・男〕 ルーブル
руга́ть 〔動〕 罵倒する、叱る
рука́ 〔名〕 手
руководи́тель 〔名・男〕 指導者、教官
руководи́ть 〔動〕 指導する
руково́дство 〔名〕 指導
ру́сский 〔形〕 ロシアの 〔名〕 ロシア人
ру̀сско-англи́йский 〔形〕 露英の
ру̀сско-япо́нский 〔形〕 露日の
ру́чка 〔名〕 ペン、ボールペン
РФ 〔略〕 ロシア連邦
ры́ба 〔名〕 魚
ры́бий 〔形〕 魚の
ры́бка 〔名〕 ры́ба (魚) の指小・愛称形
ры́нок 〔名〕 市場、マーケット
рысь 〔名・女〕 ヤマネコ
рябь 〔名・女〕 さざ波
ря́дом 〔副〕 隣り合って

С

с/со 〔前〕 ①[+生]～から ②[+造]～と (ともに)
С днём рожде́ния! 〔表現〕 お誕生日おめでとう！
С Но́вым го́дом! 〔表現〕 あけましておめでとう！
С пра́здником! 〔表現〕 祝日おめでとう！
С Рождество́м! 〔表現〕 メリー・クリスマス！
С удово́льствием! 〔表現〕 喜んで (～します)！
сад 〔名〕 庭
сади́ться - сесть 〔動〕 座る、席につく
сайт 〔名〕 サイト
сала́т 〔名〕 サラダ
сам, сама́, само́, са́ми 〔代〕 自身、自体
самолёт 〔名〕 飛行機
самостоя́тельно 〔副〕 独立して、自分で
са́мый 〔代〕 最も～な
санато́рий 〔名〕 保養所、サナトリウム
сантиме́тр 〔名〕 センチメートル
сапоги́ 〔名〕 長靴
Сахали́н 〔名〕 サハリン
са́хар 〔名〕 砂糖
сбо́рник 〔名〕 作品集、論文集
сва́ливать - свали́ть 〔動〕 倒す
све́жий 〔形〕 新鮮な
свет 〔名〕 ①光 ②世界
свети́ть 〔動〕 光る、照る
све́тлый 〔形〕 明るい
свеча́ 〔名〕 ろうそく
свида́ние 〔名〕 面会、対面
свобо́да 〔名〕 自由
свобо́дно 〔副〕 自由に、流暢に
свобо́дный 〔形〕 自由な
свой 〔代〕 自分の
сгора́ть - сгоре́ть 〔動〕 焼失する、燃焼する
сдава́ть - сдать
〔動〕 ①手渡す ② (完了体) 試験に合格する
(主に不完了体) 試験を受ける
сда́ча 〔名〕 おつり
себя́ 〔代〕 自分自身
се́вер 〔名〕 北
се́верный 〔形〕 北の
сего́дня 〔副〕 今日
сего́дняшний 〔形〕 今日の
седьмо́й 〔順数〕 7番目の
сезо́н 〔名〕 季節、シーズン
сейча́с 〔副〕 今
секре́т 〔名〕 秘密
секрета́рь 〔名・男〕 秘書
секу́нда 〔名〕 秒
семе́стр 〔名〕 (大学などの) 学期
семидеся́тый 〔順数〕 70番目の
семина́р 〔名〕 セミナー
семисо́тый 〔順数〕 700番目の
семна́дцатый 〔順数〕 17番目の
семна́дцать 〔数〕 17
семь 〔数〕 7
се́мьдесят 〔数〕 70
семьсо́т 〔数〕 700
семья́ 〔名〕 家族
се́мя 〔名〕 種子
сентя́брь 〔名・男〕 9月
се́рвис 〔名〕 サービス
се́рдце 〔名〕 心臓
се́рый 〔形〕 灰色の
серьёзно 〔副〕 まじめに、真剣に
серьёзный 〔形〕 まじめな、真剣な
сестра́ 〔名〕 姉妹
Сиби́рь 〔名・女〕 シベリア
сигаре́та 〔名〕 タバコ
сиде́ть 〔動〕 座っている
си́ла 〔名〕 力
си́льно 〔副〕 強く、ひどく
си́льный 〔形〕 強い
симпати́чный 〔形〕 感じのいい
симфо́ния 〔名〕 交響曲
си́ний 〔形〕 青い
синь, синя́, си́не, си́ни 〔形・短〕 青い
сирота́ 〔名〕 孤児
систе́ма 〔名〕 システム、体系
си́то 〔名〕 ふるい
ситуа́ция 〔名〕 状況
ска́зка 〔名〕 お話、物語
ско́лько
〔副/数量〕 ①どれほど、どれくらい ②いくつの
ско́ро 〔副〕 ①じきに、まもなく ②すばやく
ско́рый 〔形〕 速い
скри́пка 〔名〕 ヴァイオリン
ску́чно 〔副〕 ①退屈そうに ②退屈だ
ску́чный 〔形〕 退屈な
сла́бо 〔副〕 弱く
сла́бый 〔形〕 弱い
сла́дкий 〔形〕 甘い
сла́док, сладка́, сла́дко, сла́дки 〔形・短〕 甘い
сле́ва 〔副〕 左側に、左側から

сле́довать 〔動〕 ～すべきである
сле́дующий 〔形〕 次の
сли́шком 〔副〕 ～すぎる、あまりに
слова́рь 〔名・男〕 辞書
сло́во 〔名〕 単語、語
сло́жный 〔形〕 複雑な
слу́чай 〔名〕 ①出来事 ②場合
случа́йно 〔副〕 偶然
случа́ться - случи́ться 〔動〕 起こる
слу́шать 〔動〕 聴く
слы́шать - услы́шать 〔動〕 聞こえる、聞く
сме́лый 〔形〕 勇敢な
смерть 〔名・女〕 死
смета́на 〔名〕 サワークリーム
смешно́й 〔形〕 おかしな、こっけいな
смея́ться 〔動〕 笑う
смотре́ть - посмотре́ть 〔動〕 見る
снача́ла 〔副〕 初めは、初めのうちは
снег 〔名〕 雪
СНГ 〔略〕 独立国家共同体
сно́ва 〔副〕 ふたたび
соба́ка 〔名〕 犬
соба́чий 〔形〕 犬の
собира́ть - собра́ть 〔動〕 集める
собо́р 〔名〕 ①大会議、会合 ②大聖堂
собра́ние 〔名〕 会議、集会
собы́тие 〔名〕 出来事
сове́т 〔名〕 忠告、助言、アドバイス
сове́товать - посове́товать
〔動〕 勧める、アドバイスする
сове́тский 〔形〕 ソビエトの、ソビエト連邦の
совреме́нный 〔形〕 現代の
согла́сен, согла́сна, согла́сно, согла́сны
〔形・短〕 同意している、賛成だ
согла́сный 〔形〕 賛成の、同意の
содру́жество 〔名〕 ①友好、協調 ②友好団体
соединя́ть - соедини́ть 〔動〕 結合する
создава́ть - созда́ть 〔動〕 創造する、創る
сок 〔名〕 ジュース
со́лнце 〔名〕 太陽
соль 〔名・女〕 塩
сомне́ние 〔名〕 疑い
сон 〔名〕 夢
сообща́ть - сообщи́ть 〔動〕 知らせる
сообще́ние 〔名〕 知らせ
со́рок 〔数〕 40
сороково́й 〔順数〕 40番目の
сосе́д 〔名〕 (男性の) 隣人
сосе́дка 〔名〕 (女性の) 隣人
сосе́дний 〔形〕 隣の
сотру́дник 〔名〕 職員、同僚
сотру́дничать 〔動〕 協力する
со́тый 〔順数〕 100番目の
софа́ 〔名〕 ソファー
соха́ 〔名〕 すき
социалисти́ческий 〔形〕 社会主義の
сою́з 〔名〕 連合
спаси́бо 〔助〕 ありがとう
спать 〔動〕 眠る
спекта́кль 〔名・男〕 芝居
специали́ст 〔名〕 専門家
специа́льность 〔名・女〕 専門
спеши́ть - поспеши́ть 〔動〕 急ぐ
спи́сок 〔名〕 リスト
споко́ен, споко́йна, споко́йно, споко́йны
〔形・短〕 穏やかだ
споко́йно 〔副〕 静かに、おとなしく
Споко́йной но́чи! 〔表現〕 おやすみなさい！
споко́йный 〔形〕 穏やかな
спо́рить 〔動〕 議論する、論争する
спорт 〔名〕 スポーツ
спорти́вный 〔形〕 スポーツの
спортсме́н 〔名〕 スポーツマン
спо́соб 〔名〕 手段、方法
спра́ва 〔副〕 右側に、右側から
справедли́вость 〔名・女〕 公正、公平、正義
спра́шивать - спроси́ть 〔動〕 訊く、たずねる
спу́тник 〔名〕 ①(旅の) 道連れ ②衛星
сра́зу 〔副〕 ①一度に ②ただちに
среда́ 〔名〕 水曜日
сре́дний 〔形〕 中間の
СССР 〔略〕 ソビエト社会主義共和国連邦
ста́вить - поста́вить 〔動〕 立てて置く
стадио́н 〔名〕 スタジアム
стажиро́вка 〔名〕 研修、実習、留学
стака́н 〔名〕 コップ
станови́ться - стать 〔動〕 立つ、立ち上がる
ста́нция 〔名〕 駅
стара́ться - постара́ться 〔動〕 頑張る
ста́рость 〔名・女〕 老齢、老年
стару́ха 〔名〕 老婆
ста́рше 〔形・比〕 より古い、より年とった
ста́рший 〔形〕 年上の
ста́рый 〔形〕 ①年とった、老いた ②古い
ста́туя 〔名〕 彫像
стать 〔動〕 ①～し始める、するようになる
②～になる
статья́ 〔名〕 記事、論文
стекло́ 〔名〕 ガラス
стена́ 〔名〕 壁
степь 〔名・女〕 草原
стесня́ться 〔動〕 遠慮する、気がねする
стиль 〔名・男〕 スタイル
стихи́ 〔名〕 詩
сто 〔数〕 100
сто́ить 〔動〕 (値段が) ～する、かかる
стол 〔名〕 机
столи́ца 〔名〕 首都
столо́вая 〔名〕 食堂
стоя́ть 〔動〕 立っている
страна́ 〔名〕 国
страни́ца 〔名〕 ページ
стра́нный 〔形〕 変な、不思議な
стрела́ 〔名〕 矢

стре́мя 〔名〕 あぶみ
строи́тель 〔名・男〕 建築家、建築技師
строи́тельный 〔形〕 建築の、建設の
стро́ить - постро́ить 〔動〕 建てる
стро́иться 〔動〕 建てられる
студе́нт 〔名〕 （男性の）学生
студе́нтка 〔名〕 （女性の）学生
студе́нческий 〔形〕 学生の
стул 〔名〕 いす
суббо́та 〔名〕 土曜日
субъе́кт 〔名〕 主体
сувени́р 〔名〕 記念品、みやげ品
су́мка 〔名〕 カバン、バッグ
суп 〔名〕 スープ
су́тки 〔名〕 一日、一昼夜
сухо́й 〔形〕 乾いた
сце́на 〔名〕 舞台
Счастли́вого пути́! 〔表現〕 よい旅を！
сча́стлив, сча́стлива, сча́стливо, сча́стливы
〔形・短〕 幸せだ
счастли́вый 〔形〕 幸せな
сча́стье 〔名〕 幸せ
счита́ть - посчита́ть
〔動〕 ～と考える、～とみなす
счита́ться 〔動〕 ～と考えられている
США 〔略〕 アメリカ合衆国
съёмка 〔名〕 撮影
сын 〔名〕 息子
сыр 〔名〕 チーズ
сыт, сыта́, сы́то, сы́ты 〔形・短〕 満腹している
сы́тый 〔形〕 満腹した
сюда́ 〔副〕 こちらへ、ここへ
сюрпри́з 〔名〕 思いがけないこと、プレゼント

T

Тайва́нь 〔名・男〕 台湾
так 〔副〕 そんなふうに、こんなふうに
так как 〔表現〕 なぜなら、というのも
та́кже 〔副〕 ～も（また）
тако́в 〔代〕 このようだ、そのようだ
тако́й 〔代〕 このような、そのような
такси́ 〔名〕 タクシー
тала́нт 〔名〕 才能
тала́нтливый 〔形〕 才能ある
там 〔副〕 そこに（で）、あそこに（で）
та́нец 〔名〕 ダンス、舞踊
танцева́ть 〔動〕 踊る
таре́лка 〔名〕 皿
таска́ть 〔動・不定〕 ～を引いて行く
тащи́ть 〔動・定〕 ～を引いて行く
твёрдый 〔形〕 硬い
твой 〔代〕 君の
теа́тр 〔名〕 劇場
текст 〔名〕 テキスト
телеви́зор 〔名〕 テレビ
телегра́мма 〔名〕 電報、電信
теле́жка 〔名〕 台車
телефо́н 〔名〕 電話
те́ло 〔名〕 体
те́ма 〔名〕 テーマ、主題
темне́ть - стемне́ть 〔動〕 暗くなる
тёмный 〔形〕 暗い
температу́ра 〔名〕 温度、気温、体温
те́мя 〔名〕 頭頂部
те́ннис 〔名〕 テニス
теорети́чески 〔副〕 理論的に
теорети́ческий 〔形〕 理論的な
тепе́рь 〔副〕 今、今では
тепле́ть - потепле́ть 〔動〕 暖かくなる
тепло́ 〔名〕 熱 〔副〕 ①暖かく ②暖かい
теплохо́д 〔名〕 ディーゼル船
тёплый 〔形〕 暖かな
терпе́ть 〔動〕 耐える
террори́зм 〔名〕 テロリズム
теря́ть - потеря́ть 〔動〕 失う
тётин 〔形〕 おばの
тетра́дь 〔名・女〕 ノート
тётя 〔名〕 おば
те́хника 〔名〕 技術
техни́чески 〔副〕 技術的に
техни́ческий 〔形〕 技術的な
ти́хий 〔形〕 静かな
ти́хо 〔副〕 静かに
ти́ше 〔形／副・比〕 より静かな、より静かに
то 〔助〕 すると、その時は
то́ есть 〔表現〕 つまり
това́р 〔名〕 商品、品物
това́рищ 〔名〕 仲間、同僚
тогда́ 〔副〕 その時、その当時
то́же 〔副〕 ～も
То́кио 〔名〕 東京
то́лько 〔助〕 ～だけ
том 〔名〕 （書物の）巻
торго́вый 〔形〕 商業の、貿易の
торт 〔名〕 ケーキ
тот 〔代〕 あの、その、あちらの
то́чка 〔名〕 点
то́чно 〔副〕 正確に、正しく
тошни́ть 〔動〕 吐き気を起こさせる
трава́ 〔名〕 草
трамва́й 〔名〕 路面電車
тра́нспорт 〔名〕 交通、運輸
тра́тить - истра́тить 〔動〕 消費する、使いはたす
тре́бовать - потре́бовать 〔動〕 求める、要求する
тре́нер 〔名〕 コーチ、トレーナー
тренирова́ться 〔動〕 練習する
тре́тий 〔順数〕 3番目の
трёхсо́тый 〔順数〕 300番目の
трёхты́сячный 〔順数〕 3000番目の
три 〔数〕 3
тридца́тый 〔順数〕 30番目の
три́дцать 〔数〕 30
триллио́н 〔数〕 1兆
триллио́нный 〔順数〕 1兆番目の

тринáдцатый 〔順数〕 13 番目の
тринáдцать 〔数〕 13
трúста 〔数〕 300
трóгать - трóнуть 〔動〕 触れる
троллéйбус 〔名〕 トロリーバス
труд 〔名〕 ①労働 ②努力
трýден, труднá, трýдно, трýдны
〔形・短〕 難しい
трýдно 〔副〕 ①難しく、苦労して ②難しい
трýдность 〔名・女〕 困難
трýдный 〔形〕 難しい
туалéт 〔名〕 トイレ
тудá 〔副〕 あそこへ
турúст 〔名〕 旅行者、観光客
тýсклый 〔形〕 くすんだ
тут 〔副〕 ここに、ここで
тýча 〔名〕 雨雲
тушúть - потушúть 〔動〕 消す、消火する
ты 〔代〕 君
ты́сяча 〔数〕 1000
ты́сячный 〔順数〕 1000 番目の
тюрьмá 〔名〕 刑務所
тяжёлый 〔形〕 重い

У

у 〔前〕 ［＋生］ ①～のそばに ②～のところに
убегáть - убежáть 〔動〕 走り去る
убивáть - убúть 〔動〕 殺す
убирáть - убрáть 〔動〕 片づける
уважáемый 〔形〕 尊敬すべき
уважáть 〔動〕 尊敬する
увéрен, увéрена, увéрено, увéрены
〔形・短〕 自信がある
увлекáть - увлéчь 〔動〕 夢中にさせる、魅了する
ýгол 〔名〕 角、隅
удавáться - удáться 〔動〕 成功する
удáр 〔名〕 打撃
ударéние 〔名〕 アクセント、力点
удáча 〔名〕 成功
Удáчи! 〔表現〕 頑張ってね！
удивúтельный 〔形〕 驚くべき
удивлéние 〔名〕 驚き
удивлять - удивúть 〔動〕 驚かす
удивляться - удивúться 〔動〕 驚く
удóбный 〔形〕 ①便利な、快適な ②都合のいい
удовóльствие 〔名〕 喜び
уезжáть - уéхать 〔動〕 乗り物で去る
ужáсный 〔形〕 恐ろしい、ひどい
ужé 〔副〕 すでに、もう
ýжин 〔名〕 夕食
ýжинать - поýжинать 〔動〕 夕食を食べる
узбéк 〔名〕 (男性の) ウズベク人
Узбекистáн 〔名〕 ウズベキスタン
узбéкский 〔形〕 ウズベクの
узбéчка 〔名〕 (女性の) ウズベク人
ýзкий 〔形〕 細い、狭い
узнавáть - узнáть 〔動〕 知る
Украúна 〔名〕 ウクライナ
украúнец 〔名〕 (男性の) ウクライナ人
украúнка 〔名〕 (女性の) ウクライナ人
украúнский 〔形〕 ウクライナの
улетáть - улетéть 〔動〕 飛び去る
ýлица 〔名〕 通り
улыбáться - улыбнýться 〔動〕 ほほえむ
ум 〔名〕 知性、知能
умéть - сумéть 〔動〕 (～する) 能力をもつ、～できる
умирáть - умерéть 〔動〕 死ぬ
ýмный 〔形〕 利口な、賢い
универмáг 〔名〕 デパート、百貨店
универсáльный 〔形〕 全般的な、普遍的な
университéт 〔名〕 大学
университéтский 〔形〕 大学の
уносúть - унестú 〔動〕 持ち去る
уплывáть - уплы́ть 〔動〕 泳ぎ去る、船で去る
упоминáть - упомянýть 〔動〕 言及する
упражнéние 〔名〕 練習、練習問題
Урáл 〔名〕 ウラル
урóк 〔名〕 授業、レッスン、課
успевáть - успéть
〔動〕 間に合う、～するのに間に合う
успéх 〔名〕 成功
уставáть - устáть 〔動〕 疲れる
утверждáться 〔動〕 承認される、確立される
ýтро 〔名〕 朝
ýтром 〔副〕 朝に
ýхо 〔名〕 耳
уходúть - уйтú 〔動〕 歩いて去る
учáствовать 〔動〕 参加する
учéбник 〔名〕 教科書
учéбный 〔形〕 学習の、勉強の、教育の
ученúк 〔名〕 (男子) 生徒
ученúца 〔名〕 (女子) 生徒
учёный 〔名〕 学者
учúлище 〔名〕 特殊 (専修) 学校
учúтель 〔名・男〕 (男性の) 教師
учúтельница 〔名〕 (女性の) 教師
учúть 1 - вы́учить 〔動〕 覚える、習得する
учúть 2 - научúть 〔動〕 教える
учúться 1 〔動〕 (学校などで) 学ぶ、勉強する
учúться 2 - научúться
〔動〕 (～することを) 覚える、習得する

Ф

фáбрика 〔名〕 工場
факс 〔名〕 ファクス
факт 〔名〕 事実
факультéт 〔名〕 学部
фамúлия 〔名〕 姓、名字
феврáль 〔名・男〕 2 月
федерáция 〔名〕 連邦
фéрмер 〔名〕 農場主
фестивáль 〔名・男〕 フェスティバル、祭
фúзик 〔名〕 物理学者
фúзика 〔名〕 物理、物理学

физи́ческий 〔形〕 物理の、物理学の
физкульту́ра 〔名〕 体育、運動
фило́лог 〔名〕 言語・文学研究者
филологи́ческий 〔形〕 言語・文学研究の
фило́соф 〔名〕 哲学者
филосо́фия 〔名〕 哲学
филосо́фский 〔形〕 哲学の
фильм 〔名〕 映画
фи́рма 〔名〕 会社
фле́йта 〔名〕 フルート
фо́кус 〔名〕 焦点
фона́рь 〔名・男〕 灯火、街灯
фонта́н 〔名〕 噴水
фо́рма 〔名〕 形式
фотоаппара́т 〔名〕 カメラ
фотографи́ровать - сфотографи́ровать 〔動〕 写真を撮る
фотогра́фия 〔名〕 写真
фра́за 〔名〕 句、フレーズ
Фра́нкфурт 〔名〕 フランクフルト
Фра́нция 〔名〕 フランス
францу́женка 〔名〕 （女性の）フランス人
францу́з 〔名〕 （男性の）フランス人
францу́зский 〔形〕 フランスの
францу̀зско-ру́сский 〔形〕 仏露の
фру́кты 〔名〕 フルーツ
футбо́л 〔名〕 サッカー
футболи́ст 〔名〕 サッカー選手
футбо́льный 〔形〕 サッカーの

Х

Хаба́ровск 〔名〕 ハバロフスク
хала́т 〔名〕 上衣、ガウン
хара́ктер 〔名〕 性格
хвост 〔名〕 尻尾
хи́мик 〔名〕 化学者
хими́ческий 〔形〕 化学の、化学的な
хи́мия 〔名〕 化学
хлеб 〔名〕 パン
хо́бби 〔名〕 趣味
ходи́ть 〔動〕 歩いて行く
хозя́ин 〔名〕 （男性の）主人、所有者
хозя́йка 〔名〕 （女性の）主人、所有者
хоккеист 〔名〕 ホッケー選手
хокке́й 〔名〕 ホッケー
холм 〔名〕 丘
холода́ть - похолода́ть 〔動〕 寒くなる
хо́лодно 〔副〕 ①寒く、寒そうに ②寒い
холо́дный 〔形〕 冷たい、寒い
хоро́ш, хороша́, хорошо́, хороши́ 〔短〕 よい
хоро́ший 〔形〕 よい、上手な
хорошо́ 〔副〕 ①よく、上手に ②よい
хоте́ть 〔動〕 ほしい、～したい
хоте́ться 〔動〕 ～したい気がする
хоть 〔助〕 ①せめて ②さえも
хотя́ 〔接〕 ～とはいえ、～だが
хо́хот 〔名〕 大笑い
храм 〔名〕 聖堂、寺院、神殿
худе́ть - похуде́ть 〔動〕 痩せる
худо́жественный 〔形〕 芸術の
худо́жник 〔名〕 美術家（主に画家）
ху́дший 〔形・比〕 より悪い
ху́же 〔形 / 副・比〕 より悪い、より悪く

Ц

цари́зм 〔名〕 帝政
цари́ца 〔名〕 女王
цари́цын 〔形〕 女王の
царь 〔名・男〕 皇帝
цвести́ 〔動〕 咲く
цвет 〔名〕 色
цветно́й 〔形〕 色のついた
цвето́к 〔名〕 花
цел, цела́, це́ло, це́лы 〔形・短〕 完全だ、無傷だ
целова́ть - поцелова́ть 〔動〕 キスする
целова́ться - поцелова́ться 〔動〕 キスし合う
це́лый 〔形〕 全体の、全部の
цель 〔名・女〕 目的
цена́ 〔名〕 値段
цени́ть - оцени́ть 〔動〕 評価する
цент 〔名〕 セント（通貨単位）
це́нтр 〔名〕 中心
центра́льный 〔形〕 中心の
це́рковь 〔名・女〕 教会
цирк 〔名〕 サーカス
ци́фра 〔名〕 数字
ЦСКА 〔略〕 CSKA（軍中央スポーツ・クラブ）
ЦУМ 〔略〕 中央デパート

Ч

чай 〔名〕 お茶
ча́йник 〔名〕 ティーポット
час 〔名〕 1時間
ча́сто 〔副〕 よく、しばしば
часть 〔名・女〕 部分
часы́ 〔名〕 時計
ча́ша 〔名〕 杯
ча́шка 〔名〕 茶碗、カップ
ча́ща 〔名〕 密林
чей 〔代〕 誰の
челове́к 〔名〕 人、人間
чем 〔接〕 ～よりも
чемода́н 〔名〕 スーツケース
чемпио́н 〔名〕 チャンピオン
через 〔前〕 ［＋対］ ①～を横切って
②～を通じて
③～すぎて、～後に
чёрный 〔形〕 黒い
че́стно 〔副〕 正直に
че́стный 〔形〕 公正な
четве́рг 〔名〕 木曜日
че́тверть 〔名・女〕 ①4分の1 ②15分
четвёртый 〔順数〕 4番目の
четы́ре 〔数〕 4

четы́реста 〔数〕 400
четырёхсо́тый 〔順数〕 400番目の
четы́рнадцатый 〔順数〕 14番目の
четы́рнадцать 〔数〕 14
чех 〔名〕 （男性の）チェコ人
Че́хия 〔名〕 チェコ
че́шка 〔名〕 （女性の）チェコ人
че́шский 〔形〕 チェコの
число́ 〔名〕 数
чи́стить 〔動〕 きれいにする
чи́сто 〔副〕 純粋に
чи́стый 〔形〕 きれいな、清潔な
чита́тель 〔名・男〕 読者
чита́ть - прочита́ть 〔動〕 読む、読書する
чита́ться 〔動〕 読まれる
член 〔名〕 会員、メンバー
чте́ние 〔名〕 読書
что 〔代〕 何 〔接〕 ～ということを
чтобы 〔接〕 ～するために、～するように
что́-либо 〔代〕 何か
что́-нибудь 〔代〕 何か
что́-то 〔代〕 何か
чу́вство 〔名〕 感情
чу́вствовать - почу́вствовать 〔動〕 感じる
чуде́сный 〔形〕 すばらしい、奇跡的な
чужо́й 〔形〕 他人の

Ш

шанс 〔名〕 チャンス
ша́пка 〔名〕 帽子
шарф 〔名〕 マフラー
шахмати́ст 〔名〕 チェス選手
ша́хматы 〔名〕 チェス
шестидеся́тый 〔順数〕 60番目の
шестисо́тый 〔順数〕 600番目の
шестна́дцатый 〔順数〕 16番目の
шестна́дцать 〔数〕 16
шесто́й 〔順数〕 6番目の
шесть 〔数〕 6
шестьдеся́т 〔数〕 60
шестьсо́т 〔数〕 600
широ́кий 〔形〕 広い
шить - сшить 〔動〕 縫う
шкаф 〔名〕 戸棚、ロッカー
шко́ла 〔名〕 学校
шко́льник 〔名〕 （男子）小・中・高校生
шко́льница 〔名〕 （女子）小・中・高校生
шок 〔名〕 ショック
шокола́д 〔名〕 チョコレート
шофёр 〔名〕 運転手
штат 〔名〕 （米国などの）州
шум 〔名〕 騒音、騒ぎ
шуме́ть 〔動〕 騒ぐ
шу́мно 〔副〕 ①騒々しく ②騒々しい
шути́ть - пошути́ть 〔動〕 ふざける、冗談を言う
шу́тка 〔名〕 冗談

Щ

щади́ть - пощади́ть 〔動〕 容赦する
щека́ 〔名〕 頬
щель 〔名・女〕 割れ目、隙間
щётка 〔名〕 ブラシ
щи 〔名〕 キャベツスープ
щит 〔名〕 盾

Э

эгои́ст 〔名〕 エゴイスト
экза́мен 〔名〕 試験
экологи́ческий 〔形〕 環境の、生態（学）の
эконо́мика 〔名〕 経済
экономи́ст 〔名〕 経済学者
эконо́мить 〔動〕 節約する
экономи́ческий 〔形〕 経済の
экску́рсия 〔名〕 遠足、観光旅行、ツアー
экскурсово́д 〔名〕 案内人、観光ガイド
э́кспорт 〔名〕 輸出
электри́чка 〔名〕 通勤電車
энерги́чный 〔形〕 精力的な、活動的な
эне́ргия 〔名〕 エネルギー
эпо́ха 〔名〕 時代
э́ра 〔名〕 紀元
Эрмита́ж 〔名〕 エルミタージュ美術館
эта́ж 〔名〕 （建物の）階
э́то 〔代〕 これ、それ
э́тот, э́та, э́то, э́ти 〔代〕 この、その
эффекти́вно 〔副〕 効率的に
э́хо 〔名〕 エコー、こだま

Ю

ю́бка 〔名〕 スカート
юг 〔名〕 南
ю́жный 〔形〕 南の
ю́мор 〔名〕 ユーモア
ю́ность 〔名・女〕 青春、青春期
ю́ноша 〔名〕 青年
юриди́ческий 〔形〕 法律の
юри́ст 〔名〕 法律家、法学者

Я

я 〔代〕 私
я́блоко 〔名〕 リンゴ
явля́ться 〔動〕 ～である
я́года 〔名〕 イチゴ類の果物
я́дерный 〔形〕 核の
язы́к 〔名〕 ①舌 ②言語
яйцо́ 〔名〕 卵
янва́рь 〔名・男〕 1月
япо́нец 〔名〕 （男性の）日本人
Япо́ния 〔名〕 日本
япо́нка 〔名〕 （女性の）日本人
япо́нский 〔形〕 日本の、日本的な
я́ркий 〔形〕 まばゆい、はなやかな
я́щик 〔名〕 引き出し

編集協力

光井明日香（東京外国語大学大学院）

佐山豪太（東京外国語大学大学院）

◆ 著者紹介 ◆

沼野恭子（ぬまの　きょうこ）……………………………………

東京外国語大学名誉教授。ロシア文学・ロシア文化・比較文学専攻。著書に『ロシア文学の食卓』（筑摩書房、2022年）、『夢のありか――「未来の後」のロシア文学』（作品社、2007年）など、訳書にアンドレイ・クルコフ『灰色のミツバチ』（左右社、2024年）、リュドミラ・ペトルシェフスカヤ『私のいた場所』（河出書房新社、2013年）、リュドミラ・ウリツカヤ『女が嘘をつくとき』（新潮社、2012年）、ボリス・アクーニン『堕天使殺人事件』（岩波書店、2015年）などがある。

匹田 剛（ひきた　ごう）……………………………………

東京外国語大学総合国際学研究院教授。ロシア語学専攻。主な論文に「ロシア語における主語・述語の一致をめぐって」（『北海道言語文化研究』第8号、2010年）、「ロシア語の数量詞と一致が示すいくつかの問題点」（『東京外国語大学語学研究所論集』第12号、2007年）、「ロシア語の文法における連続性について」（中澤英彦・小林潔編『ロシア語学と言語教育』東京外国語大学、2007年）などがある。

前田和泉（まえだ　いずみ）……………………………………

東京外国語大学総合国際学研究院教授。ロシア文学、20世紀ロシア詩専攻。著書に『マリーナ・ツヴェターエワ』（未知谷、2006年）、訳書にアルセーニイ・タルコフスキー詩集『白い、白い日』（ECRIT、2011年）、リュドミラ・ウリツカヤ『通訳ダニエル・シュタイン』（新潮社、2009年）、アンドレイ・クルコフ『大統領の最後の恋』（新潮社、2006年）などがある。

イリーナ・ダフコワ（Ирина Эдисоновна Давкова）…………………

モスクワ大学准教授。ロシア語学、会話文の統語論、語用論専攻。著書に Цуёси и Минако едут в Москву. Пособие по обучению диалогической речи. Москва: Русский язык. Курсы, 2010.（会話文学習の教科書『ツヨシとミナコがモスクワに行く』モスクワ、2010年）、論文に О построении «многовекторной методики» преподавания русского языка иностранцам (в соавт.с Балаяном А.Р.). – Международное образование: итоги и перспективы. Том 1. М., Ред.Изд.Совет МОЦ МГ, 2004.（共著「外国人のためのロシア語教育『多ベクトル教授法』構築について」『国際教育――総括と展望』第1巻、モスクワ、2004年）などがある。

大学のロシア語 I
基礎力養成テキスト ［第2版］

2013年3月29日　初版　第1刷発行
2025年3月18日　第2版第1刷発行

著　者　沼野恭子　匹田 剛　前田和泉　イリーナ・ダフコワ
音声吹き込み　イリーナ・ダフコワ
録　音　細谷順二
編　集　小林丈洋

発行者　林佳世子
発行所　東京外国語大学出版会
〒183-8534　東京都府中市朝日町3-11-1
TEL. 042-330-5559　FAX. 042-330-5199
e-mail　tufspub@tufs.ac.jp

組　版　株式会社シャムス
印刷所　モリモト印刷株式会社

Printed in Japan
ISBN978-4-910635-13-2

落丁・乱丁本はお取り替えいたします。
定価はカバーに表示してあります。